U0957597

工业园区循环化改造方法、路径及应用

温宗国　胡　赟　罗恩华　徐丽娜　陶　媛　著

中国环境出版集团·北京

图书在版编目（CIP）数据

工业园区循环化改造方法、路径及应用/温宗国等著.
— 北京：中国环境出版集团，2018.9
ISBN 978-7-5111-1358-0

Ⅰ. ①工… Ⅱ. ①温… Ⅲ. ①工业园区—循环经济—文集 Ⅳ. ①F40-53

中国版本图书馆 CIP 数据核字（2018）第 151459 号

出 版 人 武德凯
责任编辑 周 煜
责任校对 任 丽
封面设计 彭 杉 宋 瑞

出版发行 中国环境出版集团
（100062 北京市东城区广渠门内大街 16 号）
网 址：http://www.cesp.com.cn
电子邮箱：bjgl@cesp.com.cn
联系电话：010-67112765（编辑管理部）
010-67138929（环境科学分社）
发行热线：010-67125803，010-67113405（传真）
印 刷 北京盛通印刷股份有限公司
经 销 各地新华书店
版 次 2018 年 9 月第 1 版
印 次 2018 年 9 月第 1 次印刷
开 本 787×1092 1/16
印 张 16.5
字 数 308 千字
定 价 66.00 元

前 言

产业集聚形成的工业园区在世界范围内得到了普遍发展，成为促进区域经济社会发展的重要载体。据统计，世界各地上规模的工业园区数量约为1.2万～2万个。截至2018年，我国国家级经济技术开发区已达219个，高新技术产业开发区156个，各类型省（自治区、直辖市）批准建设的开发区1 991个，创造了我国近60%的工业GDP。工业园区在发挥产业集聚效应的同时，也成为资源能源消耗和环境污染排放最集中的区域。推进园区循环化改造，是贯彻党的十九大精神，加快生态文明建设，构建绿色低碳循环发展的现代化经济体系的主要途径。

2012年起，国家发展改革委和财政部分7轮共批复了129家工业园区的循环化改造试点，"十二五"期间示范试点在全国范围逐步得到推广，"十三五"期间通过以点带面，园区循环化改造工作已成为各级政府和工业园区加快生态文明建设的重要举措。《国民经济和社会发展"十三五"规划纲要》提出要按照物质流和关联度统筹产业布局，促进企业间、园区内、产业间耦合共生，要求推动75%的国家级园区和50%的省级园区开展循环化改造。2017年5月，国家发展改革委等14部委联合发布《循环发展引领行动》，将园区循环化改造列为其中十个重点专项行动之一。党的十九大报告提出，要建立健全绿色低碳循环发展的经济体系，推进资源全面节约和循环利用，降低能耗、物耗，实现生产系统和生活系统循环链接。国家及各地工业园区积极推动大规模的园区循环化改造行动，探索和凝练高效率的循环化改造措施和共性方法，寻找循环型基础设施建设运营、智能化循环经济管理工具开发应用的成功经验，按物质能源代谢规律和主导产业特征分类提出循环化改造模式，对于持续深入开展园区循环化改造具有重要的现实意义。

园区循环化改造行动积极推进了资源全面节约和循环利用，成为建设资源节约、环境友好的现代化经济体系的重要内容，通过扎实推进园区污染减排和环境基础设施建设，成为污染防治的攻坚利器，创新建立环境管理长效机制，对全社会和区域发展的带动辐射作用显著。早在20世纪70年代，欧洲、美国等发达经济体便开始了生态工业园（Eco-Industrial Park，EIP）的探索，其本质与我国的园区循环化改造相当。丹麦的卡伦堡生态工业园区、美国的布朗斯维尔生态工业园、加拿大的波恩赛德工业园区等均已成为世界生态工业园建设的典范。英国是第一个开展国家级产业共生实践的国家，同样有许多值得借鉴的成功经验。在亚洲地区，日本自 1997 年开始规划和建设生态工业园区（Eco-town），是最早探索和推进生态工业园区创建的国家之一；韩国也在 2005 年启动了国家生态工业园建设项目；而我国在原国家环保总局的推动下，于 2007 年开始综合类、行业类和静脉类的国家生态工业示范园区创建活动。生态工业园区和园区循环化改造虽然组织形式上有所差异，但其本质均以物质能量代谢优化为基础，以产业共生网状结构和资源能源循环利用为重点，都是循环经济在工业生产和产业组织领域的具体实践。

工业园区循环化改造通过空间布局合理化、产业结构最优化、产业链接循环化、资源利用高效化、污染治理集中化、基础设施绿色化、运行管理规范化，实现园区主要资源产出率、土地产出率大幅上升，固体废物资源化利用率、水循环利用率、生活垃圾资源化利用率显著提高，主要污染物排放量大幅降低，形成了一批适合我国国情的园区循环化改造范式和管理模式，为各类产业园区通过发展循环经济，实现转型发展提供了示范。在园区循环化改造实践工作已取得阶段性成果的基础上，迫切需要对已开展园区循环化改造工作的示范园区进行效率评价，识别循环化改造的共性方法和关键路径，进一步挖掘提升园区效率的重要节点，分类探索产业循环链接模式，加快在各类工业园区的推广示范。

本书在调研国内外循环化改造路径和效率评估研究的基础上，以物质代谢分析为核心，识别出 8 种循环化改造的共性方法，以企业、主导产业链、园区基础设施和信息管理平台等 4 项改造主体为核心，提出园区循环化改造路径的系统分析框架。全书以前 6 批共 118 家国家循环化改造试点园区和实施项目为样本，构建了数据包络分析（Data Envelopment Analysis，DEA）模型，评估了试点园区循环化改造的技术效率和规模效率，针对资源加工型、装备制造型和高新技术型三大类别的园区，分别提出循环化改造的高效率路径和措施；同时，围绕园区循环化改造过程中的产业共生信息服务需求，在国内较早地开发了基于企业单元物质（原料、水和能源）代谢自底向上的功能型信息服务平台，并在天津经济技术开发区（泰达）（国家首批园区循环化改造试点园区）等多个园区中得到了成功应用。

本书具体包含以下内容：第 1 章和第 2 章梳理了国内外工业园区的发展历程和园区循环化改造的理论基础及研究进展；第 3 章介绍了工业园区循环化改造效率分析和评估的结果；第 4 章针对 4 个园区主体单元提出了循环化改造路径的系统分析框架，确立了三大类园区共性的循环化改造措施；第 5 章至第 7 章围绕企业单元和产业链单元分别建立了三大类园区循环化改造的具体路径；第 8 章围绕循环型基础设施单元，重点介绍了园区基础设施建设和改造方法；第 9 章围绕园区循环化改造中的信息服务需求，介绍了新一代智能化管理平台的开发理念、服务功能和应用成效。

本书成果得到了国家自然科学基金委优秀青年科学基金（71522011）、环境模拟与污染控制国家重点联合实验室专项经费（18L03ESPC）和国家科技支撑计划课题（2011BAC06B10）的资助，全书由温宗国、胡赟、罗恩华、徐丽娜等课题组成员及英国剑桥大学产业可持续发展研究中心陶媛博士共同撰写，由郑凯方博士负责统稿。在研究、撰写和出版的过程中，自始至终得到了国家发展改革委资源节约和环境保护司、国家自然科学基金委管理科学部等领导、专家的倾力支持和指导，天津经济技术开发区（泰达）等许多循环化改造试点园区在数据和资料收集上给予了积极的支持，在此一并谨致以诚挚的谢意。本书引用了国内外有关研究成果和大部分参考文献，但尚未列出全部文献，在此向这些文献的作者表示感谢。尽管在编著过程中笔者力求完善，但限于笔者的知识结构和水平，书中难免存在疏漏与不足之处，恳请广大读者批评指正。希望本书能够对工业园区循环化改造、绿色发展管理的工作人员和研究人员在理论与实践上起到一定的指导作用。

目 录

第1章 园区循环化改造概述

1.1 国际工业园区发展历程

工业园区是一个国家或区域的政府根据自身经济发展的内在要求，通过行政规划手段在一定空间范围内划出的一块区域，聚集各种生产要素，提高工业化集约强度，突出主导产业特色，强化产业分工协作，优化区域功能布局，适应市场竞争和产业升级的生产区。尤其是“二战”后的发达国家在经济复兴和城市重建过程中，开始更加注重依靠区域规划来指导城市建设，强调城市功能的合理布局，工业园区的规划建设得到了快速发展。总体上，国际工业园区经历了以下三个发展阶段：

（1）起步阶段（1950—1970年）

20世纪50年代末，一些国家和地区开始兴建出口加工区，而集中化的工业园区作为一种行之有效的发展手段被广泛采用。1959年爱尔兰兴建香农国际机场自由贸易区，贸易区内既可进行转口贸易、储存，又可进行加工，区内企业享受财政上的优惠政策，这种产业区形式的出现标志着出口加工区的正式诞生。我国台湾地区是亚洲最早兴办出口加工区的地区，在1965年制定了《出口加工区设置管理条例》，高雄、新竹、台中等分别建立了出口加工区，由于出口加工区对经济发展的拉动效应十分显著，其成为早期工业园区的典范。韩国、新加坡等国纷纷效仿，广泛通过工业园区（又称工业团地）的形式发展各类制造业。随着欧洲、美国、日本等国家和地区产业结构的升级，一些劳动密集型和处于成熟期的技术密集型产业被逐渐转移到亚太地区的发展中国家，进一步带动了这些国家的工业园区建设，从而使一些发展中国家完成了向工业化国家的转型，成为新兴工业化国家。

（2）转型阶段（1970—1980年）

到20世纪70年代后期，随着化石能源危机和全球竞争局势的影响，以及高新技术产业的发展，大多数国家和地区迫切需要进行产业结构调整，一些经过精心规划、环境优美、区位良好、以绿色空间为特征的高新技术工业园区在城市郊区逐渐发展起来。同时，为了复苏“冷战”结束后停滞的经济，西方各国纷纷制定新的发展战略，将发展重点转向高新技术产业，尤其是美国在1951年建立的斯坦福工业园（即俗称的“硅谷”）取得了显著的成效。其后美国又相继建立了300多个高科技工业园区，约占全世界总数的1/3。硅谷地区的飞速发展，使其成为高科技工业的中心，创造了巨大的物质财富，也成为世界许多工业园区学习的典范。

（3）发展阶段（1980年至今）

近40年来，各种类型的加工产业园区、高新技术园区更是发展迅猛，且呈现出形式多样、功能综合、发展加速的趋势。由于区域经济水平和资源优势的差异，发展中国家和发达国家的工业园区呈现出了不同的发展特点和趋向。一方面，由于受劳动力资源和市场需求的影响，西方发达国家的加工制造业大量向发展中国家转移。另外，受发展中国家自身工业化进程加速的推动，加工型工业园区在发展中国家的建设蓬勃成长。与此同时，为了摆脱劳动密集型工业占主导地位的落后局面，发展中国家也努力加快产业结构调整，引进和开发先进生产技术，引导区域产业向高科技化方向发展，缩小与发达国家工业化水平的差距。另一方面，高新技术产业园区在发达国家得到持续发展，迅速发展起来的科学园、技术城成为发达国家促进区域经济增长的重点。这些工业园区加强了大学与工业的联系，完善居住服务体系的建设，促进科研成果的产业化和商品化，已成为很多国家发展工业经济的必由之路。

早期已建成的工业园区，如美国硅谷、中国台湾新竹、印度班加罗尔、英国剑桥、法国索菲亚·安蒂波里斯、韩国大德、以色列拉马特-霍瓦乌和爱尔兰国家科技园等，都被认为是世界一流园区的典型代表。它们共同的特征就是经济增长迅速，拥有在全球处于领先地位的产业链条，高度关注技术创新和产业升级，形成了一套适合园区自身可持续发展的模式。当前，美国、日本、欧洲等发达经济体的工业园区主要呈现以下三大发展趋势：

（1）着力发展高新技术产业

当前，不断发展的新技术革命浪潮给传统工业造成巨大冲击，甚至出现衰退迹象。发达国家从各国实际国情出发，培植有竞争力的新兴替代产业拉动结构转型升级，从而由衰退转为可持续发展。日本许多工业园区是先进技术与高层次产业的集聚区，在园区内落户的大多数是在本行业居于领先地位的企业，技术比较先进，产业层次比较高，尤其是电子信息、机械制造等产业均处于世界领先水平。同时，日本工业园区的企业适应市场需求的速度很快，技术开发的能力很强，所开发的产品式样多、附加值高。又如，法国工业园区的发展战略是寻找产业集群所形成的新竞争力点，在传统工业转型后逐步实现专业化、高科技化。德国部分园区将信息技术、新材料、医药技术、节能环保等12个战略新兴产业作为发展重点，鼓励企业之间以及企业与研究机构之间进行合作，以发挥“集群效应”。

（2）注重培养工业园区的创新体系

创新是产业集群及企业发展的关键因素，如果在集群内出现技术创新停滞或技术断层，集群就会衰亡，最终导致工业园区的衰败。然而，单个企业由于资金、科研等方面资源的制约，其独立创新行为很难取得重大技术的突破，这就需要整合各方资源，加强园区内企业之间的技术交流和信息共享、加强园区与外部科研部门（大学研究机构）的技术合作，建立创新集群体系。典型的如德国的鲁尔工业园区技术开发中心，实力强劲，全区有30个技术中心，600多个致力于发展新技术的公司，许多研究所为园区产业结构的转型输送技术成果。此外，园区还特别注重创新文化的培养，培育园区自主创新能力，提升园区企业技术水平。

（3）强调资源与环境的协调发展

传统的工业园区基本上采用的是“资源—产品—污染物排放”的传统线性经济发展模式。发达国家在早期工业快速增长的同时，也付出了资源高消耗和生态环境破坏严重的惨痛代价。随后开始在工业化过程中，按照“减量化、再利用和资源化”的“3R”原则，运用循环经济发展模式着手建设生态工业园区，并取得了一定的成效。例如，在1992年美国Lowe教授首次提出“生态工业园区”（Eco-Industrial Parks，EIPs）后，EIPs便在世界范围内得到了不断的发展。EIPs是在循环经济理念的指导下，将工业、社会和自然在区域进行整合而建立的新型工业园区。它通过企业交换副产品和废物、梯级利用废水和能量、同建共享基础设施，园区具有横向耦合、纵向闭合和区域整合等优点，从而实现园区综合效益最大化。生态工业园区的发展带来的外部经济效应、节约空间、交易成本和学习创新效应十分突出。

20世纪90年代以来，国外生态工业园发展日新月异，形式多样，特色各异，呈现不同特点。总体来看，发达国家的生态工业园发展建设目标明确，依托区域资源环境，因地制宜确定园区的生态化发展方向（具体实践详见本书2.2.1节）：以企业为主体，形成生态产业链，循环利用资源，降低资源能源消耗，减少污染物排放；注重园区建设管理，政府引导，加强法律法规、政策以及相关制度的制约，推进多主体共同参与，对园区、企业、产品等实行生态管理；重视科学技术研发，创新园区建设模式，促进产学研合作。

1.2 中国工业园区建设历程

从 1984 年第一个经济开发区——大连经济技术开发区的正式设立开始，经过 30 多年的发展，我国开发区已经形成由大量不同种类、不同级别的高新技术开发区、经济技术开发区、出口加工区、保税区、边境经济合作区、旅游度假区、生态经济区等组成，空间上遍及全国各地的发展格局。我国工业园区从 20 世纪 80 年代初设立至今，发展历程大体上可以分为 4 个阶段：

（1）探索阶段（新中国成立初期至 20 世纪 70 年代末）

我国传统意义上的工业园区最早出现在“一五”时期的大中型工业项目建设过程中。当时的工业园区只是以某一国有大型企业为龙头在偏远地带进行建设，但缺乏相应的配套设施，产业类型单一，基本只是劳动和土地密集型领域的工业混合体，污染治理比较滞后。它们由历史上无计划、分散建设进入了有计划、有步骤建设的阶段，形成了许多新兴工业城市和工业区，在这段时期内积极推动了我国工业化进程，也大大提高了一些城市郊区和农村地区的城镇化水平。

（2）起步阶段（1984—1990 年）

从 1980 年开始，我国先后兴办了深圳、珠海、汕头、厦门 4 个经济特区。1984 年，大连、秦皇岛、烟台、青岛、宁波、广州、湛江、天津、连云港、南通等 10 个经济技术开发区相继获国务院批准建立。至 20 世纪 80 年代末，又有福州经济技术开发区、上海闵行经济技术开发区、虹桥经济技术开发区、漕河经济技术开发区 4 个国家级经济技术开发区获批成立，我国的国家级经济技术开发区在这个阶段达 14 个。

经济技术开发区主要依靠国家的优惠政策在处女地上开拓，形成了对外资具有一定吸引力的投资环境，同时在资金、技术、人才管理、信息等方面形成了初步积累，兴办了一批台资、合作、独资企业。然而，这一时期开发区规模不大、形式较为单一，开发区企业的技术含量低，以劳动密集型为主，技术转让或技术转移很少发生，产业结构以服装、食品、饮料等轻工业居多，企业相互间的合作很少发生。开发区大多是“孤岛型”，远离母城，呈相对封闭的状态。

（3）成长阶段（1991—1997 年）

进入 20 世纪 90 年代，随着沿海地区发展外向型经济战略的快速推进，以各类开发区为代表的工业园区迎来了蓬勃发展的时期。开发区的层次由国家迅速扩展到省、市、县及部分乡镇，开发区的地域也由沿海推进到沿边、沿江乃至内陆省会城市，形成遍及全国的开发区建设热潮。面对这一状况，国家对开发区的态度是一边发展一边整顿，但是国家级的各类开发区却在清理整顿中获得提高，并且快速成长。截至1996年，国家级高新技术产业开发区有52个，各类国家级开发区有百余个，省级开发区400多个，其他乡以上开发区则有近万个之多。开发区不仅数量大增，且类型多样，呈现出工业区、自由港区、保税区、高新科技园区的多元发展格局。各类工业园区的产业结构也从比较单一的轻加工业，转变为汽车、电子、计算机信息设备、化学化工、装备制造等多元产业。与此同时。国家级经济技术开发区得到了长足发展，引进项目的技术含量和技术水平明显提升，有力地推动了我国工业现代化的进程。

（4）发展阶段（1997年至今）

1999年，我国为了改变区域发展不平衡的趋势，开始实施西部大开发战略，批准了中西部地区省会、首府城市设立开发区。2000年2月，国务院批准设立合肥、西安、郑州、成都、长沙、昆明、贵阳7个国家级经济技术开发区；同年4月，南昌、石河子2个国家级经济技术开发区获准建立；7月又批准呼和浩特、西宁2个国家级经济技术开发区。2001年批准建立南宁、太原、银川、拉萨4个国家级经济技术开发区。此外，苏州工业园、上海金桥出口加工区、厦门海沧投资区、宁波大榭经济开发区和海南洋浦经济开发区5个园区也成为开始享受国家级开发区政策的工业园区。2000年4月，国务院正式批准设立出口加工区，首批批准进行试点的有15个，在2002年和2003年又分别增加10个和13个出口加工区，使其总数达到38个。截至2018年，我国国家级经济技术开发区已达219个，高新技术产业园区156个，各类型省（自治区、直辖市）批准设立的开发区1 991家（见表1-1）。

表1-1　我国工业园区的类型

类型	级别	管理机构	数量（截至2018年2月）
国家级经济技术开发区	国家级	商务部	219
国家级高新技术产业开发区	国家级	科技部	156
出口加工区	国家级	海关总署	63
保税区	国家级	海关总署	109
边境经济合作区	国家级	商务部	19
旅游度假区	国家级	国家旅游局	27
工业园区/开发区	省级	国家发展改革委/经贸委	1 991

我国工业园区通过要素集聚、高效管理、政策创新等吸引了大型跨国公司及行

业领先企业在园区投资生产，带动了周边区域经济快速发展。其中，国家级经济开发区多年以来都保持了良好发展势头，主要经济指标曾长期保持年均20%以上的增长速度。例如，2011年，88家国家高新区共实现园区生产总值41 662.0亿元，工业增加值27 151.9亿元，高新区GDP占国内生产总值的8.8%，工业增加值占全国第二产业增加值的12.3%；有31家高新区工业增加值占所在城市工业增加值比重超过30%。2016年我国国家高新区GDP总和达8.98万亿元人民币（约1.35万亿美元），大约相当于国内生产总值的12.1%，比全球经济体排第12位的俄罗斯（GDP1.29万亿美元）还高。又比如，2013年全国200个国家级经济开发区GDP占国内生产总值的 12.6%，产业园区对区域和城市经济发展的贡献度越来越高，已成为我国经济增长的助推器。

我国工业园区建设虽为国家经济的高速发展做出了巨大贡献，但其可持续发展也面临着三个方面的问题和困局：

（1）园区成为资源消耗和环境污染集中区

我国的多数工业园区第一、第二产业比例较大，高耗能、低技术产业集聚，而第三产业和一些技术密集型产业分布较少。单纯追求GDP的粗放式发展模式导致原生资源消耗量大，效率低，并由此引发众多环境问题，如空气污染、水污染、固体废物污染等。2010年3—10月，中华环保联合会对全国9省（直辖市、自治区）18家工业园区进行实地调研，结果发现18家工业园区均存在不同程度的污染问题，其中涉及水污染的18家，占100%；涉及大气污染的14家，占78%；涉及固体废物污染的3家，占17%。

（2）园区产业规划和升级改造有待提升

首先，我国大部分工业园区在建设伊始，通常以发展经济为主线和目标，缺乏国家和区域的宏观统一布局和发展规划，更没有深入考虑可持续发展的问题。因此，部分园区产业结构不合理，服务业发展滞后，高新技术产业占比低，甚至有的园区内工业区、商业区、住宅区等功能分区比较混乱。在面对土地资源日趋紧张的新形势下，工业园区发展后劲不足。其次，很多工业园区建设初期所引进的产业类型简单，以传统资源加工产业为主，产业之间的融合较少且规律性不强，致使产业链较为传统单一，产品附加值低，产业升级转型压力大。

（3）园区基础设施建设和管理模式较为薄弱

我国区域性经济发展不协调，中西部地区与东部地区的发展存在明显差距。这也导致中西部的工业园区基础薄弱，园区供水、供电、供热、道路、桥梁、污水处置等设施建设落后或者不完备，园区招商引资环境差，长远发展受到限制。这些都与园区管理模式的不完善有关。我国的园区管理模式主要分为政企合一和政企分离两种。政企合一的模式很可能削弱企业的主观能动性，在园区管理后期往往会限制工业园的发展。而政企分离的模式很容易导致园区管理层与企业间的信息不对称，造成管理效率低、内部监管失效、建设进度慢等问题，还可能在一些园区出现管理功能的重叠，给企业和住户带来不便。

1.3 园区循环化改造的基本内涵

为加快转变经济发展方式，推进园区绿色低碳循环发展，提升产业园区综合竞争力和可持续发展能力，2012 年，国家发展改革委、财政部发布《关于推进园区循环化改造的意见》（以下简称《意见》）（发改环资〔2012〕765 号）。《意见》要求，推进现有各类园区（包括经济技术开发区、高新技术产业开发区、保税区、出口加工区以及各类专业园区等）按照减量化、再利用、资源化，减量化优先原则，优化空间布局，调整产业结构，突破循环经济关键链接技术，合理延伸产业链并循环链接，搭建基础设施和公共服务平台，创新组织形式和管理机制，实现园区资源高效、循环利用和废物“零排放”，不断增强园区的可持续发展能力。

园区循环化改造的本质是指根据园区内的物质、能源的代谢流动规律，识别和完善园区范围内代谢效率提升的关键节点。一是通过企业内部的清洁生产从源头减少资源能源消耗数量，从生产过程控制资源能源转化效率；二是通过园区整体产业共生及基础设施的共享，实现能源梯级利用、废弃物及副产品循环利用，最终实现园区绿色发展的管理目标。从基本要求上看，我国的工业园区循环化改造主要通过空间布局合理化、产业结构最优化、产业链接循环化、资源利用高效化、污染治理集中化、基础设施绿色化、运行管理规范化，实现园区主要资源产出率、土地产出率大幅度上升，固体废物资源化利用率、水循环利用率、生活垃圾资源化利用率显著提高，主要污染物排放量大幅降低。已有试点示范初步形成了一批适合我国国情的园区循环化改造范式和管理模式，为各类产业园区通过发展循环经济，实现转型发展提供了示范。在园区循环化改造实践工作已取得阶段性成果的基础上，迫切需要对已开展园区循环化改造工作的示范园区进行效率评价，识别循环化改造的共性方法和关键路径，进一步挖掘提升园区效率的重要节点，分类探索产业循环链接模式，加快在各类工业园区的推广示范。

1.4 园区循环化改造的理论支撑

1.4.1 物质代谢理论

物质流分析是在工业代谢理论和社会代谢理论基础上提出的，是对某个区域的物质出入量进行分析的一种方法，是描述物质输入、输出相关系统的路径及其输出量、输入量的一种系统工具。物质流分析主要包括数据收集和整理、指标计算和分析等环节。其中，指标在物质流分析中的作用很大，通过指标可以了解和监测经济增长所需的资源量和对环境的影响程度，有助于一个国家或地区实现对经济和环境协调发展的调控，为实现可持续发展奠定基础。

物质流分析遵循质量守恒定律，一般包括：基于产品或者原料供应关系的正向流，废弃产品流，基于废物循环利用的逆向流，最终废物的处理流，过程损耗而产生的向环境排放的流，贸易进出口流。物质流分析的研究区域为社会经济系统，自然界的物质和社会经济系统中产生的废物跨过两个系统的边界进行互换，当两者之互换的数量达到最优时，经济和生态环境将会协调发展；当此交换关系失衡时，经济或生态系统的一方将会受到损害，并且需要人为地调整或修复。物质流分析是联系人类社会经济系统和自然生态环境的纽带，同时也是调控经济和生态环境协调发展，实现可持续发展的核心手段。

1.4.2 工业生态理论

工业生态学是发展生态工业以及建设生态工业园区的重要理论基础。工业生态学并非全新的概念，早在20世纪60年代的科技文献中已经时而出现这一术语，只不过并没有进行更为深入的研究。18世纪以来的工业革命开创了机器大生产的新时代，现代工业机器的出现使世界面貌发生了根本变化，为人类创造和发展了以巨大物质财富为主要特征的现代文明。然而，资源短缺、能源危机、环境污染和生态破坏等一系列全球性的严重危机也随之出现并日益严重。危机告诉人们，传统工业发展模式已难以为继，迫使人们对工业发展历程中传统的高投入、高能耗、高污染、低效益的工业发展模式进行深刻反思。然而，在现实选择中，人们并不希望限制或放弃工业化成果来谋求危机的解除。事实上，全球日增的人口及其对物质资源需求的刚性增长说明，这种想法是行不通的。因此，需要在创造和享受工业文明的同时，最大限度地减轻其负面影响，从而达到持久实现福利增长和人与自然和谐相处的理想目标。在这种思想指导下，经济学家和工业界对工业发展模式进行了大量探索，提出了构建产业共生体系的解决方法。

工业生态学是将生态学的概念引入人类生产生活中，将工业系统中物质、能量及信息的运动与生态系统相互拟合，从简单孤立相加的观念变成循环再生理念，引导资源与信息的相互作用、相互影响，最终形成类似生物界食物网状结构的生态工业耦合体。工业生态学利用物质流分析的方法分析工业系统的可利用废弃物及副产品结构与代谢机理，并探索了工业系统的进化规律及控制方法，使资源可以物尽其用，废弃物可以变废为宝。全生命周期管理与工业代谢分析是工业生态学的主导研究思路，其要求从"原材料开采→冶炼加工→封装运输→人类生产生活消费→废弃物产生→废弃物再生利用"的整体过程中，结合资源、环境、经济综合效益的评价方法，找寻最佳的工业系统运行方案，进而改善现有工业生产链条与生产理念，使人类文明与生态文明有机结合，实现可持续发展。

1.4.3 清洁生产理论

清洁生产（Cleaner Production，CP）是研究工业生产方式的一门新兴学科，是企业层面实现生态化的基本模式。清洁生产最初是从少废、无废工艺和废物综合利用演化而来。清洁生产的核心是污染预防，实施"从摇篮到坟墓"的全过程管理，通过节能降耗和资源的循环利用，减少废物排放，实现经济效益、社会效益和环境效益的有机统一。

目前国际上对清洁生产还没有形成统一定义，不同团体从不同角度出发有不同的表述。其中，联合国环境规划署（United Nations Environment Programme，UNEP）和联合国工业发展组织（United Nations Industrial Development Organization，UNIDO）于1989年提出的定义比较有代表性：清洁生产是一种新的创造性思想，该思想将整体预防的环境战略持续应用于生产过程、产品和服务中，以提高生态效率和减少人类及环境的风险。UNEP 同时指出，清洁生产不包括末端治理技术，如空气污染控制、废水处理、固体废物焚烧或填埋，而是应用专门技术、改进工艺技术和改变管理态度来实现。

Evans 和 Stevenson（2000）认为，清洁生产追求的目标有3个：①对生产过程，要求节约原材料和能源，淘汰有毒原材料并在全部排放物和废物离开生产过程之前减少其数量和毒性；②对产品，清洁生产策略旨在减少产品在整个生命周期过程（包括从原材料提出到产品的最终处置）中对人类和环境的影响；③对服务，清洁生产把对环境的关心与服务的设计及运输结合起来。清洁生产是一种整体预防的环境战略，其工作对象是生产过程、产品和服务。它注重生产的全过程控制，强调的是源削减，即削减的是废物产生量。

清洁生产的基本目标就是提高资源利用效率，减少和避免污染物的产生，保护和改善环境，保障人体健康，促进经济与社会的可持续发展。清洁生产实施的 5 项基本原则是：环境影响最小化原则、资源消耗减量化原则、优先使用再生资源原则、循环利用原则、原料和产品无害化原则。因此，实施清洁生产意味着工业生产方式将发生根本性的变革，即从传统粗放型的生产转向集约型的生产。

清洁生产实施的工具是清洁生产审计。清洁生产审计是一套系统的、科学的和操作性很强的环境诊断程序，这套程序反复从 8 条途径着手开展工作，即原材料和能源、技术工艺、设备、过程控制、管理、员工、产品、废物。这样有助于克服传统上生产、环保“两张皮”的现象，将污染消灭在产生之前。清洁生产实施的主要途径和方法包括合理布局、产品设计、原料选择、工艺改革、节约能源与原材料、资源综合利用、技术进步、加强管理、实施生命周期评估等许多方面。这些途径和方法可单独实施，也可互相组合起来加以综合实施。应采用系统工程的思想和方法，以资源利用率高、污染物产生量小为目标，综合推进这些途径和方法，使推行清洁生产与企业开展的其他工作相互促进，相得益彰。

清洁生产既是一种战略，体现于宏观层次的总体预防，又可以从微观上体现企业采取的预防污染措施。在宏观上，清洁生产的提出和实施使环境考量进入决策过程——如，工业发展规划、工业布局、产业结构调整、技术传播以及管理模式的完善等都要体现污染预防的思想。在微观上，清洁生产通过具体的手段、措施到工业全过程污染预防。如，清洁工艺、环境管理体系、产品环境标志、产品生态设计、产品生命周期分析等，用清洁的生产工艺技术生产出清洁产品。

1.4.4 循环经济理论

工业革命以来，世界各国在追求经济高速增长的同时，也给地球生态环境造成了巨大损害。面临着巨大的资源、环境及生态压力，人类社会开始反思以高投入、高消耗、高排放、不协调、难循环、低效率为特征的传统经济增长模式。破旧立新呼声日高，改革探索实践渐行。发达国家的有识之士率先研究探索，创立了新的经济运行模式——循环经济发展模式，期望从根本上消解长期以来资源、环境与经济发展之间的尖锐矛盾。循环经济理念的产生只有几十年，人们对循环经济的内涵和目标还存在不同认识。但从总体上看，由于循环经济诞生伊始便肩负着解决资源和环境冲突问题的使命，其理论体系虽然仍处在发展中，却已经对各国实践产生了较强的指导作用。

综合来看，学者们对于循环经济的理解基本可以分为生态经济说、技术经济说、物质闭环流动说和经济增长模式说 4 类。其中，生态经济说的代表人物为左铁镛、冯之浚、吴季松和曲格平等，强调循环经济本质是一种生态经济，是在人、自然资源与科学技术间相互融合的产物，它要求按照自然生态物质循环方式运行的经济模式，最终实现人类经济发展与资源环境消耗脱钩、人与自然和谐发展的状态。技术经济说则认为，循环经济理念的运用首先需要注重技术改良，促进资源利用效率的提升，进而通过现有技术与绿色环保技术的相互融合，最终达到减排、甚至“零排放”的状态。物质闭环流动说认为，为了实现人与自然的可持续发展，人类经济活动应纳入“自然资源—产品和用品—再生资源”闭环循环之中，以使各类资源均可达到利用效率最大化的状态。经济增长模式说认为，循环经济是变革传统线性增长模式的有效途径，在遵循“3R”原则的基础上，实现资源高效的循环利用，但循环经济的模式仍是经济发展的一种手段，特别适合我国发展中大国的现状，有效缓解资源能源对可持续发展的约束作用。

第 2 章 园区循环化改造研究及实践进展

2.1 园区循环化改造的研究进展

2.1.1 园区循环化改造路径研究

国外以建设生态工业园为主，没有园区循环化改造的概念，对园区循环化改造的研究也不多，且研究对象都以中国为主。如 Mathews 等（2011）在《中国的循环化改造发展战略》中，分析和评价了中国循环化改造战略实现的可行性和以政策支持生态工业园的发展是否对循环化改造这一目标适用。国际上的研究重点一是生态工业园的相关理论和园区的生态化改造，主要围绕园区生产经营活动中物质、能源的循环、共生、优化模拟的研究和应用；二是生态工业园区建设运营相关的政策、措施和管理建议；三是生态工业园的经济效益、社会效益、生态效益评价等。例如，Chao 等（2013）搭建了物质能量交换模型，用于生态工业园区模拟和代谢优化；Haslenda 和 Jamaludin（2011）用线性优化方法构建了化工精炼过程的副产品/废弃物交换模型（Industry to Industry By-products Exchange Network），并应用于棕榈油精炼过程；Rubio-Castro 等（2011）研究了生态工业园区中不同污染物废水的集成处理和循环；Kathleen 等（2010）应用模糊数学方法，构建了生态工业园区中不同品位的水资源交换网络；Song 等（2010）研究了生态工业园中的废热梯级利用的优化和模拟方法，构建线性优化模型并用于韩国当地的石油化工园区；Daddi 等（2016）研究了意大利的生态工业发展历程，建立一套政策工具（自愿认证计划，voluntary certification scheme）和评价体系，并和中国的基本情况进行了对比；Zhao 等（2017）应用多指标评价方法对中国的 6 个生态工业园区进行了综合效益评价；Jun 等（2016）总结了韩国 2005—2010 年的生态工业园区发展历程和主要政策。

我国学者早期对园区循环经济的研究与国际上是基本一致的，重点关注生态工业园区构建的模式和分析，并与国外的模式和发展进行了诸多的对比研究。刘洪辞（2011）以泰达生态工业示范园、广西贵港生态工业园示范区和青岛新天地生态工业示范区为例，研究了中国生态工业园的发展现状；Bai 等（2014）总结了中国生态工业示范园区的政策、特点和机制；王琦（2012）从典型工业园区的建设、现状、基础环境、外部环境、运行机制和效益等方面，详细比较了国内外循环经济园区的建设情况；石磊等（2012）针对丹麦卡伦堡、美国、英国、日本、韩国和中国的生态工业园区建设，辨识了世界范围内 6 种典型的产业共生模式。从关键参与者的核心能力以及资金流等 4 个维度，重点比较了我国产业共生与其他国家模式的主要差别，总体上，我国产业共生和生态工业园建设实践还停留在起步和深入阶段。岳波波等（2012）从企业、园区和社会 3 个层面研究了综合类生态工业园区的循环经济模式，提出了 4 条生态工业园区建设的路径；韩玉堂（2009）关注生态工业园区的产业链构建系统，提出依存型、平等型、混合型和虚拟型等 4 种产业共生链系统，分析了共生链系统的稳定性。此外，国内学者开展了产业共生案例分析。如毛玉如等（2006）研究了焦化企业的共生模式；张林浩等（2012）评价了造纸行业的碱法造纸-黑液-氧化铝联产的共生模式等。

2012 年起，我国大力推进园区循环化改造战略，其理论研究也与生态工业一道，逐渐进入研究人员的视野。研究的方向集中在改造模式、评价和路径等。温宗国等（2016）以物质能源代谢为基础，构建了园区循环化改造的系统分析框架，识别了企业、产业链和园区三大循环化改造的关键节点，改进了园区资源产出率核算方法，在国内较早地开发并推广了园区循环化改造信息服务平台；沈鹏等（2013）以宁夏中宁工业园区为案例，对园区循环化改造进行了实证研究；张余等（2014）以沙雅县工业园为例，探讨了园区循环化改造的建设和管理，提出建立废物交换平台、循环经济孵化中心等管理模式；张灿军（2016）用层次分析法（Analytic Hierarchy Process，AHP）对园区循环化改造的评价指标和体系进行了分析；方龙（2014）以广安经济技术开发区为例，提出了循环化改造一般范式的 5 项进程，并据此提出园区循环化改造水平的评价体系；罗恩华（2014）引入 PEST、SWOT、物质流分析 3 种方法识别园区改造潜力，以铜陵经济技术开发区为例，研究这 3 种方法在园区循环化改造中的具体应用；马晓燕（2011）以重庆长寿化工园为例，围绕 4 类典型的化工园区发展模式，对长寿化工园的发展模式、政策提出了具体建议；罗正义等（2014）以椒江医化园区为例，探讨医化园区的循环化改造路径；尹晓红等（2009）从产业链角度出发，分析了内蒙古蒙西工业园区循环经济发展的模式，并提出了管理政策上的改进方法；王岩等（2013a）分析了国内经济技术开发区在循环化改造过程中可能遇到的一些值得商榷的问题，简述了园区废物交换平台等关联公用服务设施建设的规划优选方案，分析了园区循环化改造的资源与环境的耦合途径和类型；张艳鸿等（2012）以武威黄羊工业园区为例，识别了园区产业结构和空间布局、能源资源循环利用效率、土地利用集约化程度、基础设施配套等存在的突出问题，有针对性地提出了循环化改造的方法和措施。

综上所述，目前关于园区循环化改造研究的局限主要在于两方面：一是对个案分析和推演的研究较多，而基于物质代谢分析的综合性、系统性的改造路径研究较少；二是对单一产业的现状描述和案例分析较多，对园区循环化产业共生体系改造的共性措施探索总结较少。

2.1.2 园区循环化改造效率评价

国内外研究主要集中在工业园区，特别是 EIPs 的建设运营效率评价。当前常见的分析方法有全生命周期分析（Life Cycle Assessment，LCA）、包络数据分析（Data Envelopment Analysis，DEA）、生态足迹法（Ecological Footprint，EF）、层次分析法（AHP）等。国外针对工业园区，尤其是 EIPs 评价研究较早。Benedetti 等（2002）研究了生态工业园区资源使用和废物管理最大化（ORMG）方法——将 LCA 方法和剑桥管理选择器（CES）方法结合起来，试图在可替代解决方法中对成本、绩效和环境影响进行权衡。Altham 和 van Berkel（2004）利用三底线法（Triple Bottom Line Accounting），对澳大利亚 Kwinana 工业共生体的经济效益、环境效益和社会效益进行了评价。Wolf（2007）对瑞典森林工业在电力价格、石油价格、树皮价格等因素变动时，工业共生体和非工业共生体的成本变化进行了研究和评价。Sun 等（2009）采用模糊层次分析法（Fuzzy Analytic Hierarchy Process）评价了 HsinChu 科学园产业集聚政策的实施情况。Jung 等（2013）采用贴现现金流量法（Discounted Cash Flow，DCF）和多属性全局质量推理（Multi-Attribute Global Inference of Quality，MAGIQ）评价了韩国生态工业试点园区的经济效益、环境效益和社会效益。

国内对工业园区效率评价的研究起步较晚，但在近 10 年发展较快，随着工业园区建设的不断推进而逐渐受到重视。张丽娜（2006）以大连经济技术开发区为实例，筛选了 8 个定性指标、20 个定量指标组成评价指标体系，收集统计数据，确立了评价等级标准，用 AHP-模糊综合评价模型对其进行了综合评价。刘景洋等（2007）从经济发展、物资减量与循环、污染控制和园区管理 4 个部分选取了 21 个指标，构建了综合类生态工业园区评价指标体系。薛捷等（2009）建立了基于DEA评价方法的生态工业园区循环经济绩效评价指标体系，该指标体系的基本框架由产业园区循环经济系统的投入和产出组成，从经济、资源和环境3个方面开展投入产出分析，筛选确定综合评价指标。彭毅等（2011）将产业经济效益、环境效益和区域经济效益统一纳入考量，以资源型央企为例，利用层次分析法讨论生态效率提升的路径选择。刘永红等（2012）构建了投入产出指标体系，对钢铁类园区的生态效率进行评价，运用DEA模型并基于规模报酬不变模型和规模报酬可变模型评价了案例园区2000—2010年的生态效率。刘戈和刘再兴（2013）以辽宁省葫芦岛市的10个经济园区为研究对象，运用DEA模型评价了其投入产出效率。余幸幸（2014）基于DEA-Malmquist指数，分析山东半岛蓝色经济区2008—2012年的生态效率。王俊凤等（2017）从投入产出角度构建了效率评价指标体系，运用DEA模型从效率评价、投影分析、规模收益以及超效率评价等4个方面，评价和分析了黑龙江省34个省级农业科技园区的运营效率。Fan等（2017）采用生态足迹法评估了合肥工业园的环境效益。Shi等（2017）应用生态系统服务价值（Ecosystem Service Value）评估工业园区的生态效率。然而，专门针对园区循环化改造效率评价的研究较少。方龙（2014）使用AHP方法建立模糊综合评价模型，用以评估广安经济技术开发区（循环化改造试点园区）的改造效率。因此，国内对工业园区效率评价方法的研究逐渐深入，DEA、AHP等效率评估方法得到广泛应用，但针对园区循环化改造的效率评估才刚刚展开。

2.2 园区循环化改造实践进展

2.2.1 国外生态工业园建设实践

欧洲是发展生态工业园区最早的地区，英国是第一个开展国家级产业共生实践的国家，经过长期探索与实践积累了许多成功经验。北美地区的生态工业园区建设也比较早，主要以美国和加拿大为主。在亚洲，日本是最早探索和建设生态工业园的国家之一，1997年开始规划和建设生态工业园区（Eco-town）；韩国也在2005年启动了国家生态工业园建设项目。发达国家生态工业园区建设情况见表2-1。

表 2-1　发达国家生态工业园区建设情况

国家	建设起始时间	生态工业园数量	涵盖产业	典型案例	特征
丹麦	20 世纪 70 年代			卡伦堡生态工业园区	依托炼油厂、发电厂、石膏板厂、酶生产厂、制药厂和废物处理公司等 6 家优势企业，自发形成，邻近互补，在市场机制的作用下，企业成员在平等协商的基础上签订了一系列双边合同，围绕优势企业自主经营管理，相互依存
美国	20 世纪 70 年代	＞50	生物能源的开发、废物处理、清洁工业、固体和液体废弃物的再循环	布朗斯维尔生态工业园、乔克托生态工业园区、开普查尔斯生态工业园区	既是一个包含着许多工业企业，也包含着农业、居民区等的区域系统。在园区内各个企业内部都要实现清洁生产，以减少废物源，在各企业间实现废物、能量和信息的交换，以达到尽可能完善的资源利用和物质循环，以及能量高效利用，使园区对外界的废物排放趋于零
加拿大	20 世纪 90 年代	＞40	化学工业、生物燃料、发电等	波恩赛德工业园区	以轻工业、物流和商业服务为主。约有 1 300 家中小型或微型企业，建立了各种各样的产业生态链及废弃物循环系统
英国	2003 年	—	—	National Industrial Symbiosis Programming（NISP）	将整个国家作为一个虚拟产业生态园区，把已存在的企业作为对象来识别提升资源效益的机会，通过开展一对一或多方会谈促使企业达成协议。项目由第三方公司负责，现已有 1 500 家企业加入，每年为企业节约成本 10 亿欧元，创造 14 亿欧元的额外销售收入
日本	1997 年	26	以废弃物再生利用为主要内容	藤泽生态工业园区、北九州生态工业园区	由政府主导、学术支持、民众参与、企业化运作，企业、高校、政府以及国民紧密协作，共同实施
韩国	2005 年	13	资源循环利用网络构建	国家生态工业园建设项目	共分为三个阶段，突出产业共生和清洁生产评价；突出信息系统建设，加强管理机制和示范推广

2.2.2　我国园区循环化改造实践

2012 年，国家发展改革委和财政部发布了循环化改造工作推进意见，各省（自治区、直辖市）也相继出台相关政策推进园区循环化改造。如 2012 年，甘肃省印发了《甘肃省开发区（园区）循环化改造项目及资金暂行管理办法》，对园区循环化改造专项资金的用途、范围、申报、评审、验收、监管等内容做出了详细规定，成为第一部关于园区循环化改造的省级规范文件。2013年，江苏省出台《全省园区循环化改造推进工作方案》，提出“十二五”期间力争70%以上的国家级开发区和50%以上的省级开发区完成循环化改造任务。2014年，广东省发布《推进园区循环化改造工作实施方案》，要求全省重点推动20个园区创建省级园区循环化改造示范试点，争取建设1～2个国家级园区循环化改造示范试点。在这期间，各地市县的经济开发区也相继出台了循环化改造相关政策措施。

2016年我国《国民经济和社会发展“十三五”规划纲要》中明确提出，要按照物质流和关联度统筹产业布局，推进园区循环化改造，建设工农复合型循环经济示范区，促进企业间、园区内、产业间耦合共生，推动75%的国家级园区和50%的省级园区开展循环化改造。国家发展改革委和财政部规定了循环化改造试点园区的重点任务，并对试点园区的申报、建设、验收和考核都做了明确要求。

（1）园区循环化改造主要任务

申报园区循环化改造的试点园区需要完成以下7项核心任务：

1）空间布局合理化。根据物质流和产业关联性，开展园区布局总体设计或进行布局优化，改造园区内的企业、产业和基础设施的空间布局，体现产业集聚和循环链接效应，实现土地的节约集约高效利用。

2）产业结构最优化。结合本区域的产业和资源的比较优势，考虑园区环境承载力和地方发展需求，围绕提高资源产出率和提高园区综合竞争力，加大传统产业改造升级力度，培育和发展战略性新兴产业，不断调整和优化园区的产业结构。

3）产业链接循环化。按照“横向耦合、纵向延伸、循环链接”原则，实行产业链招商、补链招商，建设和引进产业链接或延伸的关键项目，合理延伸产业链，实现项目间、企业间、产业间首尾相连、环环相扣、物料闭路循环，物尽其用，促进原料投入和废物排放的减量化、再利用和资源化，以及危险废物的资源化和无害化处理。

4）资源利用高效化。按照循环经济减量化优先的原则，推行清洁生产，促进源头减量；开发能源资源的清洁高效利用技术，开展清洁能源替代改造，提高可再生能源利用比例；推动余热余压利用、企业间废物交换利用和水的循环利用；推进水资源替代，沿海地区的园区适当开展海水淡化，减少淡水的使用。

5）污染治理集中化。加强污染集中治理设施建设及升级改造。培育专业化废弃物处理服务公司，实行园区污染集中治理。强化园区的环境综合管理，开展企业环境管理体系认证，构建园区、企业和产品等不同层次的环境治理和管理体系，最大限度地降低污染物排放水平。

6）基础设施绿色化。对园区内运输、供水、供电、照明、通信、建筑和环保等基础设施进行绿色化、循环化改造，促进各类基础设施的共建共享、集成优化，降低基础设施建设和运行成本，提高运行效率，使园区生态环境优美。

7）运行管理规范化。建立园区循环化改造指导协调机制；建设园区废物交换平台，以及循环经济技术研发及孵化中心等公共服务设施；制定并实施循环经济相关技术研发和应用的激励政策；制定入园企业、项目的准入标准和招商引资指导目录，实行产业链招商、补链招商；强化对园区内企业资源节约、环境保护的执法监管；开展宣传教育，促进公众参与，形成优美、清洁、和谐的环境和氛围。

（2）园区循环化改造申报

自2012年起，国家发展改革委及财政部每年联合发布当年园区循环化改造试点申报通知，省级或国家级园区可以向所在省级发展改革委（或循环经济主管部门）提交申报请求。申报园区需提交循环化改造建设实施方案，实施方案需包含园区改造重点支撑项目（申请国家财政补助项目和自主实施项目）和投资预算等内容（附录1）。省级发展改革委组织专家对本省区申报园区进行初审，并向国家发展改革委呈报推荐园区名单。国家发展改革委和财政部组织专家对各省区推荐的园区进行最终评审，确定当年的园区循环化改造示范试点园区名单。

对通过评审并确定为示范试点的园区，由财政部、国家发展改革委共同确定给予园区循环化改造的中央财政补助资金额，采取预拨与清算相结合的综合财政补助方式，按照补助金额的50%下拨启动资金。中央财政补助资金由地方政府统筹使用，专项用于园区循环化改造。

（3）园区循环化改造考核验收

园区循环化改造周期一般为3～5年。国家发展改革委和财政部对循环化改造实施方案批复满3年不满5年的示范园区开展中期评估，对实施方案批复满5年的示范园区开展终期验收。对于考核合格的工业园区，财政部、国家发展改革委拨付剩余资金，并命名为“国家循环化改造示范园区”，不合格的不再拨付剩余资金。具体中期评估和验收要求可参见2015年国家发展改革委和财政部联合发布的《园区循环化改造示范试点中期评估及终期验收管理办法》（附录2，附录3），这里不再赘述。

2017年5月，国家发展改革委等14部委联合发布《循环发展引领行动》，将园区循环化改造列为重点专项行动之一。《循环发展引领行动》要求制定实施《园区循环化改造行动》，要求各地制定本地区园区循环化改造推进方案，明确改造任务、实施路径和保障措施。其中，长江经济带的化工、轻工等涉水类园区，京津冀地区的冶金、建材和石化等涉气类园区和工业集聚区，珠三角地区的石化、轻工、建材等园区要全部实施循环化改造，园区外企业逐步“退城入园”。鼓励国家生态工业示范园区率先开展循环化改造。

与此同时，我国也同步开展了国家级生态工业园建设。2007 年，原国家环保总局在《关于开展国家生态工业示范园区建设工作的通知》（环发〔2007〕51 号）指出，鼓励国家级经济技术开发区和国家高新技术产业开发区通过生态化改造申报综合类生态工业示范园区，支持开发区内具备条件的工业园区申报行业类生态工业示范园区和静脉产业类生态工业示范园区。截至 2017 年 12 月，共建成 48 个国家生态工业示范园区，45 个园区通过规划论证正在创建国家生态工业示范园区。同时，按新的管理办法和标准，已不再分综合类和行业类园区。

我国开展的循环化改造和生态工业园建设虽然名称、项目和主管部门不同，但其理论基础和目标在本质上没有太大的差别，均以循环经济和生态工业理论为指导，对工业园区进行生态化、循环化的建设和改造，实现工业经济体系的绿色低碳循环发展。据对前五批国家循环化改造试点园区的初步统计，约有 80%以上试点具有国家生态园区建设的基础。例如，第一批国家循环经济试点园区基本上都已经开展了国家生态工业园创建活动，之后再列入国家发展改革委循环化改造试点。虽然这两项工作是相辅相成的，但在支持方式和建设周期上仍然有所不同：

（1）支持方式不同。循环化改造由国家发展改革委、财政部联合组织，而生态工业园建设由生态环境部（原环境保护部）牵头三部委（另，科技部、商务部）负责，两个项目的协调组织部门职能不同，所以给予支持的落脚点和具体形式也不尽相同。循环化改造项目直接给予改造项目的补助资金，生态工业园建设项目以荣誉激励和招商环境评估倾斜为主。

（2）周期节奏不同。循环化改造是针对园区的配套基础设施和循环经济关键补链项目建设给予一次性的打包支持，虽然中间有考核验收甚至扣款规定，但考核重点是实施方案是否完成，实施情况是否达到预期效果。生态工业园建设以三年为周期对已命名的工业园区进行评估，不合格者会被勒令限期整改，届时仍达不到要求者则会被除名，鼓励按照生态工业园区的理念持续推进。

另外，在园区的选择上，园区循环化改造的对象比较广，农业园区（如陕西省杨凌农业高新技术产业示范区）及省级工业园区都被包含在内，且总体上比较倾向于重化工等高耗能、高污染的工业园区，而生态工业示范园区则比较倾向于国家级工业园区以及技术水平先进、环境绩效良好和环境风险较低的园区。

2.3 园区循环化改造的主要成效

"十二五"以来，国家发展改革委、财政部在全国范围内先后支持了 7 批共计 129 家试点园区开展循环化改造，安排了专项资金支持园区企业内部改造、关键链接项目和公共基础设施建设。截至 2017 年年底，共批复中央财政资金补助 176 亿元（已拨付 100 亿元），支持试点园区 1 700 多个循环化改造项目的建设，这些中央资金支持项目的总投资达到 2 600 亿元。

2011—2012 年获批的 30 家循环化改造试点园区，已有 11 家通过验收，10 家已提交终期自评估报告准备验收，8 家推迟验收，1 家撤销试点（青岛经济技术开发区）。2018 年内将完成 2011—2012 年获批全部试点园区的终期验收工作。2013—2014 年获批的 45 家园区的中期检查工作已于 2018 年 1 月完成。其中，有 43 家园区通过中期检查，2 家园区未通过。工业园区在发挥产业集聚效应的同时，也成为资源能源消耗和环境污染排放最集中的区域。根据对园区循环化改造试点园区的调查研究和初步评估发现，示范试点工作经验已在全国范围逐步得到推广，并通过以点带面，成为各省级政府和工业园区加快生态文明建设，建立健全绿色低碳循环发展的现代化工业经济体系的重要突破口。

2.3.1 培育绿色发展新动能，助力现代化经济体系建设

"建设资源节约、环境友好的绿色发展体系"是现代化经济体系构建的重要内容。园区循环化改造示范试点项目在工业领域探索了推进循环经济的创新模式，推进资源全面节约和循环利用，成为构建绿色发展的现代化经济体系建设的重要"抓手"。

一是通过构建延伸循环经济链条壮大主导产业。试点园区按照"横向耦合、纵向延伸、循环链接"原则，通过补链招商，引进产业链接或延伸关键项目，壮大主导产业链条，建立资源或设施之间的耦合共生关系，循环经济产业链条规模化发展，实现了项目间、企业间、产业间以及生产系统和生活系统之间的循环链接。129 家试点园区上报的循环化改造项目中，循环经济产业链延伸和副产品/废弃物循环利用的项目占到了全部项目总数的 45%，总投资达到全部项目总投资的 64%。已完成的 21 家试点园区终期评估结果显示，在循环化改造实施五年后循环经济产业链关联度达到 85%以上，基本形成纵向闭合、横向耦合的循环经济产业体系，也探索了风险共担机制，逐步降低市场风险。例如，甘肃白银高新区从以前单一有色金属冶炼，到现在形成了有色金属（稀土）、化工产业、装备制造、生物医药、建筑材料和资源

综合利用产业为主导的六大产业链。甘肃陇西开发区壮大了中医药产业“种植—精深加工—药品生产—副产物综合利用—有机肥/饲料—种养殖”的主导产业链条，形成了“药渣—有机肥—农业基地”“药渣—提取有用物质—产品”“制药废水—废水处理回用—污泥干化—有机肥”“制药废水—水处理—绿化冲洗”四大循环经济产业链。

二是通过资源集约高效利用加快构建绿色增长模式。试点园区在企业内推行清洁生产，通过改进工艺技术、升级设备和改造管理，从源头推动资源集约高效利用；通过园内水、电、能源、环保等基础设施的共建共享与集成优化，降低了建设和运行成本，提高了运行效率；通过余热余压利用、企业间副产物/废弃物交换利用、水循环利用促进了原料投入和废物排放的减量化、再利用和资源化。129 家试点园区共投入 700 亿元（600 个项目）推进企业内部清洁生产改造；园区基础设施建设与改造项目数占循环化改造项目总数的1/3，总投资累计约 4 000 亿元。通过资源高效集约综合利用，企业和园区获得了环境效益和经济效益的“双赢”，形成了良性的绿色循环发展机制。据 21 家试点园区的终期评估结果，五年实施期内节能 2 000 万 t 标准煤，节水约 5 亿 t，累计利用固体废物超过 2 亿 t，工业固废综合利用率均超过 85%。镇江经济技术开发区的化工、光伏、静脉、造纸等循环经济产业链每年可产生直接经济效益 14 亿元，同时还产生减少排污费、节约能源消耗等间接经济效益 2 500 万元/a。

三是通过产业转型升级和优化布局完成新旧动能转换。试点园区循环化改造以提高资源产出率为目标，以工业产品供给侧结构性改革为主线，加快淘汰落后产能，推进传统产业改造升级，发展培育战略性新兴产业；根据物质流和产业关联性优化园内产业和基础设施的空间布局，实现土地集约高效和产业集聚高效升级，通过发展新技术、新产业、新业态和新模式积极探索新旧动能转换模型。镇江经济技术开发区共组织园内企业淘汰落后设备 1 025 台（套），搬迁企业 26 家，关闭 9 家小化工企业，立足现有基础打造化工、造纸、装备制造优势产业集群，同时重点发展新能源、新材料、航空制造等三大先进制造业以及新兴信息产业与软件和服务外包。石嘴山经济开发区对电石、铁合金企业实施搬迁和改造升级，对不符合产业政策和开发区规划的“三高两资”项目坚决关停淘汰，并通过循环经济补链逐步建立了“煤—电—粉煤灰加工—水泥熟料”、“煤炭—电力—化工—建材”以及“光伏农业一体化”等 5 个方面 20 多条产业链。

2.3.2 扎实推进产业园区污染减排，成为污染防治的攻坚利器

产业园区是生产的集中区域，也是各类污染物集中产生或排放的区域，对所在区域的生态环境造成很大压力，有的甚至已对当地生态环境乃至群众的健康产生不利影响，是工业领域污染防治攻坚战的主阵地。

一是强化全过程污染防治，改善区域环境质量。园区循环化改造，变末端治理为源头减量、全过程控制，实现园区废物“零排放”，最大限度地减少企业入园后集中生产的环境负荷，改善生态环境质量，降低区域环境风险，减少园区与周边居民的环境纠纷，促进当地社会和谐稳定。据 2017 年中期评估报告，大部分试点园区单位 GDP 能耗年均下降 3.5%以上，化学需氧量、二氧化硫、氨氮和氮氧化物减排均超额完成当地政府的年度目标。如深圳光明高新技术产业园区，相比 2013 年，2016 年园区单位 GDP 能耗下降 12%，氨氮排放量下降 63.18%，二氧化硫排放量下降 38.16%。天津经济技术开发区（泰达）单位产值能耗、水耗、主要污染物排放等节能环保指标仅相当于全国平均水平的 1/7。

二是突出国家污染防控重点区域和重点行业的改造。试点园区突出向京津冀地区、长江经济带为代表的污染攻坚重点区域倾斜，加大了对重点行业、传统行业等污染集中治理项目的扶持，园区循环化改造成为地方污染防治的攻坚利器。针对京津冀地区围绕大幅降低园区大气污染排放，支持一批以钢铁、化工、建材等重化工为主导的园区实施循环化改造，至今京津冀地区已通过验收的园区占所有试点的 50%，重化工行业升级改造效果显著，污染排放明显降低。长江经济带重点支持以化工、轻工为主导产业的园区布局集中处置污水/污泥的基础设施项目改造升级，减少水污染物排放、恢复长江生态环境。129 家试点园区的循环化改造项目中，污水处置和中水回用的项目达 300 余项，累计投资约 500 亿元；废弃物集中处理项目 200 余项，累计投资约 350 亿元；企业内部废气/废物无害化处理 100 余项，累计投资约 110 亿元。据 21 家园区的终期评估数据，园区的污染物排放总量均出现显著削减，主要污染物（化学需氧量、二氧化硫、氨氮和氮氧化物）减排累计 15 万 t。

2.3.3 瞄准区域生态特点发力，支持国家重点战略布局

园区循环化改造紧密结合“一带一路”建设、京津冀协同发展、长江经济带建设等重大区域的生态环境特点和产业发展需求，通过鼓励重点区域申报、增加区域试点名额、加大支持力度等措施积极响应国家区域发展战略，成为国家协调发展战略转变过程中的有效助力、区域战略布局的重要支点。

一是开拓西部生态脆弱区产业升级转型发展路径。我国西部生态脆弱、资源丰富，多数园区以资源密集型、污染排放较高的加工利用产业为主，被园区循环化改造作为优先支持的重点区域。循环化改造的129家试点园区中有46家属于西部地区，首批8家试点也重点支持甘肃省、青海省率先开展园区循环化改造工作，为推动西部生态脆弱区产业升级转型探索了新路径。通过实施循环化改造试点工作，柴达木试验区的格尔木、大柴旦、德令哈三个工业园，产业结构由单一的采掘业、粗加工型向综合开发、精深加工、循环利用型转变，传统产业扩量提质步伐明显加快，循环经济和新兴产业迅速发展；甘肃黄羊工业园区从单一依靠工业转变形成小麦加工、玉米加工、生物医药、葡萄酒酿造等4条循环经济产业链为主的工农复合型园区。

二是提供长江经济带产业集群提质增效新模式。习近平总书记多次对长江经济带生态环境保护工作做出重要指示，强调推动长江经济带发展，坚持生态优先、绿色发展，把生态环境保护摆上优先地位，涉及长江的一切经济活动都要以不破坏生态环境为前提，共抓大保护，不搞大开发。园区循环化改造工作通过增加备选园区数量、优先支持化工轻工类园区、重点补助生态修复污染减排项目，对工业发达、产业集中的长江经济带以及东部沿海地区进行产业升级引导。该区域的61家试点园区中，有44家是资源加工型，通过园区循环化改造高效提升资源产出率、探索污染集中处置模式，有效引导区域形成资源集约环境友好的产业发展体系，推动长江经济带产业结构优化。

三是助力“一带一路”区域产业发展新格局。党的十九大报告明确提出要构建人类命运共同体，要践行绿色发展新理念，加强生态环保合作，共同实现2030年可持续发展的目标。循环化改造园区试点布局在“一带一路”区域内的数量高达80家，占所有试点比例的62%。以园区循环化改造为契机，重点支持新材料、新能源、电子信息、移动通信等战略新兴产业的园区占比为48.4%，高质化地全面推动“一带一路”产业发展，为“一带一路”国际战略合作夯实基础，成为全球工业领域环境治理的参与者、贡献者和引领者。

2.3.4 创新建立管理长效机制，全社会带动辐射作用显著

伴随园区循环化改造试点工作的持续深入，强化了园区绿色发展和运营管理的体制机制改革创新，循环经济理念深入人心，园区产业转型步伐加快，绿色发展成为新引擎，地方绿色发展自觉性显著提升。

一是管理体制机制创新取得系列突破。试点建设明确了园区循环化改造管理机构，建立园区循环化改造的统计评价和考核制度，制定并实施循环经济相关技术研

发和应用的激励政策、招商引资指导目录和监管制度，保障循环化改造工作的长效推进。与此同时，扶持130多个园区、累计投资70余亿元打造“互联网+公共服务”信息平台，支持利用物联网、大数据、云服务等信息技术开展物质流分析、废弃物信息交换和园区指标管理，大大提升了园区在企业监管、招商引资、项目推动等方面的工作水平。天津经济开发区（泰达）基于企业物质流单元构建了智能化服务平台，实现物料匹配、产业共生、补链招商、信息共享和数据统计等功能，涵盖园区重点生产型和静脉回收型企业，有效促进了废弃物/副产品交换和综合利用。

二是园区显著带动提升地方绿色发展自觉性。园区循环化工作通过试点的开展，形成了工业绿色发展的许多成功经验，园区循环化改造正从点到面，已呈燎原之势，带动众多地方自觉推进园区循环化改造，助力绿色发展。2016年，国家发展改革委与财政部联合印发的《国家循环经济试点示范典型经验及推广指南》，总结了9条典型循环经济建设经验向全国推广。其中有6条（如“以补链招商、风险共担为关键的产业园区循环发展机制”“以废物联单转移、公共信息服务平台为核心的废弃物资源化精细管理机制”“以生产生活系统链接、生产过程协同处理废弃物为特点的产城融合发展模式”等），都来自对循环化改造试点园区管理机制和创新工作路径的总结，为在工业领域及产城融合推进循环经济提供了范例。“十三五”时期多省（自治区、直辖市）已明确将进一步加大力度推进园区循环化改造，助推工业绿色发展。广东省已提出推进全省“百园”循环化改造工程；甘肃省、江西省已明确，到2020年，全部国家级园区、50%以上的省级园区实施循环化改造；浙江省自2012年以来，国家、省级循环化改造示范试点园区共安排项目800多个，批复投资600多亿元，将带动有效投资达3 000亿元以上。

第3章　工业园区循环发展效率评价

3.1　园区循环化改造效率评价的样本集

截至2017年，园区循环化改造共开展7批129个示范试点园区建设（附录4），各省（自治区、直辖市）循环化改造园区试点数量见表3-1。试点园区最多的区域集中在江浙一带（浙江、江苏共18个）和西部地区（如青海、甘肃、贵州等地）；其次是中部省份（如湖南、湖北、江西等）。

表3-1　全国各省（自治区、直辖市）* 循环化改造试点园区数量（2011—2017年）

所在地	个数	所在地	个数
安徽省	6	江苏省	7
北京市	1	江西省	6
福建省	4	辽宁省	4
甘肃省	8	内蒙古自治区	4
广东省	6	宁夏回族自治区	4
广西壮族自治区	4	青海省	6
贵州省	6	山东省	6
海南省	1	陕西省	2
河北省	3	四川省	5
河南省	3	上海市	2
黑龙江省	3	天津市	2
湖北省	6	新疆维吾尔自治区	6
湖南省	6	云南省	1
吉林省	1	浙江省	11
山西省	1	重庆市	4

注：*不含香港、澳门、台湾；截止目前暂无西藏自治区的园区入选试点。

3.2 园区循环发展效率评价模型构建

数据包络分析（Data Envelopment Analysis，DEA）评估方法是由 Charnes 和 Cooper 等于 1978 年提出，在运筹学、管理科学和数理经济学交叉研究上开创了一个新领域。应用最为广泛的是 C^2R 模型和 BC^2 模型，前者的特点是假设决策单元（Decision Making Units，DMU）生产规模报酬不变，后者则是假定 DMU 生产规模报酬改变。

3.2.1 DEA 模型方法

（1）C^2R 模型

设有 n 个 DMU，每个 DMU 都有 m 种投入和 s 种产出，分别用不同的经济指标表示，构建多投入多产出的评价系统。评价第 j 个决策单元 DMU 规模和技术有效性的 C^2R 模型为：

$$
\left(D_{C^2R}\right)\begin{cases}
\min\theta \\
\text{s.t.}\sum_{j=1}^{t}\lambda_j x_j + S^- = \theta x_0 \\
\sum_{j=1}^{t}\lambda_j y_j - S^+ = y_0 \\
\lambda_j \geqslant 0,\ j=1,\cdots,t \\
S^-, S^+ \geqslant 0
\end{cases}
\tag{3-1}
$$

式中，x_j（j=1，2，…，t）和 y_j（j=1，2，…，t）分别为决策单元的投入和产出，λ_j 为结构系数，S^-和 S^+分别表示投入和产出的松弛变量矩阵，用来度量实际投入产出相较最优投入产出的冗余。DMU 的θ表示位于生产前沿面上的最优投入与实际投入的比值，若θ=1，则 DMU 为弱 DEA 有效；若θ=1，且 $S^-=S^+=0$，则 DMU 为 DEA 有效。DEA 有效的经济含义是投入产出量处于最佳，即不存在更低的投入量和更高的产出量使该决策单元更有效。

（2）BC^2 模型

BC^2 模型是在 C^2R 模型的基础上，通过加上一个凸性假设把不变规模报酬变成可变规模报酬，见式（3-2）：

$$
(D_{BC^2})\begin{cases} \min\theta \\ \text{s.t.}\sum_{j=1}^{t}\lambda_j x_j + S^- = \theta x_0 \\ \sum_{j=1}^{t}\lambda_j y_j - S^+ = y_0 \\ I\lambda = 1 \\ S^-, S^+ \geqslant 0 \end{cases} \tag{3-2}
$$

可以证明，约束条件满足规模报酬可变假设：$I\lambda=1$。在此种情况下，技术效率等于纯技术效率与规模效率的乘积。利用 BC^2 模型，可以得到决策单元的纯技术效率。综合利用 C^2R 模型和 BC^2 模型，可以全面评价决策单元的技术效率、纯技术效率和规模效率。

3.2.2 模型变量和数据来源

（1）投入产出指标的选取

鉴于模型变量的数据可得性，选择80个国家园区循环化改造试点作为效率评估的样本，确定投入产出指标8个。其中，经济指标1个（园区生产总值），资源消耗指标3个（包括矿产资源投入、能源投入、新鲜水耗），污染物排放指标4个（包括二氧化硫排放量、化学需氧量排放量、氨氮排放量和氮氧化物排放量）。在DEA建模时（DEA输入输出指标见表3-2），污染物排放指标取倒数。园区资源、能源和水的投入量见式（3-3）：

$$
\begin{aligned} \mathrm{EI} &= \mathrm{GDPI} \times \mathrm{ECPG} \\ \mathrm{WI} &= \mathrm{GDPI} \times \mathrm{WPG} \\ \mathrm{RI} &= \mathrm{GDPI} / r - \mathrm{EI} \end{aligned} \tag{3-3}
$$

式中，EI、WI、RI 分别表示园区能源投入量、新鲜水投入量、资源投入量，GDPI 代表园区生产总值，ECPG 为单位生产总值能耗，WPG 表示单位生产总值取水量，r 为资源产出率。

表3-2　模型指标清单

投入指标	产出指标（y）	
	经济发展指标	污染物排放指标
矿产资源投入（x_1）	园区生产总值（y_1）	1/COD 排放量（y_2）
能源投入（x_2）		$1/SO_2$ 排放量（y_3）
新鲜水耗（x_3）		$1/NH_3$-N 排放量（y_4）
		$1/NO_x$-N 排放量（y_5）

（2）模型的数据来源

经济发展指标和污染物排放指标的数据来自于这 80 家园区开展园区循环化改造示范试点创建的实施方案、中期报告和验收报告（由于部分园区尚未通过验收，因此部分样本数据是验收预期值，而非最终验收值），投入指标中能源投入、新鲜水耗以及资源产出率指标，均以园区单位生产总值为基础计算得出。另外，资源产出率计算的资源投入量包含能源投入量和矿产资源投入量。基准年为园区开始实施循环化改造的年份，验收年为基准年之后的 3～5 年。

3.3 工业园区循环化改造效率评估

3.3.1 技术效率、纯技术效率和规模效率分析

使用 DEAP2.1 软件计算样本园区基准年和验收年的循环化改造效率。结合 C^2R 和 BC^2 模型，计算出各个园区的纯技术效率值和规模效率值：

（1）当纯技术效率值=1 时，表示该单元达到技术有效，即产出相对于投入达到最大化；当纯技术效率值＜1 时，表示该单元未达到技术有效，称为非技术有效。

（2）当规模效率值=1 时，表示该单元达到规模有效，即投入恰到好处，既不偏大也不过小，规模报酬正处于由递增到递减之间临界点的最佳状态；当规模效率值＜1 时，表示该单元正处于规模报酬递增或递减的阶段，为非规模有效。

（3）当纯技术效率值=1 且规模效率值=1 时，即同时达到纯技术有效和规模有效，称该单元为 DEA 有效。

3.3.2 效率均值分析

采用 DEAP2.1 软件，将园区的投入产出数据分别代入 C^2R 模型和 BC^2 模型，可以测算出各园区的技术效率、纯技术效率和规模效率，进而计算得到各区域技术效率、纯技术效率和规模效率的均值（见表 3-3）。

表 3-3 的结果表明，各区域工业园区的规模效率都比较好，东北、华北、华中、西南区域数值均大于 0.8，但技术效率比较低，尤其是华北、华东、华南、西北的值均低于 0.5。这表明我国工业园区的单位投入中，技术效率的贡献还不高，仍然依托规模效应的提升推动工业园区的发展。

表 3-3 区域 DTA 效率计算均值

区域	包含园区	技术效率	规模效率	纯技术效率
东北	宾西经济技术开发区	0.662	0.930	0.719
	牡丹江经济技术开发区			
	吉林市化学工业循环经济示范园区			
	法库经济开发区			
	鞍山经济开发区			
华北	沧州临港经济技术开发区	0.477	0.882	0.529
	曹妃甸工业区			
	冀州经济开发区			
	乌海经济开发区海勃湾工业园			
	巴彦淖尔经济技术开发区			
	天津经济技术开发区			
华中	濮阳经济技术开发区	0.530	0.832	0.627
	红旗渠经济开发区			
	新乡经济技术开发区			
	武汉市青山工业区			
	潜江经济技术开发区			
	孝感高新技术产业开发区			
	十堰经济技术开发区			
	衡阳松木工业园区			
	长沙（浏阳·宁乡）再制造示范基地			
	衡阳常宁水口山经济开发区			
	桂阳工业园区			
华东	铜陵经济技术开发区	0.363	0.761	0.493
	霍邱经济开发区			
	叶集经济开发区			
	安庆高新技术产业开发区			
	霍山经济开发区			
	泉港石化工业园			
	厦门市集美（杏林）台商投资区			
	南通经济技术开发区			
	邳州经济开发区			
	湛江经济技术开发区			
	泰兴经济开发区			

区域	包含园区	技术效率	规模效率	纯技术效率
华东	常熟经济技术开发区	0.363	0.761	0.493
	淮安经济技术开发区			
	赣州经济技术开发区			
	南昌高新技术产业开发区			
	南昌经济技术开发区			
	青岛经济技术开发区			
	临沂经济技术开发区			
	日照经济技术开发区			
	潍坊滨海经济技术开发区			
	宁波经济技术开发区			
	衢州高新技术产业园区			
	宁波石化开发区			
	绍兴滨海工业园区			
	宁波大榭开发区			
	丽水经济技术开发区			
	吴兴工业园区			
	大江东产业集聚区			
华南	深圳市高新技术产业园区	0.438	0.764	0.573
	珠海经济技术开发区			
	钦州港经济技术开发区			
	鹿寨经济开发区			
	广西-东盟经济技术开发区			
	南宁经济技术开发区			
	洋浦经济开发区			
西南	贵阳经济技术开发区	0.551	0.885	0.624
	遵义经济技术开发区			
	红果经济开发区			
	钟山经济开发区			
	安顺西秀工业园区			
	广安经济技术开发区			

区域	包含园区	技术效率	规模效率	纯技术效率
西南	攀枝花钒钛产业园区	0.551	0.885	0.624
	达州经济技术开发区			
	泸州高新技术产业开发区			
	德阳经济技术开发区			
	万州经济技术开发区			
	潼南工业园区			
西北	石嘴山经济技术开发区	0.356	0.672	0.513
	张掖经济技术开发区			
	甘肃嘉峪关工业园区			
	柴达木经济试验区			
	西宁经济技术开发区			
	神府经济开发区			
	铜川董家河循环经济产业示范园区			
	石河子经济技术开发区			
	五家渠经济技术开发区			
	准东经济技术开发区			
	阿拉尔经济技术开发区			
全国		0.443	0.792	0.558

3.3.3 决策单元DEA有效的园区

计算结果表明达到DEA有效的园区数量为21个（见表3-4），在决策单元总数中占比约为26.25%。决策单元DEA有效，说明这些园区在当前的生产规模下，运营投入所对应的产出为最优，园区投入的资源、能源和新鲜水等生产要素与获得的经济效益和社会效益是匹配的，园区循环化改造在经济和环境上的技术管理措施有效。

表 3-4　区域内决策单元 DEA 有效的园区数量

区域	标杆省份	数目	合计
东北	黑龙江	1	2
	辽宁	1	
华北	河北	1	2
	天津	1	
华中	湖南	2	3
	湖北	1	
华东	安徽	3	7
	江苏	2	
	江西	1	
	山东	1	
华南	广西	2	2
西南	贵州	2	3
	四川	1	
西北	青海	1	2
	新疆	1	

通过标杆分析（以 DEA 有效的单元作为标杆）寻找各区域内最优的 DMU，以便于同类型其他园区向标杆园区学习，以提升园区效率。表 3-3 的分析结果表明，全国园区技术效率高的区域主要集中在华东地区，以安徽、江苏、江西和山东为标杆；华北地区以河北、天津为标杆；华中地区以湖南、湖北为标杆；东北地区则以黑龙江和辽宁为标杆；西北地区青海、新疆表现突出。

河北、天津是我国经济发展较快的省市，也是我国各省区中人力、物力、财力等各项资源最丰富的省市，拥有良好的发展环境，当地政府也给予大力支持，因此这些区域的产业园区 DEA 有效。西南、西北部地区 DEA 有效园区为 5 个，西部地区资源丰富，虽然经济不是特别发达，投入也相对匮乏，但是在大力发展西部经济的政策支撑下，部分地区旅游业或者外贸方面的良好形势拉动了当地经济发展，有利于其实现 DEA 有效。

华东地区的安徽省有 3 个园区 DEA 有效，得益于安徽施行的一系列循环发展政策促进园区效率的提升。例如，按照园区的功能定位和产业链群构建规划，有选择地开展补链招商，引进有利于园区循环经济发展的项目，促进产业集群的形成；在园区产业结构优化方面，选择产业基础优势明显、节能环保的产业作为主攻方向，通过培育清洁型、循环型、生态型支柱产业，形成一批绿色低碳、经济效益好、辐射作用大的产业新集群，从源头上达到优化产业结构的目的；在园区科技创新支撑方面，安徽拥有中国科技大学、合肥工业大学等知名高校和一批国家级科研院所，还有几十个国家级实验室及上百个专业现代化的实验室和实验中心，有较好的科技创新基础和人才支撑；在园区环保控制方面，对拟入园区企业，实行环保一票否决制，对不符合园区产业定位、可能造成环境污染的、能耗大、技术水平不先进的项目不予批准入园，对在建项目，实施严格的环境监理制度，建成后，进行环保验收，不符合要求的整改到位方可运营，对已入园企业通过财政补贴、政策资金扶持等方式鼓励企业进行清洁生产审核工作。

3.3.4 未达到DEA有效的园区分析

对尚未达到决策单元 DEA 有效的园区，说明园区的投入和产出不匹配，存在需改进之处，可以进一步分析理论最优投入，判断造成园区无效率的原因（一是纯技术效率即要素冗余造成的，二是由于未达到最优规模的无效率造成的）。在表 3-5 中，DEA 无效园区中有部分属于规模效率过低，部分属于纯技术效率和规模效率两方面都过低，但都属于规模报酬递减。规模报酬递减说明在投入方面已经达到饱和，应加强其产出量以提高其效率。

表 3-5 未达到 DEA 有效的园区类型统计

区域	包含园区	技术效率	纯技术效率	规模效率
东北	牡丹江经济技术开发区	0.553	0.611	0.905
	吉林市化学工业循环经济示范园区	0.149	0.156	0.953
	法库经济开发区	0.664	0.970	0.684
华北	沧州临港经济技术开发区	0.204	0.222	0.921
	曹妃甸工业区	0.114	0.115	0.987
	乌海经济开发区	0.292	0.330	0.886
	巴彦淖尔经济技术开发区	0.250	0.504	0.497
华中	濮阳经济开发区	0.163	0.244	0.667
	红旗渠经济开发区	0.486	0.597	0.814
	新乡经济技术开发区	0.703	0.892	0.788
	武汉市青山工业区	0.083	0.086	0.966
	潜江经济技术开发区	0.615	0.622	0.989
	孝感高新技术产业开发区	0.267	0.342	0.780
	衡阳常宁水口山经济开发区	0.544	0.760	0.716
	桂阳工业园区	0.254	0.354	0.718
华东	铜陵经济技术开发区	0.245	0.386	0.636
	霍邱经济开发区	0.502	0.630	0.796
	泉港石化工业园区	0.076	0.124	0.612
	厦门市集美（杏林）台商投资区	0.402	0.431	0.934
	南通经济技术开发区	0.260	0.355	0.734

区域	包含园区	技术效率	纯技术效率	规模效率
华东	邳州经济开发区	0.643	0.741	0.868
	湛江经济技术开发区	0.126	0.146	0.861
	常熟经济技术开发区	0.356	0.356	0.999
	淮安经济技术开发区	0.244	0.328	0.745
	赣州经济技术开发区	0.303	0.354	0.855
	南昌高新技术开发区	0.431	0.448	0.962
	青岛经济技术开发区	0.033	0.040	0.830
	日照经济技术开发区	0.202	0.255	0.791
	潍坊滨海经济技术开发区	0.438	0.592	0.739
	宁波经济技术开发区	0.158	0.165	0.959
	衢州高新技术产业园区	0.102	0.192	0.534
	宁波石化开发区	0.118	0.123	0.964
	绍兴滨海工业园区	0.063	0.094	0.677
	宁波大榭开发区	0.339	0.418	0.812
	丽水经济技术开发区	0.218	0.525	0.415
	吴兴工业园区	0.287	0.340	0.844
	大江东产业集聚区	0.169	0.251	0.674
华南	深圳市高新技术产业园区	0.547	0.655	0.835
	珠海经济技术开发区	0.185	0.252	0.732
	钦州港经济技术开发区	0.413	0.448	0.922
	鹿寨经济开发区	0.258	0.472	0.545
	洋浦经济开发区	0.145	0.183	0.794
西南	遵义经济技术开发区	0.487	0.539	0.904
	红果经济开发区	0.511	0.845	0.605
	广安经济技术开发区	0.185	0.192	0.963
	攀枝花钒钛产业园区	0.484	0.604	0.801
	泸州高新技术产业开发区	0.431	0.478	0.901
	德阳经济技术开发区	0.448	0.508	0.883
	万州经济技术开发区	0.423	0.639	0.662
	潼南工业园区	0.366	0.374	0.978
西北	石嘴山经济技术开发区	0.197	0.244	0.807
	张掖经济技术开发区	0.344	0.487	0.706
	甘肃嘉峪关工业园区	0.392	0.582	0.674
	柴达木经济试验区	0.168	0.357	0.471
	神府经济开发区	0.239	0.254	0.943
	铜川董家河循环经济产业示范园区	0.199	0.365	0.545
	石河子经济开发区	0.143	0.208	0.687
	五家渠市经济技术开发区	0.056	0.114	0.491
	阿拉尔经济技术开发区	0.538	0.725	0.742

由园区技术效率值的分类结果（见表 3-6）可知，效率值在 0.6～0.8 的园区有 4 个，此类园区的技术效率值相对较好，根据分析结果需要调整投入的生产要素就可以达到 DEA 有效。技术效率值低于 0.2 的园区数目为 26 个，占比为 44.07%，此类园区的投入产出结构或者园区的规模存在的问题比较严重。园区的综合效率为纯技术效率与规模效率的乘积，为了进一步分析园区无效的情况，从纯技术效率和规模效率两方面来具体分析。整体上来看，未达到 DEA 有效的园区纯技术效率的均值为 0.40，规模效率的均值为 0.78，分析结果表明造成园区无效率的主要因素为纯技术效率，可以开展纯技术效率无效的冗余度分析（见本书 3.3.5 节），确定园区纯技术效率提升的手段和方法。

表 3-6　DEA 无效园区技术效率分类结果

效率值	园区等级	园区数量/个	比例/%
0.6～0.8	较好	4	6.78
0.4～0.6	一般	16	27.12
0.2～0.4	较差	13	22.03
0.2 以下	差	26	44.07

3.3.5　DEA 无效的园区冗余度分析

纯技术效率无效的主要原因在于投入冗余和产出不足。要提高纯技术效率，需要研究园区投入和产出。对 DEA 无效的园区，可以通过投入产出的冗余度分析，寻找投入资源的冗余情况和产出不足情况，识别园区在投入和产出两方面可以改进的地方，以提高园区的整体效率。

表 3-7 的结果显示，DEA 无效的园区在能源投入量、新鲜水投入量、资源投入量等方面均存在冗余，投入的无效率和资源的低效配置，是造成园区纯技术效率无效的主要原因。从区域角度来看，DEA 无效园区东北有 3 个，华北 4 个，华中 8 个，华东 22 个，华南 5 个，西南和西北分别为 8 个和 9 个。在 59 个非 DEA 有效园区中，资源投入量、能源投入量和新鲜水投入量均存在冗余。

资源投入量冗余最多的园区为湖北武汉市青山工业区，能源投入量冗余最多的园区为陕西省神府经济开发区；新鲜水投入冗余最多的园区为绍兴滨海工业园区；从产出角度分析，园区均存在不同程度的产出不足。

在产出指标园区生产总值方面存在不足的园区有 10 个，分别为东北部地区的辽宁法库经济开发区，华中地区的潜江经济技术开发区，华东地区的衢州高新技术产业园区和丽水经济技术开发区，西南地区的红果经济开发区，西北地区的张掖经济技术开发区、柴达木经济试验区、铜川董家河园区、五家渠市经济技术开发区及阿拉尔经济技术开发区，此类园区应重点提高经济效益。园区生产总值不足幅度最高的为红果经济开发区，红果经济开发区园区基础设施基础不够好，配套设施不够完善。

产出 y_2～y_5 均不足的园区有 41 个，说明此类园区应重点提高其环境效益。所有的投入均有冗余，产出均有不足的园区共有 6 个，分别为衢州高新技术产业园区、丽水经济技术开发区、张掖经济技术开发区、铜川董家河园区、五家渠市经济技术开发区和阿拉尔经济技术开发区，说明此类园区需要提高资源利用效率、调整投入产出结构，通过资源的有效配置和结构的合理化促进纯技术效率的提升。

表 3-7　未达到 DEA 有效的园区冗余度分析

区域	园区	投入 x_1	投入 x_2	投入 x_3	产出 y_1	产出 y_2	产出 y_3	产出 y_4	产出 y_5
东北（3 个）	牡丹江经济技术开发区	−164.293	−34.284	−194.131	0	10.865	18.762	106.853	6.973
	吉林市化学工业循环经济示范园区	−1 039.989	−486.094	−12 152.348	0	20.838	17.776	140.805	10.161
	法库经济开发区	−1 138.717	−260.206	−15.109	3.81	0	11.213	28.623	5.397
华北（4 个）	沧州临港经济技术开发区	−785.729	−159.450	−1 504.062	0	8.955	21.879	70.040	7.345
	曹妃甸工业区	−1 273.462	−561.128	−5 250.231	0	19.656	20.705	0	11.119
	乌海经济开发区	−296.205	−523.648	−1 370.741	0	7.145	20.792	88.616	12.646
	巴彦淖尔经济技术开发区	−62.568	−69.790	−903.704	0	17.375	20.189	158.203	16.960

区域	园区	投入 x_1	投入 x_2	投入 x_3	产出 y_1	产出 y_2	产出 y_3	产出 y_4	产出 y_5
华中（8个）	濮阳经济技术开发区	−196.288	−130.642	−5 190.21	0	11.926	13.206	435.550	13.445
	红旗渠经济开发区	−243.784	−88.103	−491.374	0	0	6.934	0	3.733
	新乡经济技术开发区	−10.827	−3.755	−86.648	0	8.185	18.461	296.073	6.828
	武汉市青山工业区	−3 756.992	−1 226.08	−7 867.775	0	11.890	21.889	111.979	6.073
	潜江经济技术开发区	−57.484	−29.169	−486.593	30.888	0	3.199	125.084	4.708
	孝感高新技术产业开发区	−132.169	−68.580	−2 710.543	0	12.491	9.165	418.969	2.038
	常宁水口山经济开发区	−53.671	−22.741	−653.052	0	0	12.975	222.059	1.722
	桂阳工业园区	−165.060	−79.143	−1 509.354	0	10.725	18.092	115.241	14.587
华东（22个）	铜陵经济技术开发区	−98.015	−96.928	−2 031.168	0	9.599	20.720	250.171	19.423
	霍邱经济开发区	−1 059.512	−25.622	−3 472.799	0	0	0	222.065	16.807
	泉港石化工业园区	−471.998	−557.305	−8 736.431	0	12.538	19.579	226.503	16.681
	厦门市集美（杏林）台商投资区	−201.315	−109.645	−1 260.896	0	15.326	19.396	101.904	8.220
	南通经济技术开发区	−155.120	−207.309	−4 169.737	0	15.768	15.994	233.939	16.020
	邳州经济开发区	−25.999	−68.099	−1 248.081	0	17.745	8.265	219.105	11.430
	湛江经济技术开发区	−633.399	−316.004	−6 304.230	0	20.189	16.386	100.685	10.760
	常熟经济技术开发区	−580.077	−424.945	−5 839.031	0	0.731	15.786	64.920	6.085
	淮安经济技术开发区	−315.739	−77.118	−2 553.579	0	17.509	8.240	363.728	12.419

区域	园区	投入 x_1	投入 x_2	投入 x_3	产出 y_1	产出 y_2	产出 y_3	产出 y_4	产出 y_5
华东（22个）	赣州经济技术开发区	−165.302	−65.891	−15 811.987	0	15.236	0	494.706	9.879
	南昌高新技术产业开发区	−2 140.057	−73.083	−16 550.239	0	3.687	6.409	152.287	23.968
	青岛经济技术开发区	−2 354.783	−894.988	−16 131.885	0	24.704	22.049	66.651	14.643
	日照经济技术开发区	−464.090	−153.873	−4 263.941	0	18.257	17.540	228.503	14.305
	潍坊滨海经济技术开发区	−116.207	−83.631	−1 600.702	0	0	10.704	32.864	7.036
	宁波经济技术开发区	−1 478.445	−535.839	−14 952.459	0	17.445	15.966	80.469	12.146
	衢州高新技术产业园区	−111.284	−130.397	−5 517.001	11.106	5.682	25.190	326.457	26.611
	宁波石化开发区	−1 627.702	−744.217	−7 986.537	0	10.143	20.541	76.177	8.967
	绍兴滨海工业园区	−661.929	−441.198	−17 449.157	0	14.043	13.206	540.002	12.366
	宁波大榭开发区	−279.220	−91.246	−1 352.359	0	0	13.399	23.410	7.424
	丽水经济技术开发区	−47.758	−48.942	−784.406	3.471	10.802	24.827	189.894	18.785
	吴兴工业园区	−203.441	−91.231	−2 116.045	0	18.849	16.249	182.618	5.720
	大江东产业集聚区	−193.481	−234.693	−5 688.973	0	12.141	20.619	206.383	19.561
华南（5个）	深圳高新技术产业园区	−1 340.959	−17.742	−623.926	0	7.547	16.113	0	18.505
	珠海经济技术开发区	−308.890	−369.008	−3 286.621	0	20.549	15.764	103.019	5.586
	钦州港经济技术开发区	−775.91	−181.204	−814.711	0	0	11.914	25.791	3.920
	鹿寨经济开发区	−149.405	−29.659	−868.096	0	13.721	11.193	194.543	7.556
	洋浦经济开发区	−981.698	−232.487	−6 607.240	0	17.814	18.578	165.068	18.256

区域	园区	投入 x_1	投入 x_2	投入 x_3	产出 y_1	产出 y_2	产出 y_3	产出 y_4	产出 y_5
西南（8个）	遵义经济技术开发区	−496.401	−25.957	−9 291.774	0	1.597	8.938	0	20.250
	红果经济开发区	−32.737	−35.495	−268.483	63.149	0	6.011	0	6.771
	广安经济技术开发区	−321.707	−252.404	−8 511.017	0	0	8.069	411.245	6.885
	攀枝花钒钛产业园区	−62.223	−18.073	−431.400	0	5.909	15.600	0	8.008
	泸州高新技术产业开发区	−837.269	−35.980	−625.436	0	0	0	0	0.939
	德阳经济技术开发区	−168.245	−48.209	−695.357	0	19.902	14.551	152.092	9.555
	万州经济技术开发区	−43.331	−29.896	−385.603	0	16.089	19.873	193.443	7.172
	潼南区工业园区	−143.162	−188.232	−4 065.835	0	9.047	14.840	0	0
西北（9个）	石嘴山经济技术开发区	−393.580	−740.100	−2 290.915	0	11.726	18.420	182.566	11.513
	张掖经济技术开发区	−298.386	−38.257	−288.269	20.800	7.606	13.861	94.441	3.714
	甘肃嘉峪关工业园区	−60.155	−113.019	−409.550	0	26.160	16.284	58.889	9.881
	柴达木经济试验区	−570.737	−39.253	−2 819.876	11.321	0	0.482	0	10.008
	神府经济开发区	−663.913	−1 385.326	−1 829.815	0	13.026	22.146	31.234	10.723
	铜川董家河园区	−326.107	−237.101	−457.923	20.147	18.354	22.317	96.360	10.611
	石河子经济开发区	−398.061	−747.543	−2 659.465	0	28.860	17.016	112.871	4.470
	五家渠市经济技术开发区	−767.635	−470.686	−2 643.053	6.292	26.059	22.282	159.830	12.602
	阿拉尔经济技术开发区	−757.468	−9.156	−259.905	28.804	1.684	2.033	21.988	0.223

效率分析结果表明：首先，虽然近年来园区建设力度比较大，在园区基础设施建设和研发方面都投入了大量资金，但是部分园区的效率仍然较低，存在重复建设、资源没有充分利用、产品与市场需求的关联度不高、园区多头管理等突出问题。其次，我国园区虽然发展速度迅速，但是部分地区的园区建设并未形成自身优势产业，缺乏技术支撑、产业基础、智力支持，造成园区效率不高。

在园区的投入方面，需要优化投入结构，科学配置资源。一些经济比较发达的地区，在资源投入方面需求大，但是过量的投入并未带来更多的产出，应采取适量原则。部分经济欠发达的地区，需要着力提高资源效率，促进增加产出。对环境效益不佳的园区，需要提高环保项目准入门槛，从源头上控制高污染企业进园。

3.3.6 MPI 指数分析

选取曼奎斯特生产率指数（Malmquist Productivity Index，MPI）测度园区的生产力变化，即连续时间段内效率的变化。MPI 指数大于 1 说明决策单元整体效率提高，MPI 指数等于 1 说明整体效率不变，MPI 指数小于 1 说明整体效率下降。应用 MPI 指数模型，可以计算出技术效率变化、技术变化、纯技术效率变化、规模效率变化和全要素生产率变化等。具体的指数结果汇总见附录 7，分区域部分 MPI 指数的计算结果见表 3-8。

理论上来讲，园区生产效率的提高是由技术效率提升与技术进步共同作用的结果。从指数分解结果来看，全国园区改造后整体生产效率增长 17.5%。效率的提高是由技术效率、技术进步和规模效率共同引起的，技术效率在此期间的变化与技术进步的变动相同；园区生产效率的增加值中，技术效率的贡献值为 7.6%，技术进步的贡献值为 9.7%。从区域来看，推动区域园区增长的动力主要来源于技术效率与技术进步，与全国平均值基本保持一致。

表 3-8 分区域园区 MPI 指数分析（验收年相较基准年）

区域	技术效率变化	纯技术效率变化	技术变化	全要素生产率变化
东北	0.885	0.910	1.059	0.774
华北	0.995	1.038	1.126	1.113
华中	1.073	1.071	1.092	1.143
华东	1.138	1.106	1.152	1.309
华南	0.973	0.944	1.150	1.108
西南	0.984	0.994	0.863	0.804
西北	1.104	1.172	1.115	1.234
全国	1.076	1.070	1.097	1.175

全要素生产率（Total Factor Productivity，TFP）可以综合衡量技术及规模效率，可以采用TFP变化的计算结果作为衡量园区验收年相对于基准年在生态效益上的提升。华北、华中、华东、华南、西北区域园区的TFP增长均大于1，实现了正增长，但是不同区域的增长速度存在差异——华东区域园区的TFP变化值最高，华南区域增长率为10.8%，处于靠后的位置；东北、西南区域园区的TFP出现了负增长。华东区域TFP增长率最高，这主要归功于该区域的循环化改造理念得到了深入贯彻，尤其是园区规划和项目（企业）的引进上，不仅积极采用“补链”和“强链”的招商模式，还把高新技术产业、先进装备制造业等耗能相对较少的产业作为主攻方向，优化了园区产业结构和产业发展质量。同时，该区域的园区重视对园区企业科技创新的支持力度，鼓励引进部分清洁能源项目，投入大量财政资金用于园区基础设施建设和节能低碳技术研发等领域，显著促进这些区域内园区的全要素生产力得到快速提升。

总体来看，华北、华南区域技术效率与技术进步并未同步提高，在园区后续的改造中，应注重技术效率与技术进步的共同提升，以促进园区生产效率的提高；华南区域效率变化主要来源于技术进步；华中、华东、西北区域效率变化主要是技术效率和技术进步共同促进的。同时，从具体园区看出，贵州红果经济开发区的MPI指数最低，为0.323，表明其效率下降最快，应尽快从技术及管理等方面找出原因进行优化。

MPI指数分析表明我国园区的生产效率是多方面综合作用的结果，既与园区循环化改造过程中国家的技术效率相关、技术进步水平相关，也与国家在循环经济、节能减排的政策相关。

3.3.7 园区经济规模与技术效率的分类评价

在计算各园区生态效率的基础上，根据验收年样本园区（80家）的生产总值（代表经济规模）和纯技术效率（代表生态效率）可以绘制出散点图（见图3-1），可对处于不同经济规模与生态效率的园区进行分类评价。

以园区生产总值2 800亿元及纯技术效率0.5为分界线，可将园区分为三类：①经济规模小同时生产效率高的工业园区；②经济规模大且生态效率较高的园区；③经济规模小且生态效率低的园区。第一类园区多集中在华中、华东和华南，这些省份（或者区域）本身具有良好的产业基础，部分区域内高校云集，为其高生产效率提供了智力保障和先进的研发条件；沿海区域劳动力素质相对较高，这些都为园区的高效率奠定了基础；部分园区属于中西部地区，这些地区虽然教育资源并不充足，但是政府重视产学研的结合，科技成果能够有效转化，促进了园区发展，因此园区效率也比较高。第二类园区有两家，分别为天津经济技术开发区（泰达）和长沙（浏阳、宁乡）再制造示范基地，这两个园区经济体量大且均是以装备制造、生物医药、电子信息等制造和高新技术产业为主导的园区，其相比资源加工型产业的矿产资源投入量低，但产品价值高。这表明，传统以资源加工产业为主导的园区通过转型，引进装备制造、高新技术等产业，可以显著提高园区的生态效率。第三类园区属于改造过程中重点关注的园区。

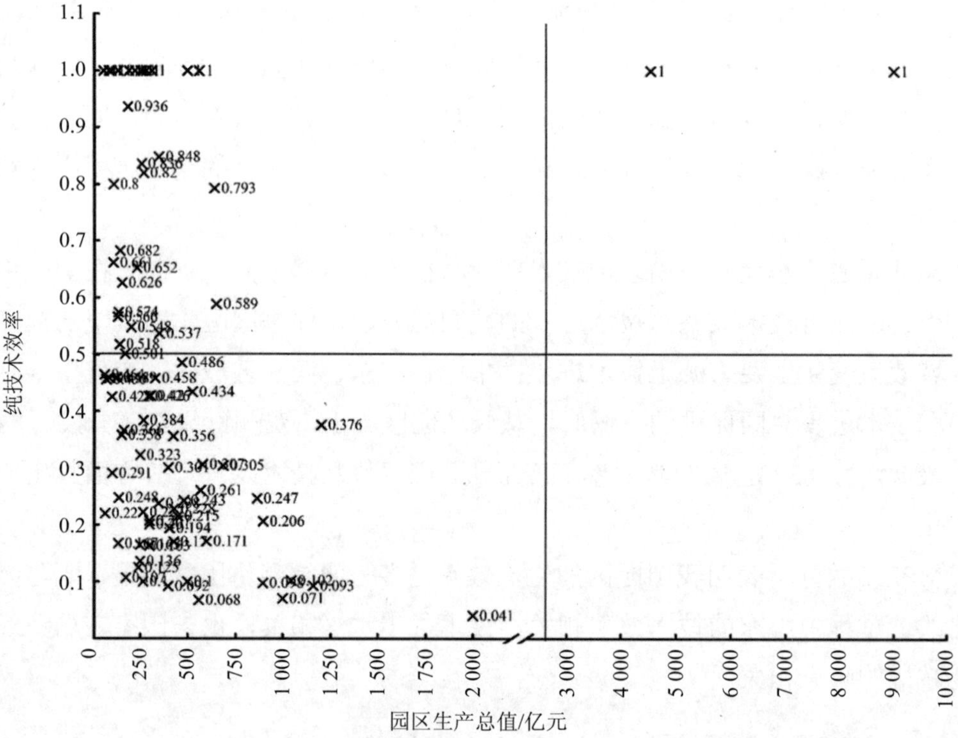

图 3-1　80 家循环化改造试点园区验收年的生产总值及纯技术效率

3.3.8　提高园区循环化改造效率的技术措施

通过园区循环化改造的案例调研和分析，许多园区在物质减量与循环、污染控制、园区管理等方面采取了许多有效措施，而且在构建园区循环化改造路径上也有一定的共性措施（见表 3-9），为纯技术效率有效提供了关键支撑。本书在后续章节将重点讨论园区循环化改造的共性方法、工程措施和管理平台。

表 3-9 纯技术效率有效的园区循环化改造措施

物质减量与循环	能源	蒸汽梯级利用 燃气-蒸汽联合循环
	水	雨水的收集和再生利用 空调冷凝水收集 超纯水（制程水）回收 纯水设备部分浓水回收 中水回用
污染控制	废水	构建废水代谢链条
	固体废物	一体化固体废物管理方案 成立固体废物处置公司 建设再生资源公共服务平台 构建从原料生产到废物回收利用、再生产的闭合循环
园区管理	管理措施	建立 ISO 14001 环境管理体系 能源审计、清洁生产审核 绿色招商评价 国际合作（如中国-欧盟环境管理合作计划） 开发环境企业孵化器 开展绿色招商，严格审查新上项目环境影响评价
	政策及监督制度	园区废物管理及循环利用、水资源管理及循环利用 紧急事故响应系统的相关政策信息公告制度 建立鼓励和倡导可持续消费的政策 制定公众参与政策 制定创建环境企业孵化器的优惠政策 制定园区投融资优惠政策等 企业环境年报制度
	生态文化氛围营造	根据“政府引导、园区推动、企业实践、公众参与”的思想，开展节约型政府、环境友好型企业、绿色学校、绿色社区等绿色细胞创建工程 创建绿色建筑模式、引导绿色消费和扶持生态文化，推进生态社区的建设 建立企业生态俱乐部 创建专项基金——激励各类环保行动 建立环保银行，方便全民参与环保活动（阿拉环保网）
	信息交换	商务信息交流平台 组织废物最小化俱乐部 生态工业信息网络系统 建立园区废物生命周期管理体系 建设科技创新服务平台

第 4 章　园区循环化改造共性方法及措施

4.1　园区循环化改造共性方法

4.1.1　物质代谢基本规律及特征

以物质 A/新鲜水从园区外进入园区生产型企业 B 为起点，可以归纳 8 条物质代谢路径，如图 4-1 所示。

园区物质（原材料、能源、水等）代谢路径的具体特征说明如下。

路径 1：原料 A 进入生产型企业 B 进行加工，产出产品 A1 后销售至园区外。

路径 2：原料 A 进入生产型企业 B，生产产品 A1 后，B 对残留的原料 A 进行回收和循环利用。

路径 3：原料 A 进入生产型企业 B1 进行加工，生产产品 A1；A1 进入另一生产型企业 B1 进行深加工，生产产品 A2；A2 再进入下一生产型企业，进行再加工。

路径 4：原料 A 进入生产型企业 B1，生产产品 A1 的同时产生副产品/废弃物 C；C 被企业 B1 回收，进行深加工，生产附加产品 C1，并与企业 B2 形成上下游关系。

路径 5：原料 A 进入生产型企业 B1，生产产品 A1 的同时产生副产品/废弃物 C；C 被园区另一家生产型企业 B2 回收利用，生产产品 A2。

路径 6：原料 A 进入生产型企业 B，生产产品 A1 的同时产生副产品/废弃物 C1；C1 出售给园区的废物回收企业 D，同时园区其他生产型企业产生的废弃物 C2、C3、C4 等也被企业 D 集中回收。

路径 7：新鲜水/自来水进入生产型企业 B，生产环节的过程水被 B 企业部分（或全部）回收。

路径 8：新鲜水/自来水进入生产型企业 B，B 进行生产加工后产生废水，废水流入污水处理厂进行处理，处理后的中水或再生水再回用至企业 B。

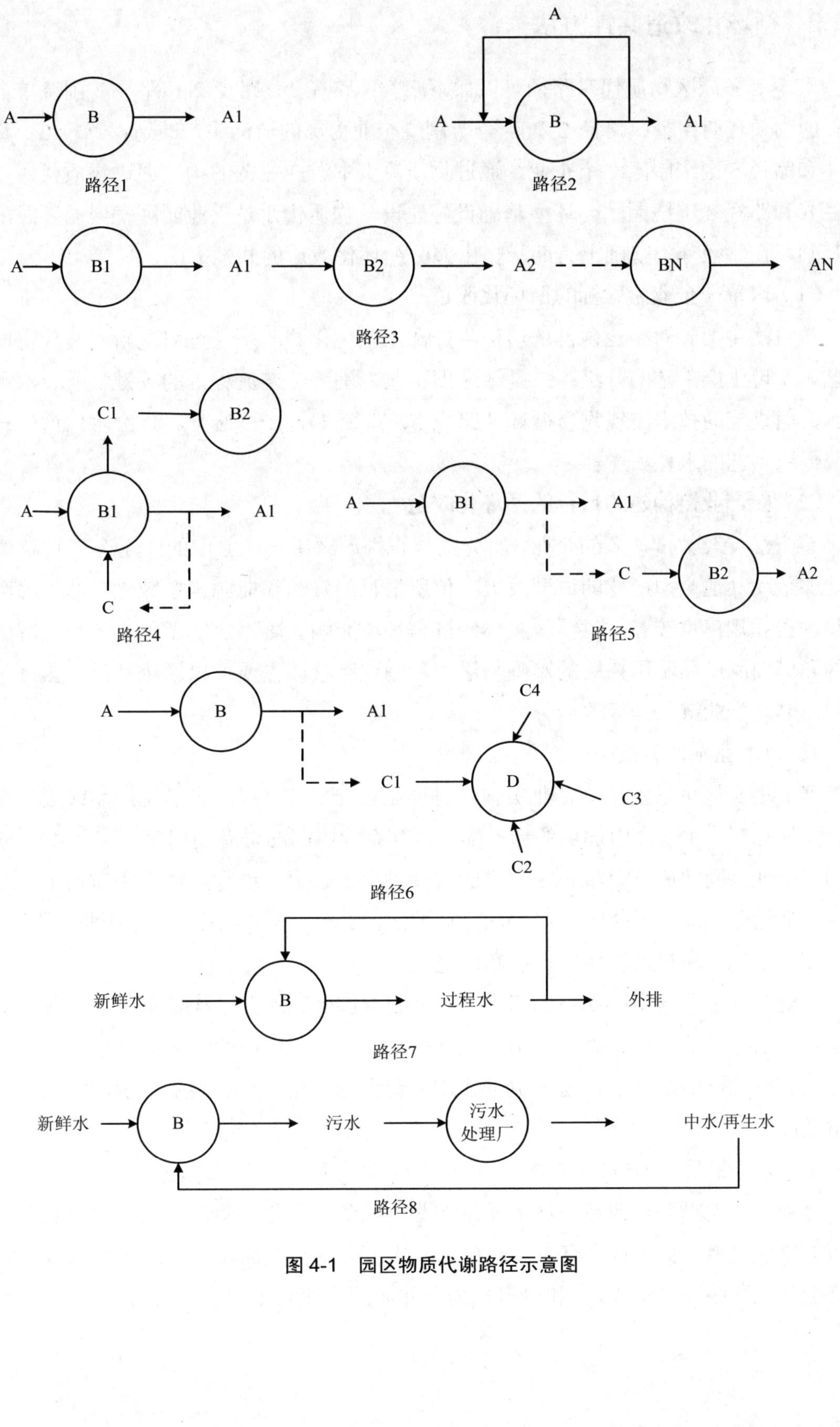

图 4-1 园区物质代谢路径示意图

4.1.2 循环化改造共性方法

上述 8 条园区物质代谢路径可以如下归类：路径 1、路径 2 和路径 7 围绕单一企业的物质代谢路径，路径 2 和路径 7 围绕企业内部的清洁生产改造；路径 3、路径 4 和路径 5 围绕园区多个企业，通过物质流上下游产业链的构建促进物质代谢；路径 6 和路径 8 围绕园区循环型基础设施建设。物质代谢是工业园区发展循环经济的基础，在路径分类基础上有助于提出园区循环化改造的共性方法。

（1）以单一企业为目标的循环化改造

该方法主要针对企业内部的清洁生产和工艺优化。一是通过引进新工艺代替旧工艺，实现生产工艺的升级；二是改造旧工艺，围绕工艺流程上的关键物质、水和能源，引进辅助技术实现物质循环（路径 2、路径 7），减少废弃物、废水的产生量或降低原工艺的水耗和能耗。

（2）以产业链构建为目标的循环化改造

该方法涉及数量众多的企业，首先需要识别园区主导产业中的“链核”。链核产业能够带动其他类型产业的协同发展，但所消耗的资源和能源规模较大，产生的废弃物种类和规模也较多，对园区整体经济与环境影响显著，决定了上下游产业链条延伸和横向副产品利用拓展的难度与潜力。围绕链核，主要可以通过补链、强链，实现对园区产业链的升级改造。

1）以产业延伸为核心

产业链延伸可以由单一企业实施，对企业自身生产过程产生的副产品或废弃物进行延伸加工，生产高附加值的新产品，提高企业内部的资源利用率（路径 4）；或者由多企业共同实施，上游企业生产的产品可由下游企业进行再加工和深加工（路径 3），适用于产品多元化特点突出的产业园区。如，以石油化工为主导产业的园区，通过某一基础性原料可以拓展多条产品链。

产业延伸还包含新产品链的引进。一是根据园区的产业结构调整需求，通过招商引资，引进智能制造、高新技术产业等新兴产业，实现产业园区的升级转型。二是在已有产业链的基础上，通过引进新的配套企业，完善产业链上下游，实现产业集群发展。

2）以产业共生为核心

产业共生的循环化改造方法多发生在两个或多个企业之间，通过企业间副产品和废弃物的交换，实现对原有生产原料的替代（路径 5）。通常有以单链核为依靠源的产业共生网络（见图 4-2）和以多核为依靠源的产业共生网络（见图 4-3）。

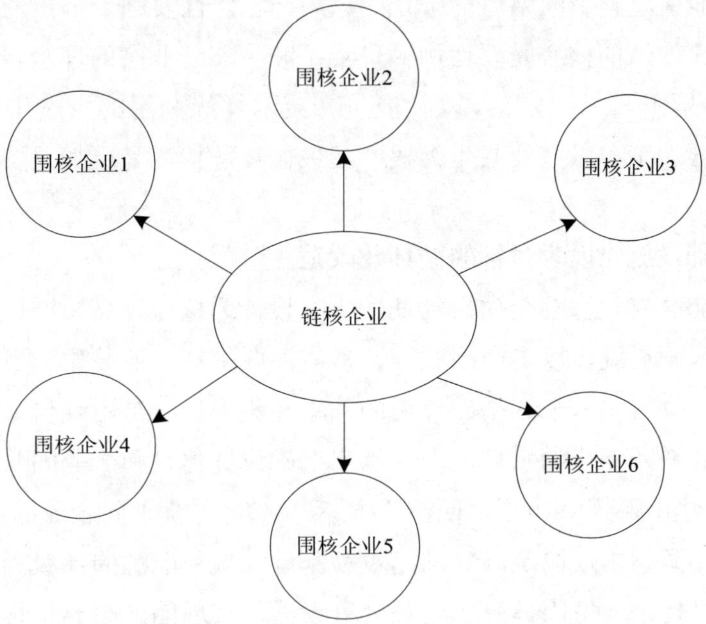

图 4-2　单链核依靠源产业共生示意图

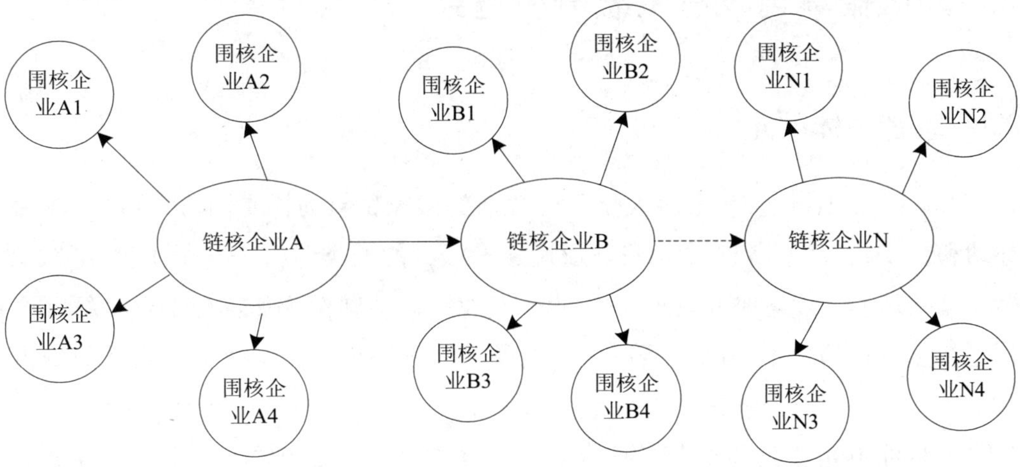

图 4-3　多核依靠源产业共生示意图

在大多数工业集群区中，特别是在一些大型产业群内，单核依靠源的工业共生网络是很普遍的——为了扩大园区产业规模，在核心产业集团周围建立了一系列的子产业，可以充分利用各种副产品和原材料，有利于形成工业共生网络以提高资源利用效率。在多核依靠源的工业共生网络中，原材料或副产品常在核心产业中交换。每一个产业都与中小型企业有很紧密的商业联系和合作关系。多核共生网络减少了由于联合失败而引起整个网络运行中止的风险，稳定性要强于单核网络。

园区循环化改造的核心是要运用循环经济和生态工业园的理念，在不同企业间形成相互利用的副产品、废品，以及能量和废水梯级利用的生态工业链。相比单纯的产品链延伸加工，以产业共生为核心形成循环链接，是更加重要的产业链构建模式。

（3）以基础设施建设为目标的循环化改造

该措施以园区建设运营全生命周期的生态设计为核心，高标准、高起点规划和建设园区公共基础设施，以多产品联产、多资源联供和产业共生为目标，开展园区水气热、资源回收再生等公共基础设施的共享和集成。一是围绕自来水、污水、中水、再生水，依托差别化的水质需求，以水基础设施建设和产业间共生关联，推行水的梯级利用、循环利用和再生回用（路径 8）；二是围绕不同企业的蒸汽、废热等，依托差别化的热源需求，以蒸汽管网建设为基础，推行能源的梯级利用；三是围绕固体废物，通过建设大型固体废物处理处置设施，实现园区废弃物集中治理或通过园区内工业设施与社会公共服务协同共生，协同消纳和处置社会废弃物（路径 6）。

4.2 园区循环化改造系统分析框架

4.2.1 改造主体单元

以 2011—2016 年 118 个园区循环化改造的国家试点为样本，梳理其申请国家财政补助和自主实施的 3 813 个项目，通过建设项目的聚类分析（见表 4-1）可以识别出循环化改造的 4 个主体单元——企业、产业链、基础设施和管理平台。循环产业链构建和基础设施建设是园区循环化改造的两大核心任务，这两类项目的总数占比达 81.5%；其次是企业内部改造和信息化管理平台建设。具体分析如下：

（1）企业单元。在企业内部清洁生产与改造中，按照物质、水资源、能源等基本要素对建设项目进行了细化统计。物质回收与循环利用项目指的是企业从工艺生产中排放的副产品、废弃物或废水和废气中提出有价物质，再返回至原生产工艺中，在减少废物排放量的同时节约原生资源的消耗。节水改造聚焦于水资源的循环利用，企业建设适合自身废水特征的污水处理厂，对生产废水进行集中处置，减少园区污水处理厂的处置压力；部分企业将处置后的出水部分用于生产过程、冷凝系统、绿化灌溉、厕所等，减少新鲜用水的消耗。节能改造聚焦于减少企业生产过程的原煤、石油和天然气消耗，通过实施“煤改气”、“油改电”、余热余压回收利用、高温尾气燃烧发电等项目，节约煤炭、蒸汽的消耗，达到节能和减排目的。部分企业的内部改造项目可同步实现物质节约、节能和节水。尾气处理措施更多关注生产过程的尾气减排和脱硫脱硝等。

（2）产业链单元。在循环产业链构建上，资源延伸项目多出现在资源加工类的产业中，如石油、化工、煤炭、天然气等，用以丰富园区的产品体系，提升产品附加值。而新产品链构建项目多出现在装备制造和高新技术型产业中。其中，产业共生项目在 1 736 个循环产业链构建项目中是数量最多的，占比达 39.3%；相比产品链的延伸，副产品和废弃物的深加工在产业链延伸项目中也占了很大比例。总体而言，产业生态学思想是当前循环产业链构建和诸多园区循环化改造实践的理论依据。

表 4-1　六批国家循环化改造试点园区项目的分类统计表

项目类型		项目数	占比/%
企业内部清洁生产与改造	物质回收/处理与循环利用项目	142	3.7
	节水改造/污水处理与循环项目	122	3.2
	节能改造/余热余压回收利用项目	221	5.8
	尾气处理项目	92	2.4
小计		577	15.1
产业链构建	产业链延伸（产品/副产品/废弃物延伸加工）项目	541	14.2
	产业链延伸（引进新产品链）项目	513	13.4
	企业间副产品与废弃物共生利用项目	682	17.9
小计		1 736	45.5
基础设施建设	污水处理项目	173	4.5
	中水回用项目	97	2.5
	集中供热供气项目	105	2.8
	水/热梯级利用项目	25	0.7
	资源共享类项目	601	15.8
	固体废物集中处置类项目	193	5.1
	研发中心建设类项目	177	4.6
小计		1 371	36.0
信息平台	环境监测数据平台、循环经济统计平台、废物交易平台项目	129	3.4
总计		3 813	100.0

（3）基础设施单元。基础设施建设也是园区循环化改造的重点内容，除污水处理、中水回用、集中供热、水/热梯级利用、固体废物集中处置等5类循环型基础设施建设外，还涵盖了资源共享、研发中心建设、产业共生信息化等公共服务项目。其中，污水处理项目一般包含污水处理厂的扩建、工艺的改进、污水配套管网的建设等。118个循环化改造园区中，每个园区基本都申报1～2个污水处理项目。中水回用项目涵盖污水的深度处理、区域范围内的中水回用管网铺设等。集中供热供气项目主要依托热电联产项目，取缔园区内部分企业的小生产锅炉，铺设集中供热供气管网等。在统计的118个园区中，有85%的园区开展了集中供热网的改造和建设。固体废物集中处置，可用于协同处置园区外的社会源废弃物，包括危险废物、城市生活垃圾、餐厨垃圾等，部分园区也建设了电子废物、报废汽车和零部件的集中拆解厂（但是总体数量较少）。水/热的梯级利用项目是企业之间通过中水和余热余压的利用形成的共生关系，此类项目相对较少，统计总数只有25项，这可能主要是因为不同企业间余热余压和中水的品质难以完全匹配。资源共享项目主要包括园区的绿化改造、道路建设、路灯改造、加气站、屋顶光伏发电并网、雨水收集、仓储物流中心、物质公用运输管廊等内容。

（4）管理平台单元。信息化管理服务平台建设项目是构建园区信息流共享链的主要方法。一是通过收集和发布业内信息，发布园区企业开展循环化改造的新闻动态，搭建园区内部企业之间以及园区与外部的交流互助平台；二是通过搭建园区水、大气、固体废物排放的数据监测网络和环境应急响应平台，为企业技术改造升级和标杆管理等提供支撑服务；三是通过搭建企业废物交换平台，发布园区企业资源分类交换信息、产品供求信息，为组织企业间开展物质交换和产业共生，降低废物交易成本提供有效工具；四是搭建以主导产品为底层的循环产业链条决策服务平台，为园区的绿色招商引资、补链和强链提供管理支撑。

不同类别项目投资的统计结果（见表4-2）表明，投资额及扶持项目的分配趋势是一致的，超过60%的资金投入了园区循环产业链的构建，30.3%的资金流向基础设施建设领域，剩余5.8%的资金用在企业内部改造和信息平台的建设中。

在产业链相关的项目投资中，投资额最大的是产品/副产品/废弃物的延伸加工项目，其次是产业共生类的项目。尽管产业共生类项目数（682个）多于资源延伸加工类的项目数（541个），但资源加工类的项目投资额往往较大，特别是在石油化工产业主导的工业园区，有的项目投资额在千万元至亿元，有的超过10亿元，而产业共生项目的投资额一般在百万元至千万元。信息化管理服务平台的投资额总体较少，只占总投资的0.6%。据统计，平均每个园区均有1～2个信息平台建设项目建设，投资额差异也较大，部分园区的平台建设投资在1 000万～3 000万元，也有部分园区的投资额在5 000万～8 000万元，还有部分园区超过1亿元。在基础设施建设的投资中，资源共享类项目的投资显著大于其他的项目投资，在3 950.1亿元的基础设施建设投资中，占比 49.7%。这表明我国的工业园区发展尚处于起步阶段，大部分园区在道路、交通、绿化、物流等共享领域的建设上尚不完善，亟须通过园区循环化改造过程进行提升。

表4-2 六批循环化改造试点园区项目投资统计表

项目类型		投资额/亿元	占比/%
企业内部清洁生产与改造	物质回收/处理与循环利用项目	109.5	0.8
	节水改造/污水处理与循环项目	150.5	1.2
	节能改造/余热余压回收利用项目	321.3	2.5
	尾气处理项目	98.9	0.7
小计		680.2	5.2
产业链构建	产业链延伸（产品/副产品/废弃物延伸加工）项目	4 359.0	33.5
	产业链延伸（引进新产品链）项目	1 697.9	13.1
	企业间副产品与废弃物共生利用项目	2 242.5	17.3
小计		8 299.4	63.9
基础设施建设	污水处理项目	352.7	2.7
	中水回用项目	107.3	0.8
	集中供热供气项目	821.9	6.3
	水/热梯级利用项目	100.5	0.8
	资源共享类项目	1 964.4	15.1
	固体废物集中处置类项目	325.5	2.5
	研发中心建设类项目	277.8	2.1
小计		3 950.1	30.3
信息平台	环境监测数据平台、循环经济统计平台、废物交易平台项目	68.8	0.6
总计		12 998.5	100.0

4.2.2 系统分析框架

针对上述企业、产业链、基础设施、信息管理平台的四大主体单元，以及物质、水、能三大核心要素的代谢为基础，可以构建园区循环化改造的系统分析框架（见图 4-4）。

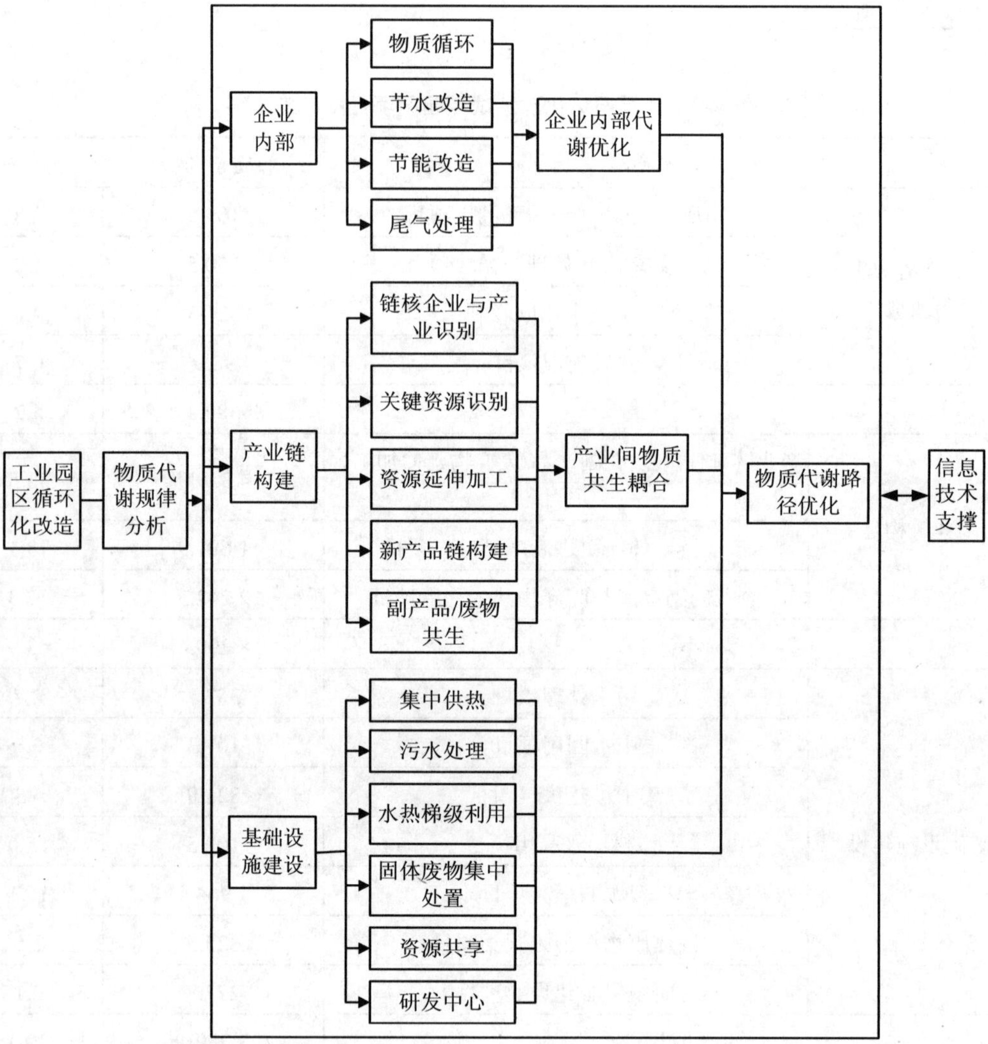

图 4-4 园区循环化改造的系统分析框架

（1）针对园区产业类型复杂、产业间融合度较低、产业链单一且规律性不强等问题，识别园区不同企业之间产品、副产品、废物的类型和数量，挖掘企业间物质交换和产业共生的机会和节点，实现产业链延伸和升级等循环化改造任务，这是优化园区物质代谢的关键。

（2）园区基础设施是资源能源输送、消耗和再生等代谢载体和支撑纽带，循环型基础设施的构建与共享，是园区循环化改造系统的重要载体。我国在园区基础设施的规划设计，尚缺乏循环共生网络和全生命周期的基本理念，供给水、管道等基础设施建设和改造大多采取单一措施，集成共享薄弱。应以园区建设运营全生命周期的生态设计为核心，以多产品联产、多资源联供和产业共生为目标，开展园区水气热、资源回收再生等公共基础设施的共享和集成。

（3）除园区物质、能量的流动代谢外，企业、产业和园区（政府）之间的信息流动也是该系统代谢的重要内容。现有园区信息化平台的设计和建设仅局限于企业监管功能，缺乏面向企业实际需求的服务能力，对企业的副产品、废物信息掌握不充分，产业共生节点把握不清，无法支撑园区产业链发展与共生网络构建的辅助决策，园区产业共生链条规划设计和补链、强链招商引资没有工具和手段，有必要推动大数据和互联网技术的应用。

综上所述，园区循环化改造的关键方向为：一是企业层面，通过物质循环利用、节水和节能改造，实现企业副产品/废物、废水和废热的内部循环和代谢优化；二是产业链层面，在识别链核企业和物质的基础上，通过资源延伸加工、引进新产品链和构建产业共生链，实现产业结构优化、产业间的物质耦合梯级利用；三是园区层面，通过水/热、固体废物等相关的循环型基础设施建设，实现水热集成、废物集中处置和资源共享；四是围绕产业共生信息集成，通过构建信息化服务管理平台，为产业链企业之间信息的充分交流和产业链的健康运行提供基础保障。

4.3 园区循环化改造共性措施

4.3.1 工业园区代谢特征及其分类

按照园区的物质代谢特征，可将园区分为 3 类：一是通过引进原生资源，以资源深加工为核心的资源加工产业为主导的园区；二是通过引进产品中间体，以零配件配套和组装为核心的装备制造产业为主导的园区；三是通过引进高新技术产品，以电子产品、生物制药等综合性产业为主导的园区。

对 118 个园区循环化改造试点园区进行分类（见表 4-3），有 57 个园区（占 48.3%）的主导产业是资源加工产业、制造产业和高新技术产业的两两组合或三者并存；而剩下的 61 个园区（占 51.7%）是以单一产业（资源加工、制造产业、高新技术）为主导。因此，园区统计分类时会存在重复交叉。例如，近 90.0%的园区为资源加工型园区，装备制造型工业园区占 43.2%，高新技术型园区占 38.1%。

表 4-3　循环化改造试点工业园区的分类

园区类型	园区数量	占比/%
资源加工型	104	88.1
制造型	51	43.2
高新技术型	45	38.1

统计分析 2011—2016 年申请循环化改造的园区数量后发现，机械制造产业或（和）高新技术产业为主导的园区在当年申请量中的比例显著增加（见图 4-5）。以机械制造产业为主导的园区数量比例从 2011 年的 12.5%逐年上升至 2016 年的 77.8%；高新技术产业主导的园区数量比例从 2011 年的 25%逐年提高至 72.2%。因此，已有越来越多的高端制造业和高新技术产业（如电子信息、生物医药等）园区加入循环化改造项目，这与国家产业结构转型发展是密切相关的。在传统资源加工型产业转型升级的同时，装备和高新技术产业正处于快速发展期，通过园区循环化改造的各种措施，实现国家产业结构的调整与升级，促进现代化经济体系的构建。

结合 4.2.2 节提出的园区循环化改造分析框架和 118 个样本园区，对上述 3 类园区的循环化改造措施进行梳理和提出，总结企业内部改造和产业链构建等两大单元的具体措施。第 8 章集中阐述园区基础设施建设的共性模式。

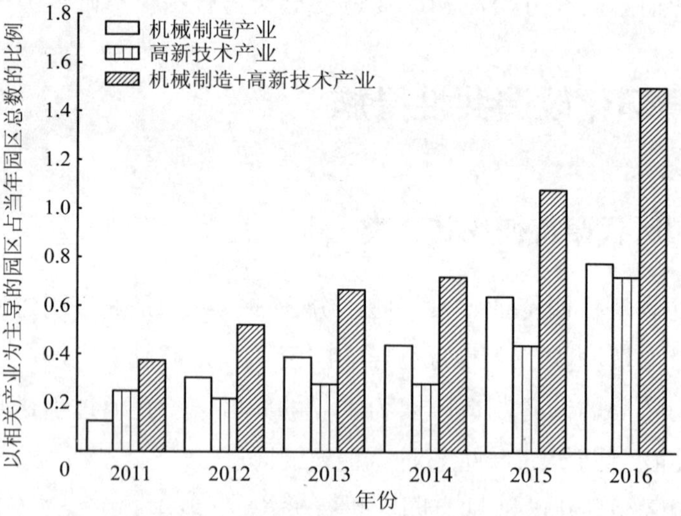

图 4-5　2011—2016 年以机械制造产业和高新技术产业为主导的循环化改造园区占各年园区总数比例的变化

4.3.2 资源加工型园区改造措施

按照企业和产业链这两大改造主体单元，整体梳理资源加工型园区（共 104 个）改造项目并进行统计分析（见表 4-4）。相比于企业内部的清洁生产改造，循环产业链构建是资源加工产业核心的改造路径（项目占 71.4%）。在全部的 1 217 个循环产业链构建项目中，企业间的产业共生项目占比最高，达到 50.5%；其次是资源延伸加工项目，达到 39.9%。这与园区循环化改造的本质和要求是相符的——即通过延伸资源代谢路径、循环利用核心副产品和废弃物，实现资源利用效率的提升。以此为基础，总结了资源加工产业园区循环化改造的共性措施（见图 4-6）。其中，配套设施是与资源加工相关的基础设施建设。

表 4-4　资源加工型园区的项目分类统计

项目类型		项目数	占比/%
企业内部清洁生产与改造	物质回收/处理与循环利用项目	122	7.2
	节水改造/污水处理与循环项目	98	5.8
	节能改造/余热余压回收利用项目	184	10.8
	尾气处理项目	83	4.8
小计		487	28.6
产业链构建	产业链延伸（产品/副产品/废弃物延伸加工）项目	485	28.5
	产业链延伸（引进新产品链）项目	118	6.9
	企业间副产品与废弃物共生利用项目	614	36.0
小计		1 217	71.4
总计		1 704	100.0

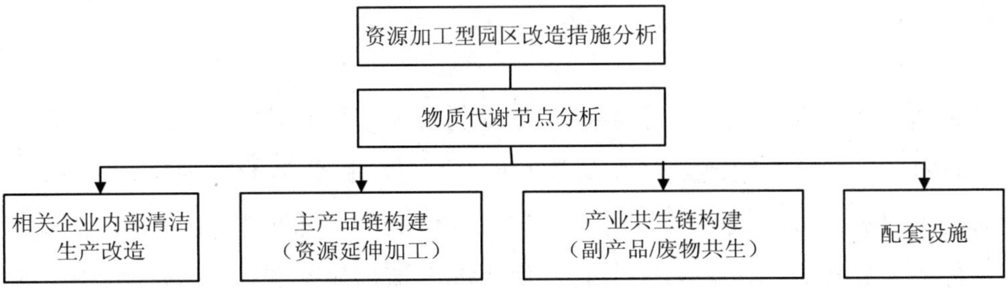

图 4-6　资源加工型园区的改造措施

4.3.3 装备制造型园区改造措施

装备制造循环产业链（见图 4-7）的物质代谢路径，与资源加工型园区有着本质不同，不涉及原料和资源的纵向深加工。制造型的循环产业链是单向的，从原材料生产，到零部配件生产，到最终的整机组装。例如，汽车及零部件产业主要是原材料到模具、标准件、非标准件、配套零部件到生产车架、发动机配件、电子系统配件等到组装成整车。工程机械产业主要是原材料到模具、标准件、非标准件、配套零部件到生产发动机、前后桥、箱体等到组装成矿用机械。

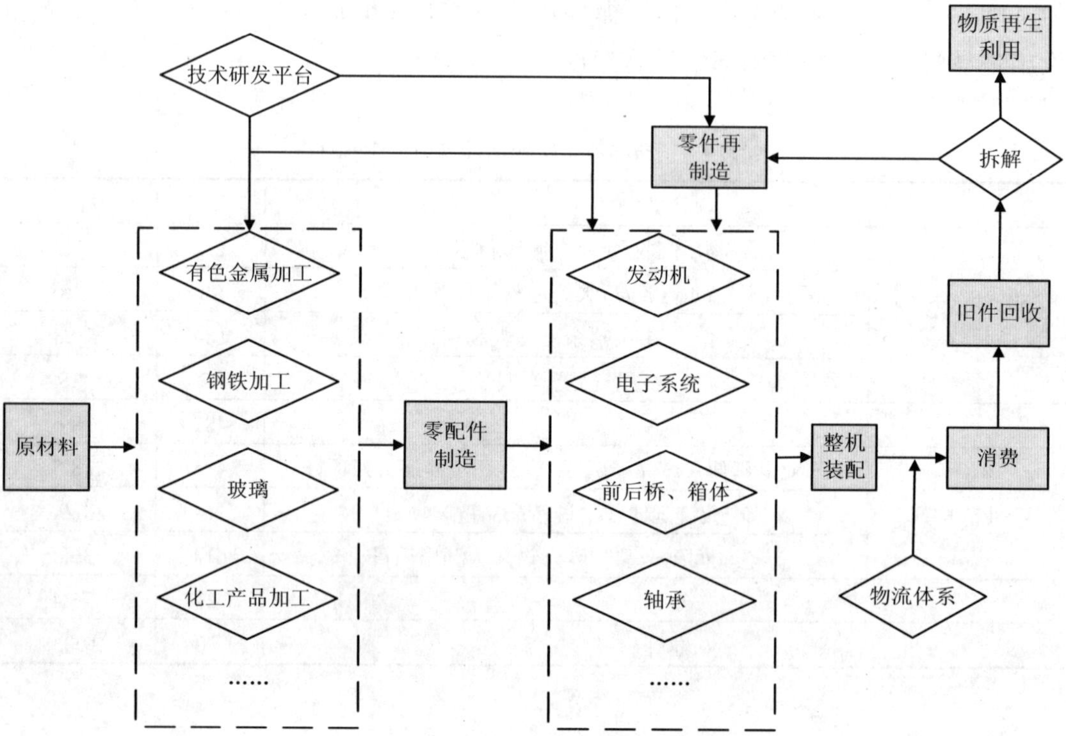

图 4-7 装备制造循环产业链的构建

综上所述，装备制造产业的循环化改造措施是以引进新的配套企业，完善产业的上下游链条，实现产业链延伸和集群发展。通过项目分类的整理统计（见表 4-5），新产品链项目和废旧件回收项目占所有项目的近 85%。不同装备制造产业园区生产的装备种类差异较大，主要有 4 项装备通用的改造措施（见图 4-8）。其中，园区绿色制造措施与企业内部清洁生产应相辅相成，完善零配件生产和整机制造是支撑循环产业链构建的方法，通过再制造促进副产品共生链的构建，实现大区域范围内的产品链条共生。

表 4-5 装备制造型园区的项目分类统计

项目类型		项目数	占比/%
企业内部清洁生产与改造	物质回收/处理与循环利用项目	14	3.9
	节水改造/污水处理与循环项目	13	3.6
	节能改造/余热余压回收利用项目	15	4.2
	尾气处理项目	5	1.3
小计		47	13.0
产业链构建	产业链延伸（产品/副产品/废弃物延伸加工）项目	8	2.2
	产业链延伸（引进新产品链）项目	267	74.0
	废旧件回收再利用项目	39	10.8
小计		314	87.0
总计		361	100.0

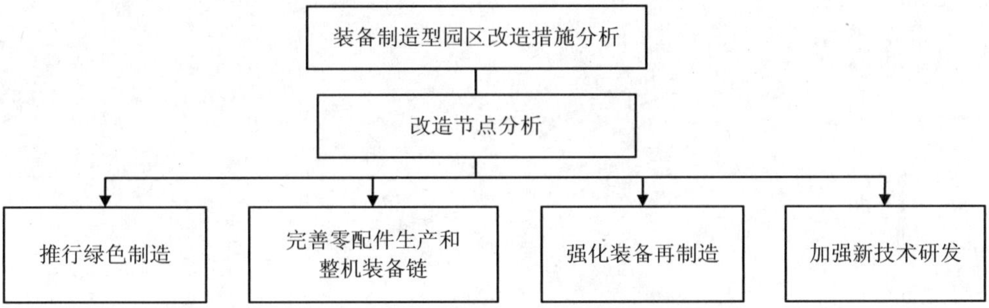

图 4-8 装备制造型园区的改造措施

4.3.4 高新技术型园区改造措施

高新技术产业覆盖面广、种类多，且各技术之间的差异较大。一般认为，高新技术包括信息技术、生物技术、新材料技术、新能源技术、空间技术和海洋技术等六大领域。通过梳理试点园区所涵盖的高新技术产业范围，分析总结了循环化改造的节点以及 4 项共性改造措施，包括过程清洁生产、完善上下游配套、末端废物治理和加强新技术研发（见图 4-9）。高新技术型产业的改造路径和措施与制造型产业有许多相似之处，特别是电子信息和新能源产业，均是通过引进上下游产业配套企业和高新技术研发，实现产业集聚的目标。

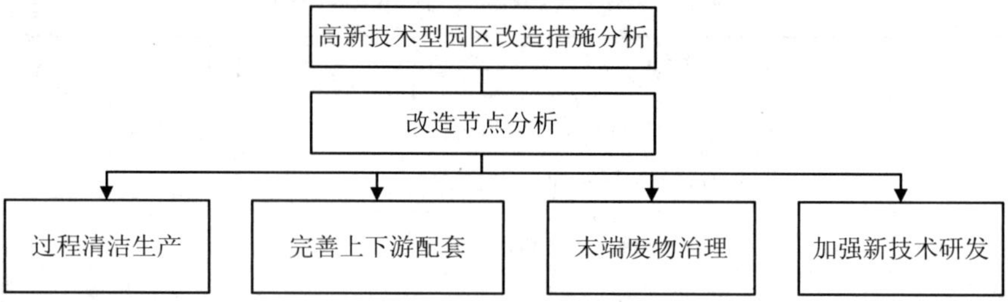

图 4-9　高新技术型园区的改造措施

第5章 资源加工型园区循环化改造路径

资源加工型园区涵盖的资源类型丰富（见表 5-1），可以分为 12 类关键资源的加工利用。在 118 家国家试点园区中，共有 104 个园区（占总数的 88.1%）为资源加工型园区。其中，有 19 个园区以单一资源加工产业为主导（18.3%），而剩余的 85 个（81.7%）园区则以 2～4 种资源加工产业为主导。煤炭、钢铁、石油化工、盐化工和粮油食品加工等 5 类资源的加工利用园区数量最多；其次是林木、石灰、铜铝冶炼和天然气化工。在国家资源产出率的计算方法中，列入统计的资源种类涵盖煤炭、石油、天然气、铁矿、铜矿、铝土矿、铅锌矿、镍矿、石灰石、硫铁矿、磷矿、木材、工业用粮等 13 类，本章讨论的资源加工型园区就涉及其中的 11 种资源类型（其中的硫铁矿和镍矿在样本园区中涉及较少），覆盖面较广（84.6%），具有显著的代表性。本章将对这 12 类资源的加工利用型园区的循环化改造项目和循环产业链进行调研，提出不同类型园区的具体改造措施。

表 5-1 资源加工型园区所涉及的资源分类表

资源类型	园区数量	占比/%
煤炭	28	26.9
钢铁	21	20.2
铜	12	11.5
铝	10	9.6
铅锌	4	3.8
石油化工	17	16.3
天然气化工	8	7.7
磷硫化工	5	4.8
盐化工	23	22.1
石灰矿	11	10.6
粮油食品	20	19.2
林木	7	6.7

5.1 煤炭加工产业主导型园区

煤炭资源加工利用涉及 28 个循环化改造工业园区，主要集中在新疆、内蒙古、宁夏、甘肃、四川等地（尤其是煤炭资源产地）和其他省份。通过调研这 28 个典型园区的煤炭开采、利用途径和循环化改造项目，绘制煤化工循环产业链图（见图 5-1），提出煤化工园区循环化改造的共性措施。

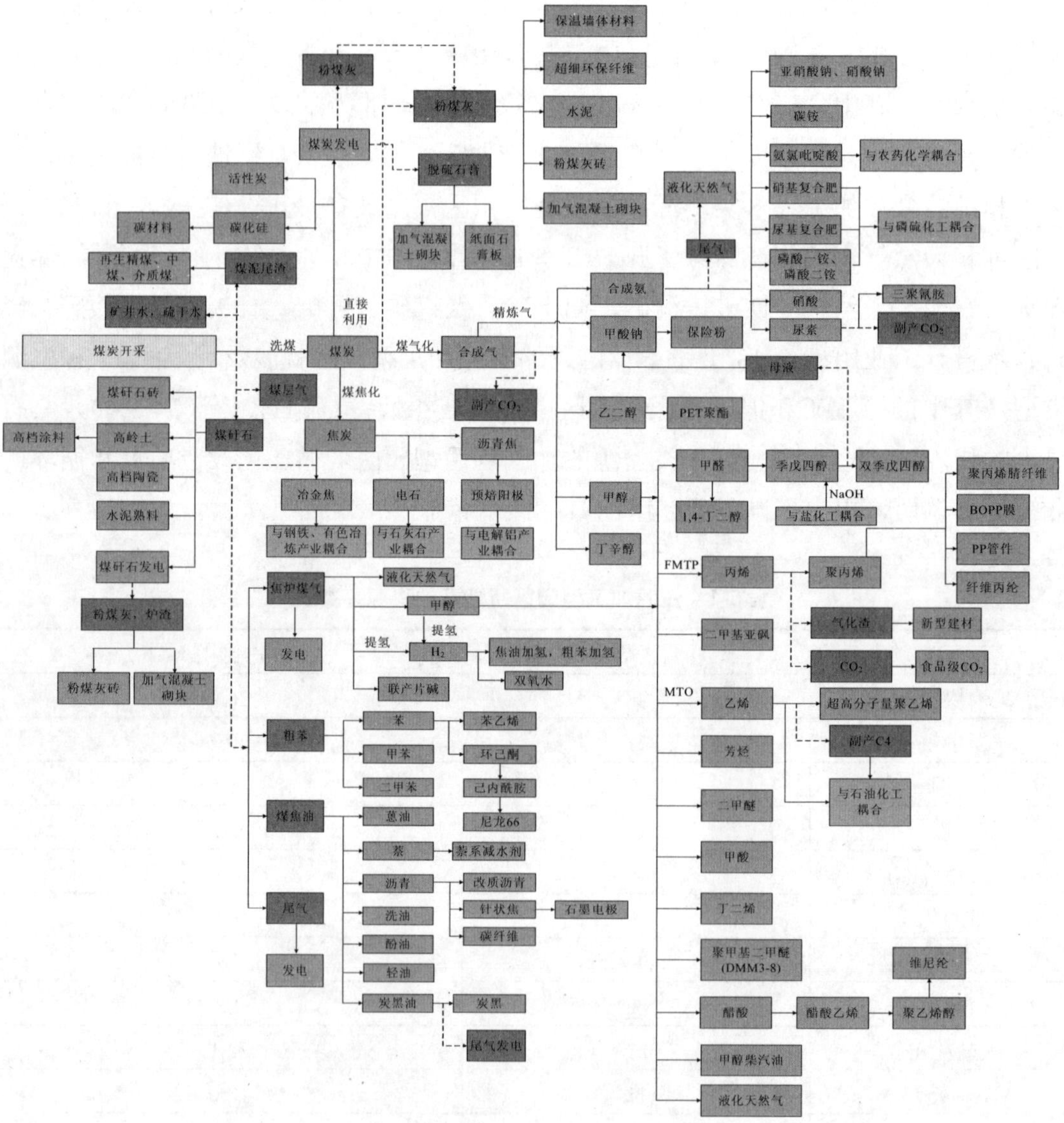

图 5-1 煤化工产业链循环化改造

（1）煤炭直接利用

经过开采、洗煤、选煤等工序获得精煤后，煤炭的直接利用途径主要有3种：一是煤炭直接用于发电，这是最直接和最常见的使用途径；二是煤炭经过物理加工，生产活性炭材料；三是煤炭与石英砂进行联合锻造，生产碳化硅和新型碳材料。例如，后两种途径在平罗工业园区都得以应用，该园区依托炭素炉尾气及余热联产活性炭项目，建成煤→碳化硅→新型碳材料、普通碳素→碳材料的循环产业链。

（2）煤化工主产品链构建（资源延伸加工）

煤炭经过化学加工后形成化工产品，主要有两种途径：

一是煤炭经过煤焦化反应得到焦炭产品，可与园区已有的钢铁和电石产业配套，如石嘴山经济技术开发区、长寿经济开发区、嘉峪关工业园区已构建的煤→冶金焦→炼铁产业链和中宁工业园区构建的煤→焦炭→电石产业链。此外，煤焦化过程得到的沥青焦是生产预焙阳极的重要原料，可用于有电解铝配套产业的园区。如甘肃嘉峪关工业园区配套34万t预焙阳极项目构建的煤→煤焦化→沥青焦→预焙阳极→电解铝产业链。

二是煤炭经过煤气化反应得到合成气（$CO+H_2$）。应用较广的有煤→煤气化→合成气→合成氨产业链，以及煤→煤气化→合成气→甲醇产业链。合成氨和甲醇是重要化工基础原料，可向下游延伸生产系列化工产品（见表5-2）。

表5-2 煤化工循环产业链构建

园区	产业链	循环化改造项目
白银高新技术产业开发区	煤→合成氨→硝酸	—
华亭经济开发区	煤→甲醇→聚丙烯→PP管、BOPP膜、纤维丙纶	年产20万t聚丙烯及下游深加工项目
	煤→合成氨→尿素	—
广安经济技术开发区	煤→甲醇→甲醛	广安昊川化工有限公司年产30万t甲醛项目
达州经济技术开发区	煤→甲醇→聚甲基二甲醚（DDM3-8）	达兴能源焦炉煤气尾气综合利用项目
宜昌经济开发区	煤炭→甲醇→甲醛→季戊四醇→双季戊四醇	
濮阳经济开发区	煤炭→甲醇→二甲基亚砜	10万t/a二甲基亚砜项目
	煤→甲醇→乙烯→超分子量聚乙烯	21万t/a超高分子量聚乙烯项目
潜江经济技术开发区	煤→合成氨→碳铵；	—
	煤→合成氨→尿素→三聚氰胺	15万t/a三聚氰胺项目
平罗工业园区	煤→甲醇→二甲醚	年产5万t二甲醚项目

园区	产业链	循环化改造项目
神府经济开发区	煤→兰炭→甲醇→甲醇柴油	100 万 t/a 甲醇柴汽油项目
	煤→兰炭→甲醇→1,4-丁二醇	6 万 t/a 1,4-丁二醇项目
临沂经济技术开发区	煤→合成氨→磷酸一铵、亚硝酸钠、硝酸钠、硝酸	年产 50 万 t N-P-K 三元硝基复合肥项目
	煤→甲醇→甲酸	年产 5 万 t 甲酸项目
	煤→甲醇→二甲醚、丁二烯	—
牡丹江经济技术开发区	煤→甲醇→醋酸→醋酸乙烯→聚乙烯醇→维尼纶	—
五家渠市经济技术开发区	煤→甲醇→芳烃	—
	煤→甲醇→液化天然气	—
准东经济技术开发区	煤→甲醇→甲醛→1,4-丁二醇	—

此外，还有宜昌经济开发区依托 5 万 t 甲酸钠项目开发的煤→合成气→甲酸钠→保险粉产业链；濮阳经济开发区依托 22.5 万 t/a 丁辛醇项目开发的煤→合成气→丁辛醇产业链；邳州经济开发区构建的煤→合成气→乙二醇→PET 聚酯→塑料产业链和准东经济技术开发区依托 80 亿 m^3/a 煤制天然气项目构建的煤→合成气→甲烷化→天然气产业链。

（3）煤炭直接利用过程中副产品/废弃物共生链构建

煤炭直接利用过程的废弃物产生节点主要有两个（见图 5-1）：煤炭开采过程和煤炭发电过程。煤炭开采过程主要产生固体废物煤矸石和煤泥、气体副产品煤层气和液体废物矿井水/疏干水等 5 种废弃物（见表 5-3）。煤矸石可用于直接发电、生产煤矸石砖、高岭土、高档陶瓷等建材或用于水泥熟料；煤泥可回收生产再生精煤；煤层气可直接开采用于生产生活能源；矿井水和疏干水经过处理后可回用生产过程或用于园区的绿化。

表 5-3　煤炭开采过程废弃物共生利用途径

废弃物	共生利用途径	循环化改造项目	代表性试点园区
煤泥	煤泥→再生精煤	达州市泓通煤泥综合利用有限公司煤泥综合利用项目	达州经济技术开发区
煤矸石	煤矸石发电	—	中宁工业园区
	煤矸石发电	—	赤峰红山经济开发区
	煤矸石发电	2×330 MW 煤矸石热电联产项目	石嘴山经济技术开发区
	煤矸石发电	青海能源有限公司 2×300 MW 煤矸石发电项目	大柴旦工业园
	环保纸制品	年产 7 万 t 环保石头纸生产线建设项目	棋盘井工业园区

废弃物	共生利用途径	循环化改造项目	代表性试点园区
煤矸石	煤矸石制砖	年产7 000万块煤矸石砖，年产14 000万块煤矸石砖	华亭经济开发区
	煤矸石→高岭土→高档填料	天宇化工高新科技公司年产20万t高岭土高档填料项目	乌海经济开发区
	煤矸石→高档陶瓷	900万m^2高档陶瓷项目	
	煤矸石制砖	乌海丞铨煤矸石制空心砖项目；乌海特固利煤矸石砖项目	
矿井水	再生循环至洗煤过程	和瑞再生水8万t/d矿井水再生利用项目	神府经济开发区
	消防除尘	准东煤田大井矿区二号矿井矿井水利用	准东经济技术开发区
	中水回用	矿井水再利用工程	宁东能源化工基地
疏干水	中水绿化、灌溉	疏干水综合利用项目	棋盘井工业园区
煤层气	民用瓦斯	红果经济开发区瓦斯民用循环化改造项目；15×500 kW瓦斯电厂建设项目	红果经济开发区

在煤发电过程中，主要产生的废物是粉煤灰和脱硫石膏，可用来制造加气混凝土砌砖、水泥、粉煤灰砖、纸面石膏板等建材产品（见表5-4）。煤矸石发电过程产生的粉煤灰等灰渣也可用于上述建材产品生产。

表5-4 煤炭发电过程废弃物共生利用途径

废弃物	共生利用途径	项目	园区
脱硫石膏	制石膏板	赤峰坤圣塑业有限责任公司年产2 000万m^2脱硫石膏板	赤峰红山经济开发区
		利用脱硫石膏年产3 000万m^2纸面石膏板	红果经济开发区
粉煤灰	制水泥	年产100万t煤灰渣制水泥项目	潜江经济技术开发区
	制陶粒	京环节能建材制造有限公司综合利用粉煤灰年产40万m^3新型建筑陶粒	赤峰红山经济开发区
	制混凝土砌砖	广安南迪建材有限公司利用粉煤灰（渣）年产30万m^3加气混凝土砌块、1.0亿块蒸压砖生产线	广安经济技术开发区
	制超细环保纤维	年产64万t粉煤灰超细环保纤维生产线	乌海经济开发区
	制粉煤灰砖	年产1亿块蒸压粉煤灰标砖生产项目	中宁工业园区
	制玻璃微珠	4.2万t粉煤灰玻璃微珠项目	牡丹江经济技术开发区
	制加气块	年产30万m^3加气块生产线项目	石河子经济开发区
	制保温墙体材料	金生工贸煤灰墙材后期项目；浩通节能保温新型建材项目	赤峰红山经济开发区

（4）煤化工副产品/废弃物共生链构建

煤化工产业链上最重要的副产品产生节点发生在煤焦化过程（见图 5-1），生产焦炭的同时得到焦炉煤气、煤焦油、粗苯、尾气、焦化渣等 5 种副产品和废弃物。这些副产品的深加工可以得到下游重要的化工原料（循环产业链见表 5-5）。其中，焦炉煤气可以制甲醇，从而与合成气制甲醇产业链耦合；粗苯加氢后得到苯、甲苯和二甲苯，并可以进一步生产下游产品；煤焦油加氢、蒸馏和精制后可以得到工业萘、蒽油、洗油、轻油、酚油、炭黑油、沥青等 7 种化工原料；尾气可以回收用于发电；焦化渣可用于水泥制备。

表 5-5　煤焦化过程副产品/废弃物高值利用路径

副产品/废弃物	利用路径	项目	园区
焦炉煤气	焦炉煤气发电	煤化工焦炉煤气热电联产项目	柴达木经济试验区
	焦炉煤气→甲醇→芳烃	—	石河子经济开发区
	焦炉煤气→甲醇→烯烃	焦炉废气制甲醇二期 15 万 t 项目	邳州经济开发区
	焦炉煤气→甲醇→甲醛→1,4-丁二醇	—	五家渠市经济技术开发区
	焦炉煤气→片碱	利用焦炉煤气联产 30 万 t 片碱节能项目	石嘴山经济技术开发区
	焦炉煤气→液化天然气（LNG）	3.5 亿 m^3/a 焦炉煤气制 LNG 项目	乌海经济开发区
		焦炉煤气制 6 000 m^3/h 液化天然气项目	棋盘井工业园
		黔桂天能焦化 20 600 m^3/h LNG 生产项目	红果经济开发区
	焦炉煤气→甲醇→氢气提取→粗苯加氢	—	达州经济技术开发区
	兰炭→焦炉气→制氢	3 万 m^3/h 兰炭尾气制氢项目	神府经济开发区
煤焦油	煤焦油加氢精制	6 万 t 焦油加氢项目	棋盘井工业园
	煤焦油→精蒽→蒽醌	4 万 t 蒽油/a 深加工项目	石嘴山经济技术开发区
	煤焦油→炭黑油→炭黑	曹妃甸煤焦化副产焦油深加工生产 24 万 t/a 炭黑项目	曹妃甸工业区
	煤焦油→炭黑油→炭黑→尾气发电	尼铁隆（江苏）炭黑有限公司回收炭黑尾气发电项目	邳州经济开发区
	煤焦油→工业萘、工业沥青、酚油、轻油、蒽油	煤焦油深加工项目	达州经济技术开发区

副产品/废弃物	利用路径	项目	园区
煤焦油	煤焦油→酚油→提酚	鑫义能源化工 2 万 t/a 提酚项目	神府经济开发区
	煤焦油→蒽油→蒽油加氢精制	20 万 t/a 蒽油加氢项目	濮阳经济开发区
		曹妃甸煤焦化副产焦油深加工生产 30 万 t/a 蒽油精制项目	曹妃甸工业区
	煤焦油→萘→萘系减水剂	—	邳州经济开发区
	煤焦油→沥青→针状焦→石墨电极	喜科墨针状焦科技有限公司年产 6 万 t 针状焦；年产浸渍沥青 150 00 t、3 万 t 超高功率电极项目	邳州经济开发区
粗苯	粗苯→苯、甲苯、二甲苯	红果开发区 15 万 t 粗苯深加工项目	红果经济开发区
	粗苯→精苯→环己酮→己内酰胺→尼龙 66	20 万吨粗苯加氢精制项目；年产 20 万 t 环己烷/酮和己内酰胺项目	邳州经济开发区
尾气	余热回收	焦化余热回收利用项目	石嘴山经济技术开发区
焦化渣	水泥制备	焦化渣综合利用制水泥项目	柴达木工业园
		锦东焦油渣回收利用有限公司 12 万 t/a 焦油渣回收综合利用项目	神府经济开发区

煤制下游化工产品的同时也会产生各种副产品和废弃物——如，生产合成气时产生的 CO_2 尾气；合成氨过程的尾气；煤制甲醇过程的 CO_2 尾气、中压蒸汽、废甲醇等废弃物；甲醇制烯烃过程的 C4 副产品等。通过调研整理出了 9 条主要的副产品利用途径（见表 5-6）。

表 5-6　煤气化过程副产品/废弃物高值利用路径

园区	循环化改造项目	副产品/废物利用途径
白银高新技术产业开发区	水煤气脱碳解析气回收 CO_2 项目	回收合成气生产过程的 CO_2，与园区的锂电池生产产业耦合
华亭经济开发区	回收深加工项目	回收煤制甲醇过程 CO_2，生产食品级 CO_2
潜江经济技术开发区	金华润泽能源科技开发合成氨尾气回收项目	合成氨尾气→液化天然气
准东经济技术开发区	600 万 t/a 煤基多联产-尾气余热利用项目	合成气单元产生的尾气余热发电

园区	循环化改造项目	副产品/废物利用途径
湖北宜昌经济开发区	二氧化碳回收做造气气化剂技术开发项目	合成氨→尿素→CO_2回收→气化剂
	甲醇制季戊四醇母液回收，制备甲酸钠	与园区合成气→甲酸钠→保险粉产业链耦合
宁夏宁东能源化工基地	MTO 副产 C4 增值利用项目	甲醇→MTO 制乙烯→副产 C4 综合利用→1-丁烯、MTBE、重碳四
	废甲醇及混醇回收循环利用项目	煤-甲醇-废甲醇综合利用→乙醇、乙醛、丙醇、丁醇、戊醇、己醇
	中压蒸汽回收循环利用项目	甲醇厂中压蒸汽，尿素项目中压蒸汽回收利用

（5）循环化改造配套措施

循环化改造相应的配套措施主要有：一是优化煤炭输送过程，部分园区改造了原煤运输方式，以解决开放式煤炭运输造成的粉尘污染。如棋盘井工业园实施全长 5.2 km 的原煤输送皮带廊项目；铜川经济开发区实施 400 万 t/a 管状皮带输煤系统工程项目。二是园区建设资源共享型设施。如濮阳经济开发区依托开发区原料路线优化建设项目，构建气体中心通过管道将煤制合成气输送给用气企业；石嘴山经济技术开发区建设年产 500 万 t 煤炭集中储存配送中心；神府经济开发区建设中国煤炭交易平台，促进兰炭等典型煤种的交易。

5.2 钢铁冶炼产业主导型园区

钢铁冶炼涉及 21 个循环化改造工业园区，主要集中在宁夏、甘肃、安徽、河北、辽宁、吉林等 6 个省份。通过调研钢铁冶炼工业循环化改造项目，本节绘制了钢铁冶炼循环产业链（见图 5-2），调研提出了钢铁冶炼产业主导型园区循环化改造的共性措施。

（1）企业内部清洁生产改造

钢铁冶炼企业的内部清洁生产改造节点主要发生在矿石的开采运送，以及烧结、焦炉、转炉过程的余热余压利用和尾气处理 3 个节点。表 5-7 调研提出了与这 3 个节点相关的循环化改造项目。调研样本园区中有 62%的钢铁企业已形成了比较先进成熟的清洁生产工艺流程。

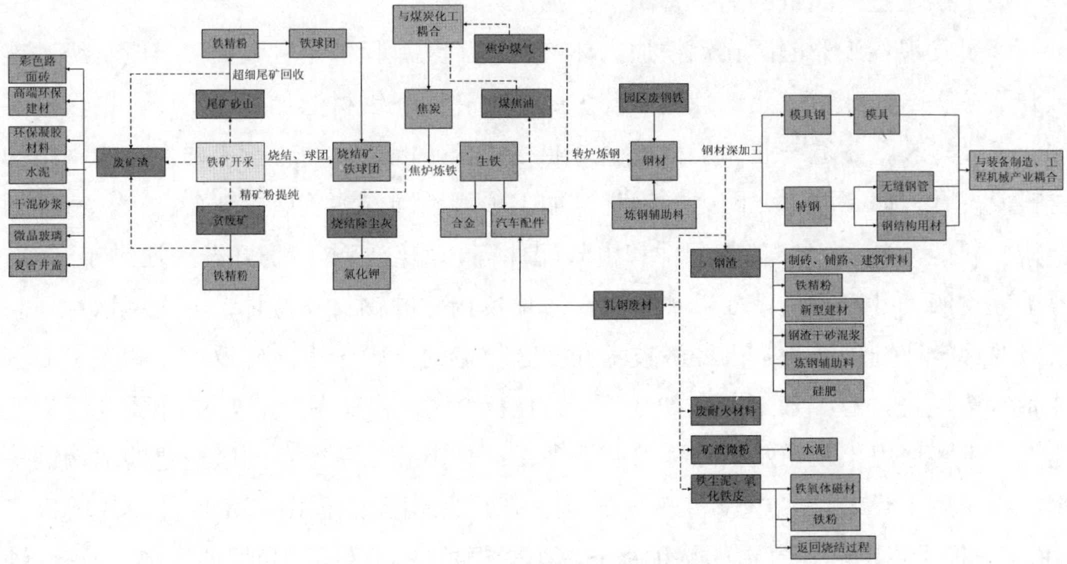

图 5-2　钢铁冶炼的循环产业链

表 5-7　炼钢炼铁企业内部清洁生产改造项目

节点	循环化改造项目	园区
矿石运输	矿石输送系统清洁集约化改造项目	霍邱经济开发区
	精矿粉管道输送系统清洁集约化工程项目	
尾气处理	烧结烟气脱硫改造项目	五家渠市经济技术开发区
	炼钢干法除尘提高煤气回收利用项目	霍邱经济开发区
	烧结烟气脱硫项目	
余热余压利用	高炉煤气余压利用项目	红旗渠经济开发区
	宁波钢铁外供蒸汽量提升项目	宁波经济技术开发区
	煅烧焦余热利用项目	临港经济技术开发区
	鞍山市千峰供暖公司鞍钢二发电余热利用一期供热工程	鞍山经济开发区
	高炉冲渣水余热回收	曹妃甸工业区
	镍铁矿热炉余热发电项目	中宁工业园区
	稀土铬铁矿热炉余热发电项目	
	干熄焦余热发电工程项目	霍邱经济开发区
	高炉煤气干式余压发电工程项目	
	热风炉余热回收及循环利用项目	
	炼钢蒸汽回收利用项目	
	烧结余热回收及循环利用项目	
	轧钢加热炉蒸汽回收再利用项目	
集中工艺改造	不锈钢热线双燃料系统改造项目	嘉峪关工业园区
	高炉同轴机组 BPRT 项目	五家渠市经济技术开发区
	硅钢技术改造	武汉市青山工业区

（2）钢铁主产品链构建（资源延伸加工）

调研发现各工业园区在钢铁加工环节的主工艺流程都是一致的，一般是经过铁矿开采→烧结和球团→焦炉炼铁→转炉炼钢→轧钢→钢材深加工等工序。钢铁加工产业一般与装备制造产业和工程机械产业相耦合，因为后两者都需要大量的钢结构材料或模具，但不同工业园区的钢材深加工项目不同，涉及成套装备生产、特种钢结构、新能源装备、装备零配件和电气配件等。如红旗渠经济开发区通过年产 15 万 t 高钢级油井管热处理及管加工生产线项目构建的钢材→特种钢→无缝钢管→高钢级油管产业链；沧州临港经济技术开发区打造的中国一重冷轧板项目和化工成套装备制造项目；曹妃甸工业区的 3 万 t 钢拉杆 2 万 t 吊索具项目，特种泵制造基地建设项目和通用集装箱及钢结构件制造项目；甘肃嘉峪关工业园区构建的不锈钢→钢结构→风电设备、光电设备产业链；中宁工业园区依托 15 万 t 特种铸件项目和 100 万 t 稀土彩钢项目打造的特种钢→稀土彩钢板→彩钢器具和配件生产产业链；钟山经济开发区的钢绞线二期项目、金属非标件生产项目；西宁经济技术开发区的青海富达电工有限公司稀土高铁铝合金电线及电缆生产项目等。

此外，炼钢辅助材料→耐火材料是钢铁冶炼的上游产品，湛江经济技术开发区重点打造了炼钢辅助材料的产业，建设了 7 个炼钢辅助材料项目，可年生产辅助材料 200 多万 t、耐火材料 7 万多 t，可作为钢铁冶炼主产业链构建的辅助参考。

（3）副产品/废弃物共生链构建

钢铁冶炼工艺流程产生的副产品/废弃物主要集中在铁矿开采环节、烧结过程、炼焦过程和炼钢过程等 4 个节点。铁矿开采环节的副产品尾矿/矿渣和贫矿等的主要利用方式和途径见表 5-8。霍邱经济开发区的尾矿综合利用途径丰富，可以作为主要参考案例。

烧结过程的废弃物主要是烧结除尘灰，鞍山经济开发区和曹妃甸工业区开展了除尘灰的资源化利用，探索提取主要产品氯化钾。其中，曹妃甸工业区建设了除尘灰综合利用提取氯化钾、铁精粉项目，年处理除尘灰 11.0 万 t，生产氯化钾 2.0 万 t、铁精粉 3.0 万 t、建材原料 6.0 万 t。鞍山经济开发区建设了烧结除尘灰无害化资源化综合利用项目，年处理烧结除尘灰 22 500 t，生产氯化钾 3 774 t、铅银料 10 205 t 和富铁料 8 521 t。

炼焦过程主要是以煤炭为原料，生产焦炭用于炼铁环节，这与煤化工产业链高度耦合。生产过程产生的主要副产品包括焦炉气、煤焦油和粗苯等，主要的利用途径和化工产品在 5.1 节已有详细阐述，表 5-9 补充了一些园区的其他循环化改造项目和实践案例作为参考。

表 5-8 铁矿开采环节副产品/废弃物的资源利用途径

副产品/废弃物	利用途径	园区	相关项目
贫矿	生产铁精粉	昌江循环经济产业园	海矿 200 万 t 贫、尾矿选矿厂项目
尾矿/矿渣	生产铁精粉	昌江循环经济产业园	
	生产墙体材料等建材		瑞图生态环保建材项目
	生产砂充填凝固材料	霍邱经济开发区	年产 90 万 t 复合尾矿砂充填凝固材料项目，尾矿充填站项目
	生产干砂浆		利用尾矿生产干混砂浆项目
	生产建筑砂		尾矿生产建筑砂项目
	用于制砖		尾矿生产彩色路面砖项目，尾砂制砖项目，尾矿蒸压砖项目
	生产微晶玻璃		尾矿生产微晶玻璃制品项目
	生产塑胶井盖		城镇用尾矿塑胶井盖井圈项目
	生产陶粒		铁矿尾矿制造陶粒
	尾矿修复		尾矿库复垦项目

表 5-9 焦化副产品/废弃物的资源利用途径

副产品/废弃物	利用途径	园区	相关项目
焦炉煤气	制氢	宁波经济技术开发区	宁波林德焦炉煤气制氢项目
	直接燃烧		宁波宝新焦炉煤气利用技术改造项目
煤焦油	生产蒽油	鞍山经济开发区	鞍山顺通化工新材料有限公司 15 万 t/a 蒽油深加工项目
	生产针状焦		开封炭素有限责任公司利用沥青深加工生产 10 万 t/a 针状焦项目
	生产碳基纤维		辽宁中科化工有限公司煤沥青深加工生产 1 000 t/a 沥青基碳纤维项目
	洗油深加工		利用芴深加工 3 000 t/a 芴酮项目
	酚油深加工		上海润虹实业有限公司苯酚深加工生产 8 万 t/a 双酚 A 项目
	生产炭黑		利用沥青及蒽油深加工生产 10 万 t/a 炭黑项目
	洗油深加工		利用洗油深加工生产 5 万 t/a 甲基萘项目
	—		焦化重油深加工生产 3 万 t/a 古马隆树脂项目
	双酚 A、聚砜		利用副产煤焦油生产双酚 A 深加工生产 5 000 t/a 聚砜项目
	煤焦油下游产业链	吉林市化学工业循环经济示范园区	利用钢厂副产煤焦油深加工项目
	—	武汉市青山工业区	煤焦油深加工生产线建设工程
	生产预焙阳极		利用改质沥青、石油焦生产预焙阳极
	蒽油深加工		粗蒽精加工生产线建设工程
粗苯	二甲苯深加工	鞍山经济开发区	混合二甲苯深加工生产 8 万 t/a 苯酐项目
	苯深加工		苯深加工生产 13 万 t/a 苯胺项目
	粗苯生产尼龙 66 树脂		利用副产煤焦油生产尼龙 66 盐深加工生产 5 万 t/a 尼龙 66 树脂项目

炼钢工序产生的副产品包括水渣/钢渣、铁尘泥、氧化铁皮、废耐火材料等。其中，水渣、钢渣主要可用于生产水泥、建筑材料、炼钢辅助料、硅肥等；铁尘泥、氧化铁皮可以回用至炼铁烧结过程；废耐火材料可回收再利用。调研提出的循环化改造途径和案例见表 5-10。

表 5-10　炼钢工序废弃物的资源利用途径

废弃物	利用途径	园区	项目
钢渣/水渣	生产矿渣微粉	红旗渠经济技术开发区	高炉矿渣微粉项目
		湛江经济技术开发区	高炉矿渣微粉综合利用项目
		钟山经济开发区	年产 40 万 t 矿渣超细微粉生产线项目
		武汉市青山工业区	利用冶炼钢渣生产磨细钢渣粉生产线扩建工程，利用冶炼钢渣生产细磨钢渣粉
	用于混凝土、水泥	宁波经济技术开发区	宁波港建材科技有限公司年产 36 万 t 高性能混凝土掺合料生产线建设项目
		霍邱经济开发区	水渣细磨综合利用项目
	用于制砖、铺路、砌块等建材产品	红旗渠经济技术开发区	钢渣综合利用项目
		湛江经济技术开发区	钢渣尾渣综合利用环保工程项目，利用炼钢炉矿渣制备新型建材项目
		钟山经济开发区	年产 30 万 m^3 加气混凝土砌块和 1.8 亿块以上标砖项目
		武汉市青山工业区	利用冶炼钢渣砂制备干混砂浆
			利用冶炼钢渣制备钢渣沥青混凝土集料
	生产硅肥	嘉峪关工业园区	不锈钢尾渣综合利用项目
	返回烧结、炼钢过程	霍邱经济开发区	钢渣综合利用项目
	生产炼钢辅助材料	武汉市青山工业区	利用铸余钢渣生产炼钢辅助材料
尘泥	生产铁氧体磁性材料	霍邱经济开发区	年产 5 万 t 铁氧体磁材项目
	提取铁精矿		冶金尘泥精选提纯加工项目
氧化铁皮	返回烧结过程，生产球团	霍邱经济开发区	污泥冷固球团加工项目
	生产铁粉	武汉市青山工业区	利用氧化铁皮生产 90 铁粉
	生产铁基制品		利用氧化铁皮制备还原铁粉生产铁基制品
废耐火材料	回收	霍邱经济开发区	废耐火材料回收项目

除此之外，部分以机械制造、汽车制造等为主导产业的园区，对园区内生产的废钢铁等废弃物进行回收，返回炼铁和炼钢过程，以减少原生铁矿消耗，提高铁资源利用率。如，广州经济技术开发区回收汽车拆解过程的废钢铁用于炼钢；安徽霍邱经济开发区的年处理 50 万 t 废钢加工利用项目；湖北武汉市青山工业区利用脱硫渣铁生产汽车零部件铸件，利用冷轧废边生产黑铁丝，利用硅钢次废材生产变压器铁芯，并利用冷轧废材生产汽车零部件和非食品包装罐等产品。

（4）园区公共服务/配套设施

与钢铁冶炼配套的公共基础设施和服务范围较广，主要分为技术研究中心、仓储和物流交易、废物集中处置和生态修复等 4 类。调研提出了表 5-11 中的 7 个典型的园区循环化改造重点配套设施和服务项目。

表 5-11 与钢铁冶炼配套的园区公共基础设施、服务类别与项目

公共服务/配套设施	园区	项目
技术研究中心	鞍山经济开发区	中钢热能炼焦技术国家工程研究中心
	湛江经济技术开发区	湛江中冶环保设备修造及科研生产基地项目
	武汉市青山工业区	冶金工业设计产业创新中心
		钢渣综合利用技术中心
仓储、物流和交易	鞍山经济开发区	化工交易平台项目
	中宁工业园区	园区物流配送、仓储加工项目
	甘肃华亭工业园区	仓储物流中心
	钟山经济开发区	钢材物流市场（二期）
	湛江经济技术开发区	申港钢材加工、配送中心工程项目
	武汉市青山工业区	武汉国际钢铁物流服务中心建设工程
		华中现代钢贸物流园建设工程
废物集中处置	湛江经济技术开发区	含铁固废处理中心（含转底炉）项目
生态修复	霍邱经济开发区	塌陷区生态修复项目
		矿山生态修复项目

5.3 铜冶炼产业主导型园区

铜资源冶炼和加工主导型园区共有 12 个样本，调研这些园区循环化改造路径和建设项目，整理提出铜冶炼和加工循环产业链图（见图 5-3）及共性的循环化改造措施。

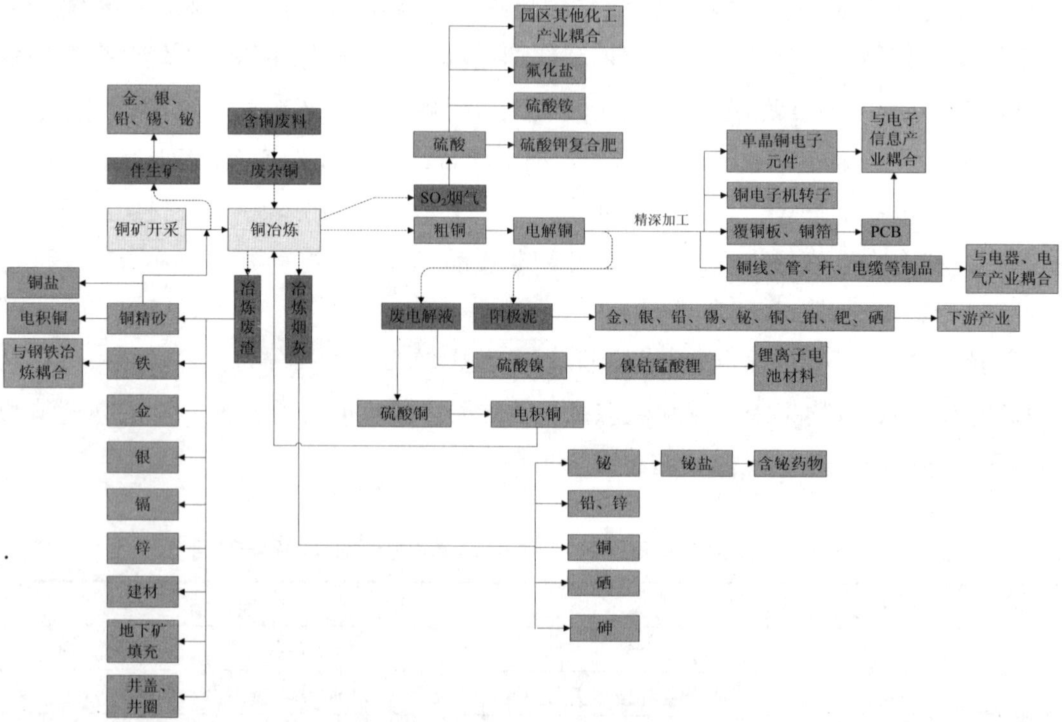

图 5-3　铜冶炼和加工的循环产业链

（1）企业内部清洁生产改造

铜资源加工企业的内部清洁生产改造节点集中在冶炼环节。一是烟气治理，通常回收 SO_2 制取硫酸，并与园区的化工产业耦合后发展精细化工。如，海南昌江循环经济产业园构建烟气→SO_2→硫酸→氟化盐产业链；昆明高新区开展 SO_2 优化减排回收利用技术改造，生产硫酸铵和工业硫酸；金昌经济技术开发区依托冶炼烟气综合治理技术改造项目，年产 35 万 t 硫酸。

二是冶炼尾气的余热回收利用。如，东营经济技术开发区的烟气回收与余热利用节能减排项目；赤峰红山经济开发区的赤峰金剑铜业有限责任公司余热综合利用自备发电项目。此外，赤峰红山经济开发区对冶炼环节的污水进行处理和回用，打造 3 000 t/d 中水回用工程。

（2）铜冶炼主产品链构建（资源延伸加工）

铜冶炼加工主产业链较短，一般为铜矿开采→铜冶炼→电解铜→铜产品深加工，不同工业园区在循环产业链的构建上主要集中在电解铜后的精深加工产品生产。

一是与电子信息产业对接，生产电子铜带、单晶铜、PCB、电子元器件等。如铜陵经济技术开发区依托华纳公司年产 1.5 万 t 高档电子铜箔、浩荣电子公司年产

400 万张高压大功率绝缘基板、永利公司年产 36 万 m^2 双面 OSP 板及多层 PCB 印刷电路板等项目，从而构建了电解铜→电子铜带→晶体振荡器盖板和电解铜→电解铜箔→覆铜板→印制线路板→电子整机产业链；广安经济技术开发区的恒生投资开发有限公司 10 万 m^2 覆铜板生产线项目和年产 5 000 t 电解铜箔项目；昆明高新区打造的高纯铜→单晶铜、铜电机转子→单晶铜线、单晶铜电子元件产业链；鹰潭高新技术产业园区的铜基集成电路与引线框架材料项目；常宁水口山经济开发区依托年产 4 万 t 高精度电子铜带项目构建的电解铜→铜箔、电解铜→铜板带→集成电路产业链。

二是与电器和电气产业链耦合，通过电解铜生产铜管、铜合金、铜线等电气产品，进而为电器和装备生产提供材料。如南昌高新技术开发区的高精度有色金属精深加工产业化项目，重点生产铜管、铜板、特种漆包线；赣州经济技术开发区的精铜矿→金属铜→铜制品（铜棒、铜材、铜线等）→电线电器产业链，关键支撑项目有高精度铜合金棒材项目，接插元件用中、高弹性铜带材项目等；铜陵经济技术开发区的年产 6 000 t 新型高效节能压缩机及电机用电磁线、中智光源公司表面贴装（SMD）LED 支架研制和产业化项目，着力构建电解铜→铜杆→特种漆包线（高精密铜合金线）和电解铜→铜合金材料→铜合金产品产业链；江西鹰潭高新技术产业园区的电力及特种电缆项目，生产铜芯电缆、特种电缆、铜合金等产品；湖南常宁水口山经济开发区构建的电解铜→特种铜管和铜合金管棒、电解铜→铜杆→铜线→漆包线（电缆）产业链。

（3）副产品/废弃物共生链构建

铜冶炼和加工过程主要有 4 个产生副产品/废弃物的节点，分别是铜矿开采、铜冶炼、铜电解和园区废铜回用。铜矿开采过程容易产生伴生矿和尾矿，伴生矿和尾矿均可以用于提取高附加值的稀有金属。由于不同地区的铜矿资源禀赋不同，所含副产矿的成分也不一。西宁经济技术开发区甘河工业园区通过铁精粉高效浸出回收技改项目，用尾矿生产铁精粉；湖南常宁水口山经济开发区通过伴生矿提取铅、锡、铋等有价金属。金昌经济技术开发区利用尾矿作为地下填充物或生产井盖井圈，这与炼铁尾矿的资源利用途径一致（见本书 5.2 节）。

铜冶炼过程容易产生冶炼废渣和烟尘，而电解过程的废物主要是废电解液和阳极泥，这 4 种废弃物中都含有大量的稀贵金属，因此对这 4 类废弃物附加值较高的资源化利用途径均是金属提取和加工。不同工业园区的铜矿品位有差异，提取的稀贵金属种类会有所差异，但通常都涵盖金、银、铜、铋、铅、锌、铂、钯等（见表 5-12）。

表 5-12　铜冶炼和电解过程废弃物资源利用途径

废弃物	利用路径	园区	循环化改造项目
冶炼废渣	铜冶炼渣→提取铜→电积铜、铜盐	金昌经济技术开发区	铜冶炼炉渣选矿工程
	铜冶炼渣→铁元素→铁基品		镍铜熔融炉渣还原提铁项目
	铜冶炼渣→铁精粉、铁粒→炼铁→废铁渣制备加压砌块	铜陵经济技术开发区	有色公司年处理200万t冶炼废渣项目，科兴公司铜冶炼废渣选铁、制加压砌块项目
	回收硫酸锌、电铜、电铅、精铋、金、银	东营经济技术开发区	处理3万t/a铜灰物料有价金属综合提取项目
	回收金、银、铜、镉、锌	鹰潭高新技术产业园区	铜冶炼废渣综合利用生产线建设项目
	铜冶炼渣→铜精矿	赤峰红山经济开发区	赤峰金剑铜业股份有限公司铜冶炼炉渣资源综合利用项目
冶炼烟尘	回收铜、锌、铅、铋、铟、铼等多种有价金属	金昌经济技术开发区	白烟灰综合利用扩能技术改造
	烟尘→砷、铋、铅回收→铋盐→含铋药物	昆明高新区	有色冶金烟尘环保治理及回收利用示范项目
废电解液	废电解液→硫酸铜回收→电积铜（碳酸镍）	铜陵经济技术开发区	云翔公司废电解液综合利用项目
	废电解液→硫酸镍、硫酸铜	江西鹰潭高新技术产业园区	电镀废液资源化利用项目
阳极泥	提取金、银、硒、钯、铂	东营经济技术开发区	10 000 t/a稀贵金属综合提取项目
	阳极泥→金、银、钯、硒回收→超细银粉、片状银粉、银包铜片	昆明高新区	—
	提取金、银、铅、锡、铋	湖南常宁水口山经济开发区	稀贵金属回收利用项目

此外，部分园区建设了废铜资源拆解、回收和循环利用，利用废杂铜代替原生铜矿生产铜制品，提高铜资源产出率。如，铜陵经济技术开发区的年拆解25万t废五金及废旧家电拆解中心建设项目，南昌高新区构建的铜屑/铜渣/废杂铜→铜深加工产业链，赣州经济技术开发区的5万t废钢、废铜金属综合回收利用项目和湖南常宁水口山经济开发区的铜综合回收配套废杂铜利用产业配套项目等。

（4）公共服务/配套设施

与铜冶炼和生产相关的基础设施和公共服务主要有技术研发、仓储物流、废物交易平台和废物集中处置等4个方面（见表5-13），这与钢铁冶炼存在一定的契合度。

表 5-13 与铜冶炼相关的循环型基础设施案例

公共服务/配套设施	园区	项目
技术研究中心	金昌经济技术开发区	循环经济技术研发及孵化器平台
	铜陵经济技术开发区	经济开发区循环经济技术研发中心
	昆明高新区	稀贵金属资源综合利用新技术国家重点实验室建设
	湖南常宁水口山经济开发区	有色金属尾矿、伴生矿综合利用技术中试基地
仓储和物流	铜陵经济技术开发区	循环经济园区物流园建设项目
	鹰潭高新技术产业园区	绿色物流园建设项目
	赣州经济技术开发区	绿色物流园建设项目
	湖南常宁水口山经济开发区	常宁市水口山有色金属冶炼仓储物流中心
废物/水集中处置	广安经济技术开发区	园区 PCB 产业专用污水处理厂项目
	西宁经济技术开发区甘河工业园区	工业固体废物处置场建设项目
废物交换平台	铜陵经济技术开发区	废弃物交换平台
	广安经济技术开发区	园区废弃物交易平台项目

5.4 铝电解产业主导型园区

调研其中 10 个电解铝为主导产业的工业园区，整理园区产业结构、循环产业链和改造项目，绘制了电解铝循环产业链（见图 5-4），提出铝电解产业园区的循环化改造共性措施。

（1）企业内部清洁生产改造

铝电解企业的内部清洁生产改造节点集中在电解铝过程的节能改造、余热利用和烟气净化，以及预焙阳极生产过程的余热利用和尾气净化（见表 5-14）。如，新疆准东经济技术开发区对预焙阳极的尾气进行干法吸附，回收氧化铝用于电解过程，实现内部的物质循环；西宁经济开发区甘河工业园区所实施的 3 项电解槽控制技术改造，提高电流效率（改造后可达 92%以上），从而降低系统电耗。

此外，红旗渠经济开发区通过实施低温电解铝技术应用项目和功能性离子液新型电解液制备项目，革新了传统电解铝工艺，采用离子液体低温电解流程工艺，在 100℃左右电解生产纯度更高的金属铝，是电解铝技术改造的参考案例。

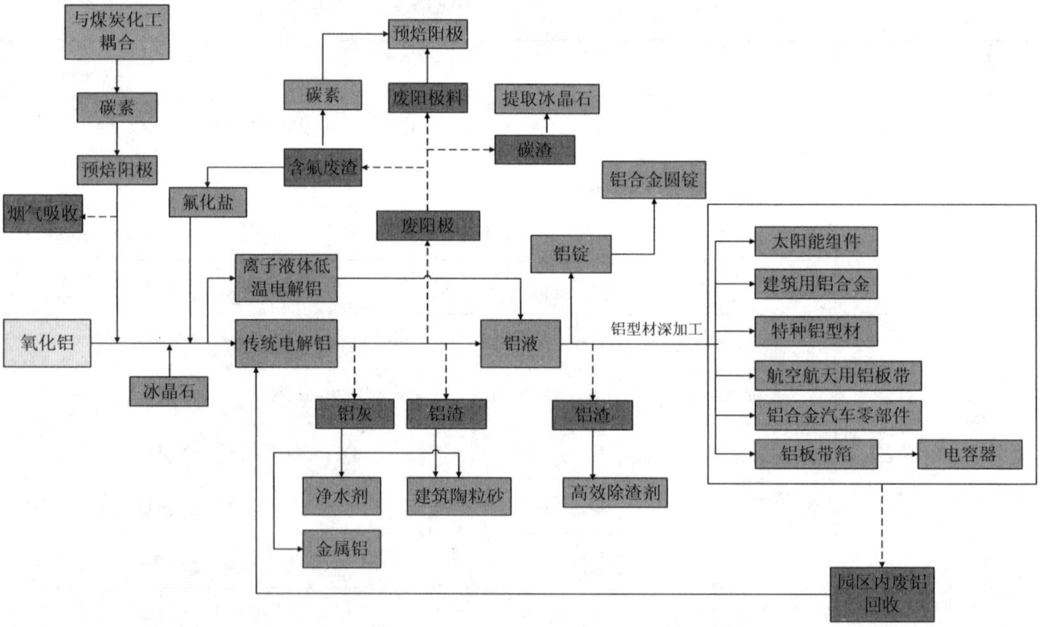

图 5-4　电解铝循环产业链

表 5-14　电解铝产业清洁生产改造措施

改造措施	园区	循环化改造项目
烟气净化	中宁工业园	氧化铝超浓相输送及烟气净化工程项目
	准东经济技术开发区	二期电解烟气净化系统项目
		阳极焙烧车间干法吸附回用项目
	嘉峪关工业园	改造 25 万 t/a 预焙阳极生产线烟气净化、余热发电系统节能项目
系统节能改造	中宁工业园	电机变频及电解槽综合节能技术改造项目
	西宁经济技术开发区甘河工业园区	青海黄河水电再生铝业有限公司铝电解槽多模式控制技术的研发与推广应用
		青海西部矿业百河铝业有限责任公司电解槽双阴极钢棒技术改造项目
		黄河鑫业有限公司电解槽新型阴极钢棒技术改造项目
余热利用	准东经济技术开发区	利用预焙阳极生产过程中产生的余热，加热导热油炉
	铜川经济技术开发区	铜川铝业公司电解槽烟气余热回收项目
		30 万 t/a 预焙阳极项目及余热发电项目

（2）铝电解主产品链构建（资源延伸加工）

电解铝主产业链通常以氧化铝为上游，主要是氧化铝→电解铝→铝液和铝锭→铝型材深加工。园区通常致力于铝的深加工，并与园区其他现有产业耦合，这与电解铜循环产业链的构建基本一致。

一是把电解铝产品加工成铝合金或建筑铝型材。如新疆准东经济技术开发区生产合金铝棒、铝电杆项目；中宁工业园的 40 万 t 铝材深加工项目；新疆兵团五家渠市经济技术开发区依托铝合金圆锭项目对普通铝锭进行深加工，打造电解铝→铝锭→铝合金圆锭产业链，增加产品附加值；铜川经济技术开发区依托 15 万 t 高性能特种工业铝型材项目和铜川华盛模具制造项目，构建电解铝→铝合金→高性能工业铝型材和铝合金用模具→铝合金深加工两条产业链；新疆兵团石河子经济开发区对电解铝进行深加工，打造铝液→铝板带→喷涂铝板带、辊涂铝板带产业链。

二是与汽车制造、电子电器制造和装备制造等产业进行对接。如红旗渠经济开发区构建的电解铝→铝合金汽车轮毂→汽车制造产业链，关键支撑项目有年产 300 万只镁合金汽车轮毂项目和年产 300 万只铝合金轮毂项目；西宁经济技术开发区甘河工业园区同样对接汽车制造产业，实施青海宝利华能源科技有限公司高精度铝合金汽车零部件项目；铜川经济技术开发区对接航天制造产业，实施年产 5 万 t 航空用铝板带（高精度、高性能中厚板）项目；甘河工业园区和新疆兵团石河子经济开发区同时生产电子铝箔，与电子、电容产业耦合。

（3）副产品/废弃物共生链构建

电解铝过程伴生大量废弃物，如铝灰、铝渣、碳渣和废电极。碳渣和废电极通常用来提取电解铝生产过程的原料，铝渣和铝灰通常可用于生产氯化铝等絮凝剂、净水剂（见表 5-15）。此外，部分拥有铝型材加工的园区，对产生的废铝和其他废旧金属进行回收，用于铝制品生产过程，替代原生氧化铝，提高资源产出率。如，铜川经济技术开发区的年加工 6 万 t 废铝资源再利用项目，构建铝合金→废旧金属回收→废铝利用→铝合金产业链；红旗渠经济开发区的废铝回收再生利用项目，年废铝回收再利用 5.5 万 t；南昌高新技术产业开发区打造的废铝→再生铝→高性能铝合金板带产业链等。

表 5-15 电解铝工艺核心废弃物资源利用路径

废弃物	利用途径	园区	循环化改造项目
碳渣	提取冰晶石用于电解铝生产	新疆兵团五家渠市经济技术开发区	碳渣再生冰晶石项目
		新疆准东经济技术开发区	碳渣中冰晶石回收利用项目

废弃物	利用途径	园区	循环化改造项目
铝渣	电解铝→铝渣→净水剂、脱氧剂	甘肃嘉峪关工业园	综合利用电解铝废渣生产净水剂、脱氧剂项目
	铝渣→高效除渣剂		铝渣资源化循环利用项目
	铝渣→新型建材	新疆准东经济技术开发区	—
	铝渣、铝灰→陶粒砂	陕西铜川经济技术开发区	利用铝灰等废弃物生产陶粒砂（10 万 t）项目
铝灰	铝灰→聚合氧化铝（污水絮凝剂）	陕西铜川经济技术开发区	铝灰生产净水剂（PAC）项目
	铝灰→提取金属铝	新疆准东经济技术开发区	—
废电极	废阳极→碳素	新疆兵团石河子经济开发区	回收电解铝阳极材料制备铝用碳素项目
	废阳极→预焙阳极→电解铝	陕西铜川经济技术开发区	6 万 t 残阳极回收利用项目
	废阳极→含氟废渣→氟化盐、碳素→电解铝		—

（4）配套基础设施

调研发现与铝资源加工配套的基础设施较少，通常是与园区的发电、金属冶炼等产业共享。如新疆准东经济技术开发区的 70 万 t 煤电冶危险固废综合利用项目，将粉煤灰、电解铝渣、碳渣等综合处置；陕西铜川经济技术开发区的水泥窑协同处置 10 万 t/a 城市产业废弃物工程项目，可对园区的工业固体废物（包含含氟废渣、铝渣、碳渣等）进行协同处置。陕西铜川经济技术开发区建设了铝液运输专线项目，使每吨铝液运输电耗减少 120 kg 标准煤，年节能 3.6 万 t 标准煤，可以作为相似产业园区基础设施建设的参考。

5.5 铅锌冶炼产业主导型园区

我国的锌矿和铅矿往往是伴生的，因此铅锌矿的冶炼往往是同步进行的。以铅锌冶炼和加工为主导产业的工业园区并不多，部分园区的所处地区往往具有铅锌矿资源开采条件。如，大柴旦工业园区、西宁经济技术开发区甘河工业园区等，但都未做详细的产业布局和产业链构建。调研发现，赤峰红山经济开发区和湖南常宁水口山经济开发区都拥有较成熟的铅锌冶炼和加工产业体系。以这两个园区的循环产业链构建和项目为基础，提出铅锌产业链循环化改造措施和产业链（见图 5-5）。

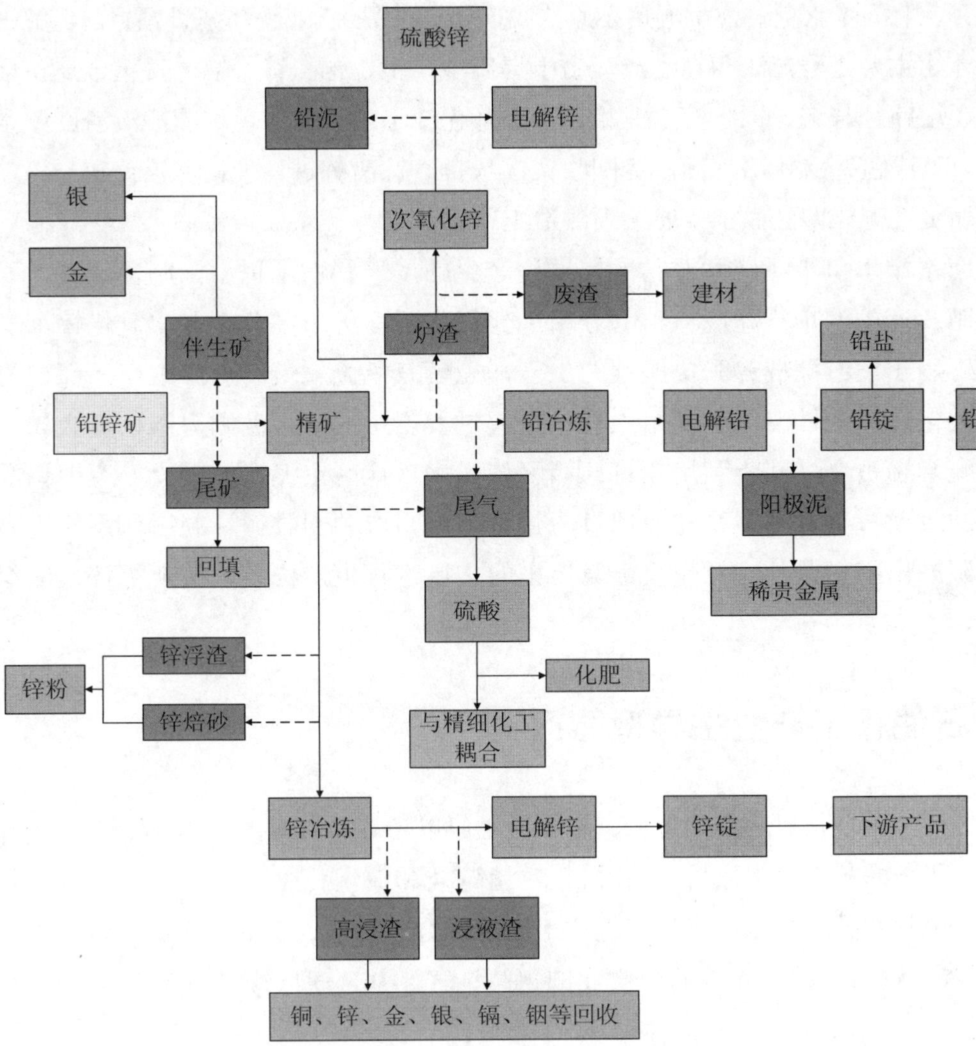

图 5-5　铅锌冶炼产业链

（1）铅锌冶炼主产品链构建（资源延伸加工）

赤峰红山经济开发区以湿法锌冶炼为主，依托中色锌业这家龙头企业，构建了铅锌矿→锌冶炼→电解锌→锌锭的主产业链。湖南常宁水口山经济开发区以铅冶炼为主，产业配套完整，构建了铅锌矿→铅冶炼→电解铅→铅锭→铅蓄电池、铅盐→废旧铅资源回收循环的铅加工产业链。

（2）副产品/废弃物共生链构建

整个产业加工过程的副产品主要集中在冶炼和电解两个节点。赤峰红山经济开发区冶炼过程产生了烟气、锌浮渣和锌焙砂，其中烟气用于脱硫，生产硫酸并发展化工产业；锌浮渣和锌焙砂则用于加工和提出锌粉，主要有中色锌业工业锅炉烟气脱硫项目、中色锌业有限公司电热还原法生产 10 000 t/a 工业锌粉建设项目。电解过程的废弃物主要是浸液渣和高浸渣，用于提出金、银、铜、锌、镉等贵重金属，废渣资源利用路径与铜、铝电解产业相似，循环化改造项目有中色锌业净液渣回收铜镉钴项目、中色锌业锌冶炼高浸渣回收银锌项目。锌冶炼过程理论应该伴随着铅的提取和加工，但该园区尚未开展该项改造工作。

湖南常宁水口山经济开发区冶炼过程产生的尾气和烟尘也用于制备硫酸，并生产化肥；产生的炉渣和废渣一部分用于建材生产，另一部分提取次氧化锌，次氧化锌可用于下游硫酸锌和电解锌的生产，配套有色金属最终弃渣生产环保建材项目和氧化锌冶炼铁渣综合利用工程。电解过程产生的阳极泥则用于稀贵金属的提取，配套稀贵金属回收利用项目。园区依靠水松地区铅泥、废铅渣、废旧铅酸蓄电池回收及再生利用体系建设项目，建设了废铅资源回收循环利用体系，提高了铅资源产出率。此外，对受重金属污染的土壤进行生态修复，实现铅锌矿的绿色开采。

5.6 石油化工产业主导型园区

石油化工产业链以石油为原料，裂解后生成以乙烯、丙烯、丁二烯、苯、甲苯、二甲苯为代表的基本化工原料，同时副产裂解 C4 和液化石油气（LPG），再以这些基本化工原料和副产品生产多种有机化工原料及合成材料，最后生产出终端产品。国家试点园区中共有 17 个与石化产业链相关，表 5-16 整理了这些工业园区的核心石化产品。

由于石化产品结构复杂，因此以一级和二级产品链的形式绘制石化产业链（见图 5-6～图 5-12）。调研表明广西钦州港经济技术开发区、吉林市化学工业循环经济示范园区和福建省泉港石化工业园区是石化产品链最完整、产品结构最丰富的 3 个工业园区，可以将这 3 个园区作为石化产品循环链条的规划设计标杆。

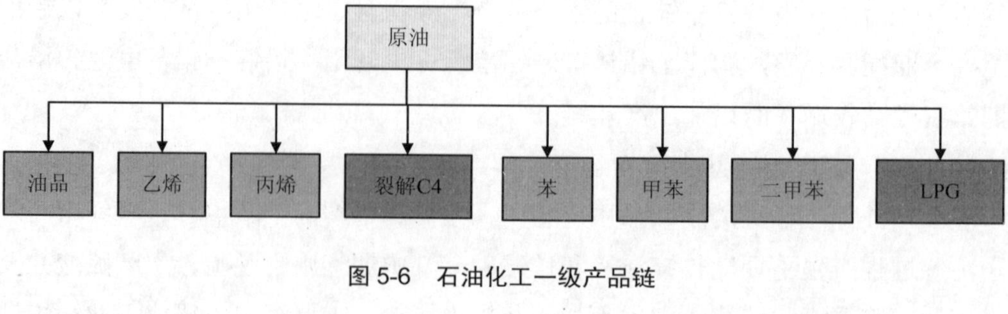

图 5-6　石油化工一级产品链

表 5-16 石油化工产业相关园区和主要产品列表

序号	园区	主要石化产品
1	濮阳经济开发区	聚乙烯、聚丙烯、ABS 树脂、MTBE、丁基橡胶、正丁烷、顺酐、C5、C9
2	钦州港经济技术开发区	PX、苯酚、己内酰胺、MDI、PTA、PET 聚酯、苯乙烯、丁苯橡胶、ABS 橡胶、己二酸、双酚 A、尼龙 66、苯酐、C4、环氧乙烷/乙二醇、聚乙二醇、乙丙橡胶、聚丙烯、丙烯腈、环氧丙烷、碳酸二甲酯、聚碳酸酯、聚醚多元醇、甲乙酮、丁基橡胶、顺丁橡胶、C9、C10
3	青岛经济技术开发区	PTA、芳烃、聚酯纤维、苯乙烯
4	宁波大榭开发区	芳烃、丙烯、MTBE、PX、PTA、苯胺、MDI、聚氨酯、环氧聚丙烷
5	沧州临港经济技术开发区	TDI、MDI
6	安庆高新技术产业开发区	环氧乙烷、1,3-丙二醇、PTT、环氧丙烷、聚醚多元醇、聚氨酯、丙烯腈、丙烯酰胺、丁腈橡胶、对二甲苯、对苯二甲酸、LPG
7	曹妃甸工业区	乙烯、丙烯、芳烃、衍生物
8	格尔木工业园	丙烯、丁辛醇、丙烯酸、环己酮
9	潜江经济技术开发区	甲苯、丙烯、丙烯酸、丙烯酸酯，2-甲基-6-乙基苯胺
10	武汉青山工业区	乙烯、丙烯、芳烃、聚丙烯
11	宁波石化经济技术开发区	乙烯、丙烯、丁二烯、MTBE、环氧乙烷、丙二醇、聚碳酸酯、丙烯腈、聚丙烯、丁腈橡胶、丙烯酰胺、醋酸乙烯、聚乙二醇、PET 聚酯、聚醚多元醇
12	珠海经济技术开发区	苯、甲苯、二甲苯、混二甲苯、PET 聚酯、丁二烯、MTBE、异丁烯、丁苯橡胶、丙烯酸、环氧氯丙烷、环氧树脂
13	湛江经济技术开发区	乙二醇、聚乙烯、聚丙烯、芳烃、苯、二甲苯
14	洋浦经济开发区	MTBE、丁二烯、苯乙烯、丁苯橡胶、顺丁橡胶、ABS、SBS、丁基橡胶、MMA、PMMA、聚丙烯、丙烯酸、聚乙烯、环氧乙烷、乙二醇、甲苯、乙苯、二甲苯、PX、PTA、PET、苯酚、丙酮
15	吉林市化学工业循环经济示范园区	丙烯、丙烯腈、ABS 树脂、MMA、PMMA、聚乙烯、苯胺、MDI、苯酚、丙酮、双酚 A、聚碳酸酯、聚酯多元醇、醋酸乙烯、乙丙橡胶、丙烯腈、聚丙烯酰胺、环氧丙烷、对二甲苯、PTA、1,4-丁二醇、聚四氢呋喃、己内酰胺、尼龙 66、苯乙烯、丁苯橡胶、C5、C9
16	潍坊滨海经济技术开发区	乙烯、LPG
17	泉港石化工业园区	乙烯、环氧乙烷、乙二醇、苯乙烯、丁苯橡胶、聚苯乙烯、乙丙橡胶、醋酸乙烯、聚乙烯醇、丙烯、丁辛醇、苯酚、丙酮、双酚 A、聚碳酸酯、环氧树脂、丙烯酸、环氧丙烷、苯、己内酰胺、己二酸、尼龙 66、C4、C5

（1）石油化工产业产品链构建（资源延伸加工）

乙烯是有机化工的基本原料（见图 5-7）。一是可用于合成乙醇、环氧乙烷、乙二醇、乙醛、乙酸、丙醛、丙酸及其衍生物等多种基本有机合成原料，经卤化可制氯代乙烯、氯代乙烷、溴代乙烷，经齐聚可制 α-烯烃，进而生产高级醇、烷基苯等。二是在合成材料方面，大量用于生产聚乙烯、氯乙烯及聚氯乙烯、乙苯、苯乙烯及聚苯乙烯以及乙丙橡胶等。

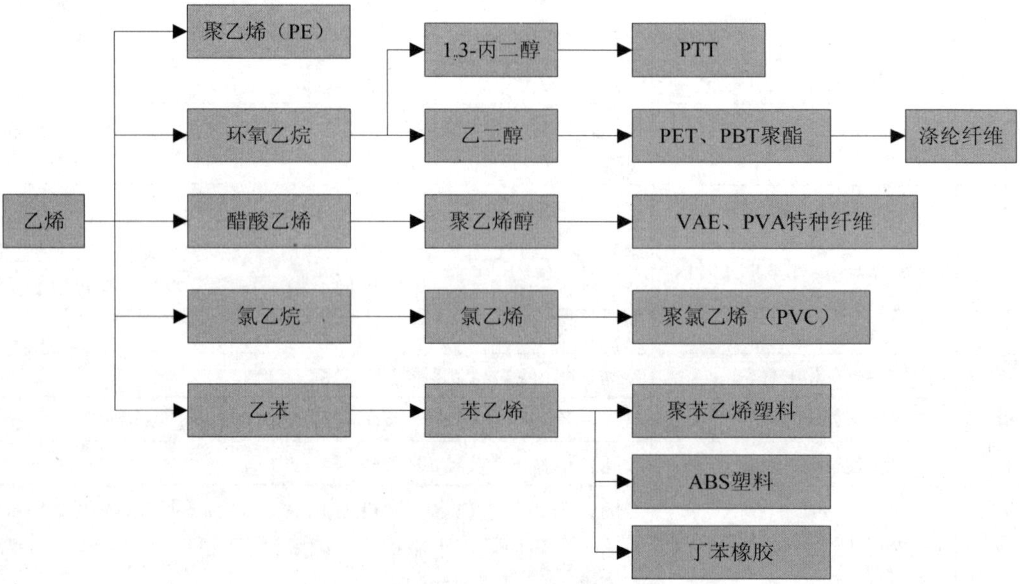

图 5-7　乙烯产品的核心下游产品链

丙烯可用于生产多种重要有机化工原料、合成树脂、合成橡胶及多种精细化学品等（见图 5-8）。其中，用量最大的是生产聚丙烯，另外，丙烯可制丙烯腈、异丙醇、苯酚和丙酮、丁醇和辛醇、丙烯酸及其酯类以及制环氧丙烷和丙二醇、环氧氯丙烷和合成甘油等。

苯在工业上用途很广（见图 5-9），主要有染料工业、用于农药生产及香料制作的原料等，又可作为溶剂和黏合剂用于造漆、喷漆、制药、制鞋及苯加工业、家具制造业等。苯经取代反应、加成反应、氧化反应等生成的一系列化合物可以作为制取塑料、橡胶、纤维、染料、去污剂、杀虫剂等的原料。其中大约有 10%的苯用于制造苯系中间体的基本原料。苯与乙烯生成乙苯，乙苯可用来生产制塑料的苯乙烯。苯与丙烯生成异丙苯，异丙苯可以经异丙苯法来生产丙酮与制树脂和黏合剂的苯酚。苯还可以合成顺丁烯二酸酐，合成用于制作苯胺的硝基苯，合成用于农药的各种氯苯，合成用于生产洗涤剂和添加剂的各种烷基苯，以及合成氢醌、蒽醌等化工产品。

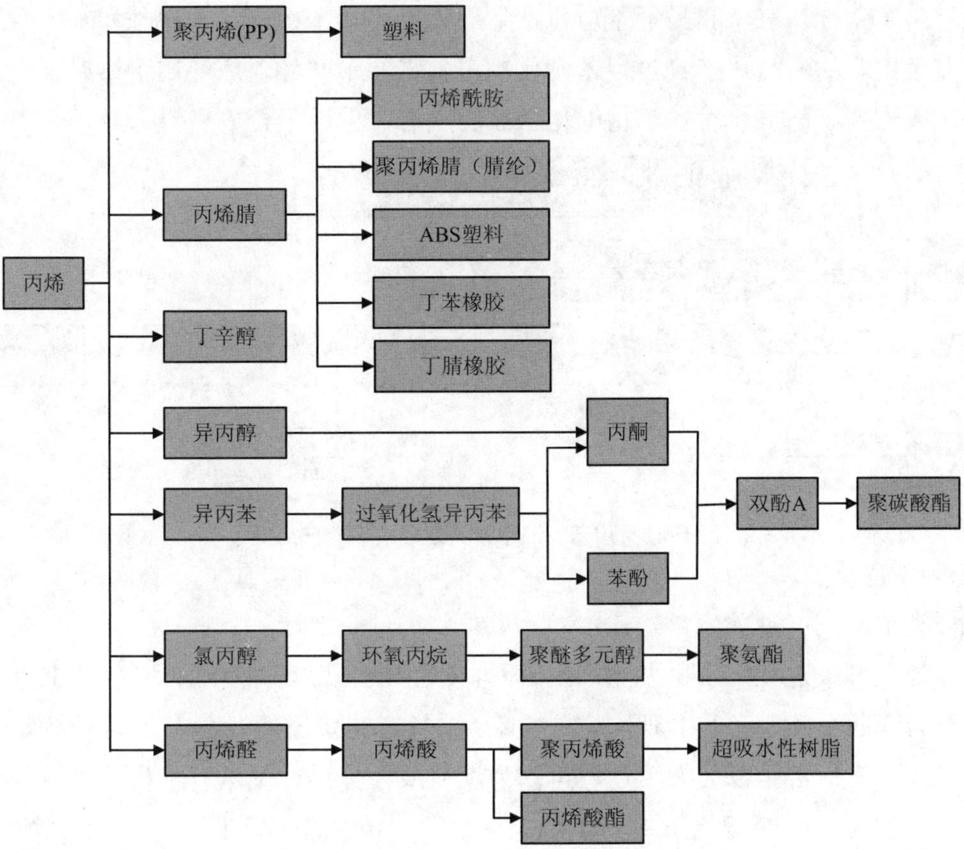

图 5-8　丙烯产品的核心下游产品链

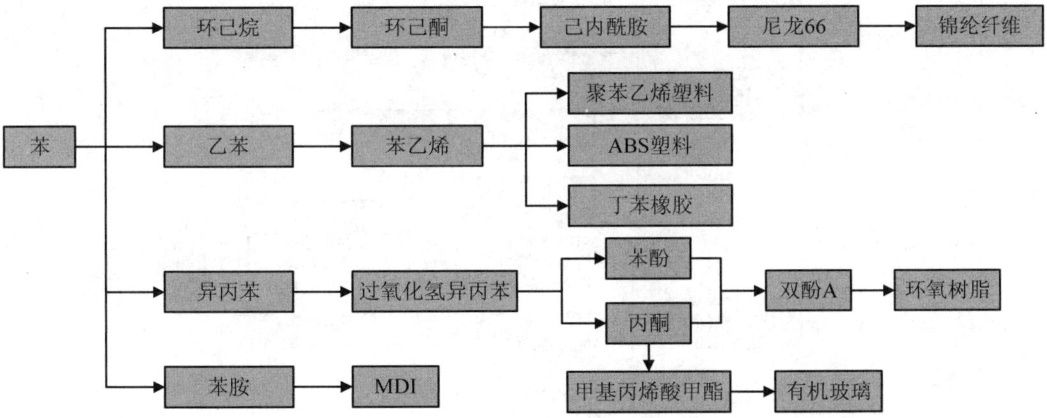

图 5-9　苯为起点的下游产品链

甲苯大量用作溶剂和高辛烷值汽油添加剂，也是有机化工的重要原料（见图 5-10）。甲苯可用于脱烷基制苯或歧化制二甲苯。甲苯可衍生一系列中间体，可进行侧链氯化得到一氯苄、二氯苄和三氯苄，包括它们的衍生物苯甲醇、苯甲醛和苯甲酰氯，还可制备甲苯的环氯化产物，甲苯硝化制得大量的中间体，广泛用于染料、医药、农药、火炸药、助剂、香料等精细化学品的生产，也用于合成材料工业。

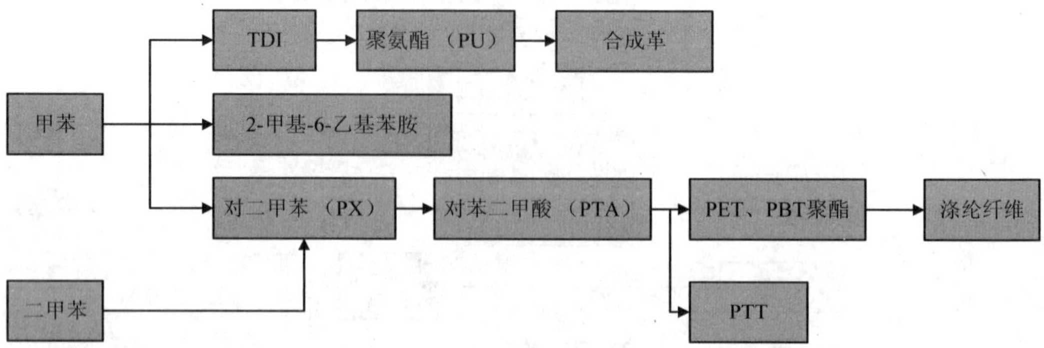

图 5-10　甲苯、二甲苯为起点的下游产品链

（2）加工副产品共生链构建

原油在开采过程中，主要副产裂解 C4（见图 5-11）和液化石油气 LPG。C4 馏分主要为含四个碳原子的多种烷烃、烯烃、二烯烃和炔烃的混合物。C4 馏分是一种可燃气体，但通常是以液态贮运，可作为燃料或经分离作基本有机化工原料。具有工业意义的 C4 烃主要组分有正丁烷、异丁烷、1-丁烯、异丁烯、1,3-丁二烯、C4 炔烃等，其中以 1,3-丁二烯最为重要。

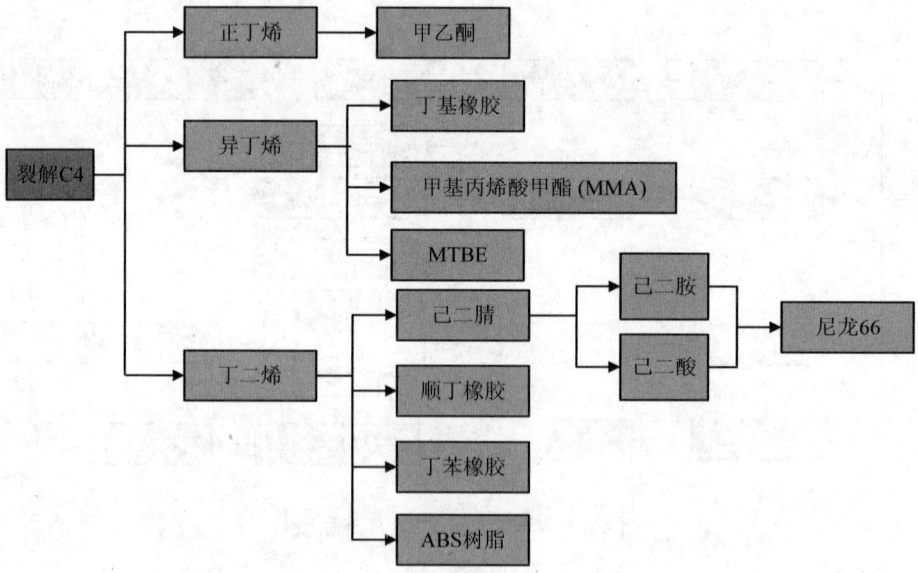

图 5-11　副产裂解 C4 的下游产品链

LPG经过加工，可以分离出异丁烯、丙烷、正丁烷、异丁烷、丁烯等化工原料，并可生产树脂、橡胶、辛烷、戊醇等下游产品（见图5-12）。

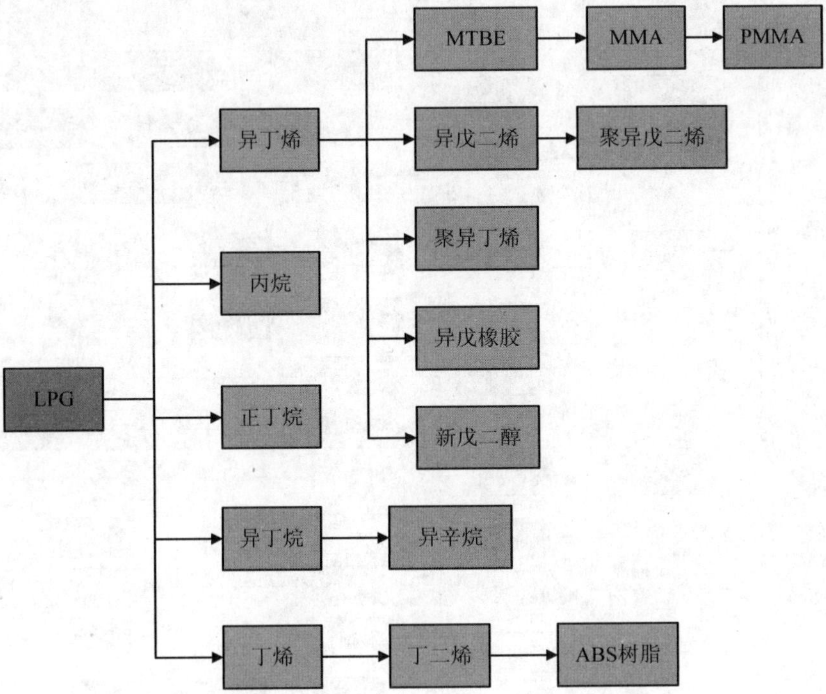

图5-12 副产液化石油气（LPG）的核心下游产品链

5.7 天然气化工产业主导型园区

调研8个与天然气化工产业相关的循环化改造园区项目，绘制了天然气化工产业链图（见图5-13），提出了天然气化工循环化改造的共性措施。

（1）企业内部清洁生产改造

调研了4项典型的企业内部清洁生产改造项目，主要针对合成氨和甲醇两个化工过程（见表5-17）。其中，3个项目为节能改造项目，1个为企业内部的物质回收与循环利用项目。

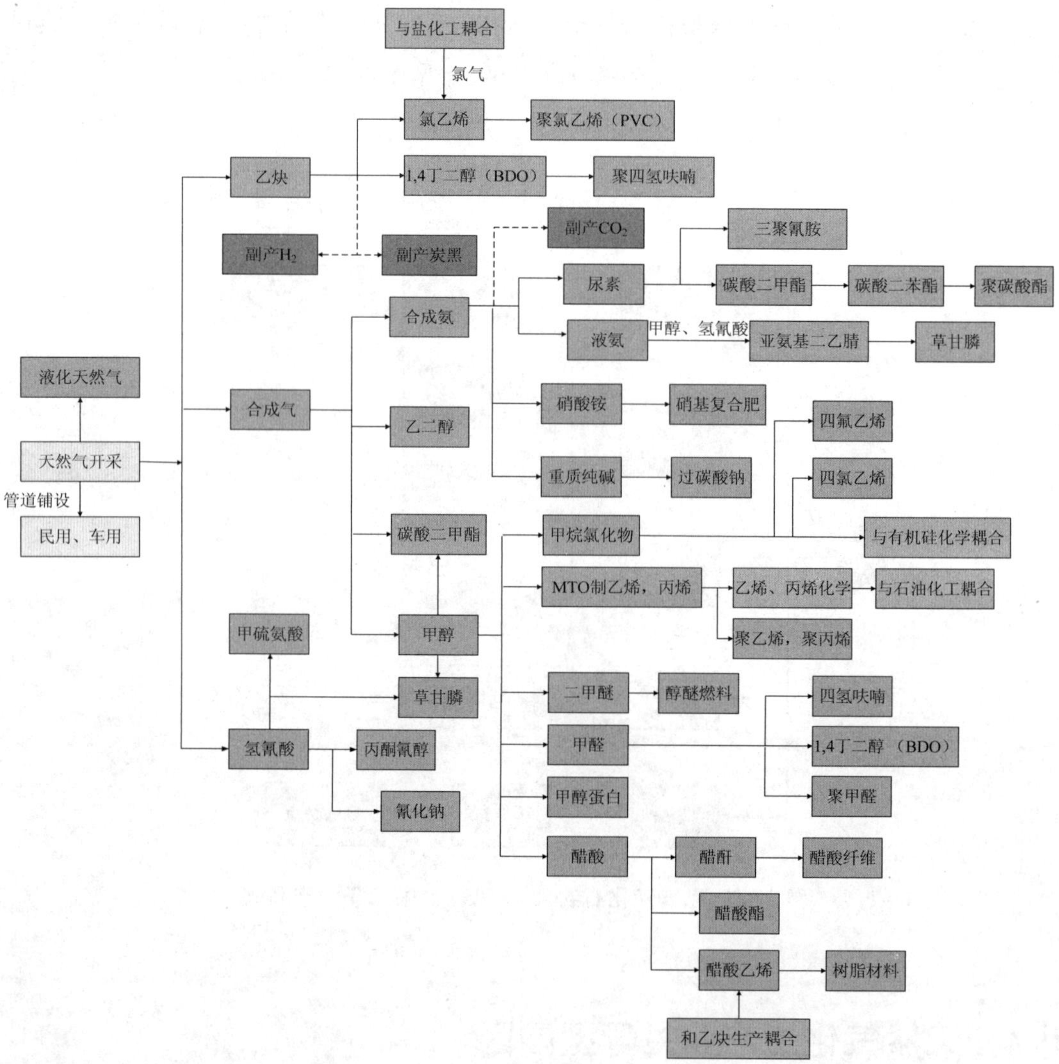

图 5-13　天然气化工产业链

表 5-17　天然气化工企业内部改造项目

循环化改造项目	项目来源园区	项目作用
玖源化工合成氨尿素节能达产循环化改造项目	达州经济技术开发区	节能改造，降低单位产品能耗
玖源化工合成氨节能扩能改造项目	达州经济技术开发区	节能改造，降低吨氨能耗约 8%
达兴能源甲醇尾气提氢项目	达州经济技术开发区	甲醇生产尾气的回收和循环利用，提高甲醇产量
甲醇生产能量系统优化节能改造项目	濮阳经济技术开发区	节能改造，降低单位产品能耗

（2）天然气直接利用

天然气可直接作用民用或车用。一是建设天然气液化装置，配套原料气压缩机、天然气除油塔、吸收塔、再生塔、废水处理塔、冷箱、脱硫塔、LNG 储罐等。将开采的天然气原料气经过计量、增压、净化、冷凝至液化一系列工艺过程，再将液化的天然气（液态）母液送入储罐。如重庆潼南区工业园区的 200 万方液化天然气项目。二是将天然气经过脱硫、脱碳、脱水后直接入网外供。如达州经济开发区作为“川气东送”的起点，年产净化天然气 120 亿 m^3，生产硫黄 283 万 t。

（3）天然气化工主产品链构建（资源延伸加工）

将天然气作为重要的化工原料，充分利用其中的 CH_4 资源进行化工生产，多为资源延伸加工项目。其核心是 3 条产业链（见图 5-13）：天然气→乙炔；天然气→合成气→合成氨和天然气→合成气→甲醇，并以这 3 条主产业链为基础延伸下游的化工生产。

对于乙炔产品，一方面，可与盐化工副产氯气耦合，生产氯乙烯，并进一步生产 PVC 塑料。如长寿经济开发区已有的天然气乙炔项目和 PVC 项目；另一方面，乙炔作为原料可与甲醇→甲醛产业链耦合，生产 1,4-丁二醇，并同步生产四氢呋喃和聚四氢呋喃。如长寿经济开发区规划的 10 万 t/a 1,4-丁二醇（BDO）项目和 6 万 t/a 聚四氢呋喃项目，以及格尔木开发区已有的甲醛制 1,4-丁二醇和四氢呋喃项目。

合成氨是重要的化工基础原料，可与天然气化工的其他产品甲醇和氢氰酸耦合生产亚氨基二乙腈，进而生产重要农药草甘膦。如重庆潼南经济开发区的合成氨→液氨→草甘膦产业链和广安经济开发区的合成氨→草甘膦产业链；也可生产下游的尿素、三聚氰胺、纯碱、复合肥等化工原料和肥料。如濮阳经济开发区的合成氨→尿素→三聚氰胺→三聚氰胺泡棉产业链；棋盘井工业园区的合成氨→尿素产业链；达州经济开发区的合成氨→尿素→三聚氰胺产业链；阿拉尔市阿拉尔经济技术开发区的合成氨→复合肥产业链；重庆潼南经济开发区构建的合成氨→尿素→碳酸二甲酯→碳酸二苯酯→聚碳酸酯（PC）产业链。

天然气制甲醇是连接天然气化工与其他化工产业耦合的重要中间产品。主要通过甲醇 MTO 制备乙烯和丙烯，和甲醇氯化制备甲烷氯化物。乙烯和丙烯是石油化工的最基础原料，可以生产聚乙烯和聚丙烯塑料，也可以此与石油化工产业耦合。甲醇氯化可成产氯甲烷、二氯甲烷、三氯甲烷和四氯甲烷。其中，氯甲烷可作为有机硅化工的基础原料。甲醇可以进一步与其他产业链耦合延伸。如重庆潼南经开区和长寿经开区已有的甲醇→二甲醚→醇醚燃料项目；格尔木工业园规划的甲醇→甲醇蛋白项目；棋盘井工业园已有的甲醇→醋酸→醋酸纤维项目等。部分合成氨与甲醇产业链可作为煤化工过程的补充。

（4）副产品/废弃物共生链构建

天然气化工产业主要有3类副产品：合成氨过程中副产的CO_2、乙炔生产过程副产H_2和乙炔生产过程副产的炭黑。达州经济开发区、广安经济开发区和长寿经济开发区针对这3种副产品的共生利用，分别规划了6项具体措施和循环化改造项目（见表5-18）。长寿经济开发区针对乙炔生产过程副产品制定了改造规划，达州经济开发区已建设了3个项目完成合成氨副产CO_2的共生利用。

表5-18　天然气化工主要副产品利用途径

循环化改造项目	项目来源园区	副产品利用途径
乙炔副产炭黑回收利用项目	长寿经济开发区	回收乙炔副产炭黑用于轮胎生产
利用副产氢气和氮气生产合成氨项目	长寿经济开发区	利用乙炔副产H_2生产合成氨，增加合成氨产量
—	达州经济开发区	合成氨副产CO_2作为天然气制甲醇的补碳原料，减少外购CO_2的需求
—	达州经济开发区	合成氨副产CO_2作为联碱法制备重质纯碱的原料，与园区盐卤化工耦合
	达州经济开发区	合成氨副产CO_2作为硫酸铵生产原料，与园区磷硫化工耦合
广安玖源化工有限公司年产100万t联碱项目	广安经济开发区	合成氨副产CO_2为原料生产纯碱

（5）配套设施

与天然气化工相关的产业园，通常选择建设天然气输送的公共管廊，将天然气藏开采的原料气或经过初步提纯加工的原料气，输送至不同的化工企业进行生产。比较典型的是长寿经济开发区的6 747 m的天然气化工区公共管廊工程项目和达州经济开发区的天然气输配工程。

5.8　磷化工产业主导型园区

磷化工通常与天然气化工、石油化工、精细化工等产业进行耦合。湖北宜昌经济开发区、达州经济开发区和广西钦州港经济开发区是磷化工产业较突出的工业园区，本书调研绘制了磷化工循环产业链（见图5-14）。

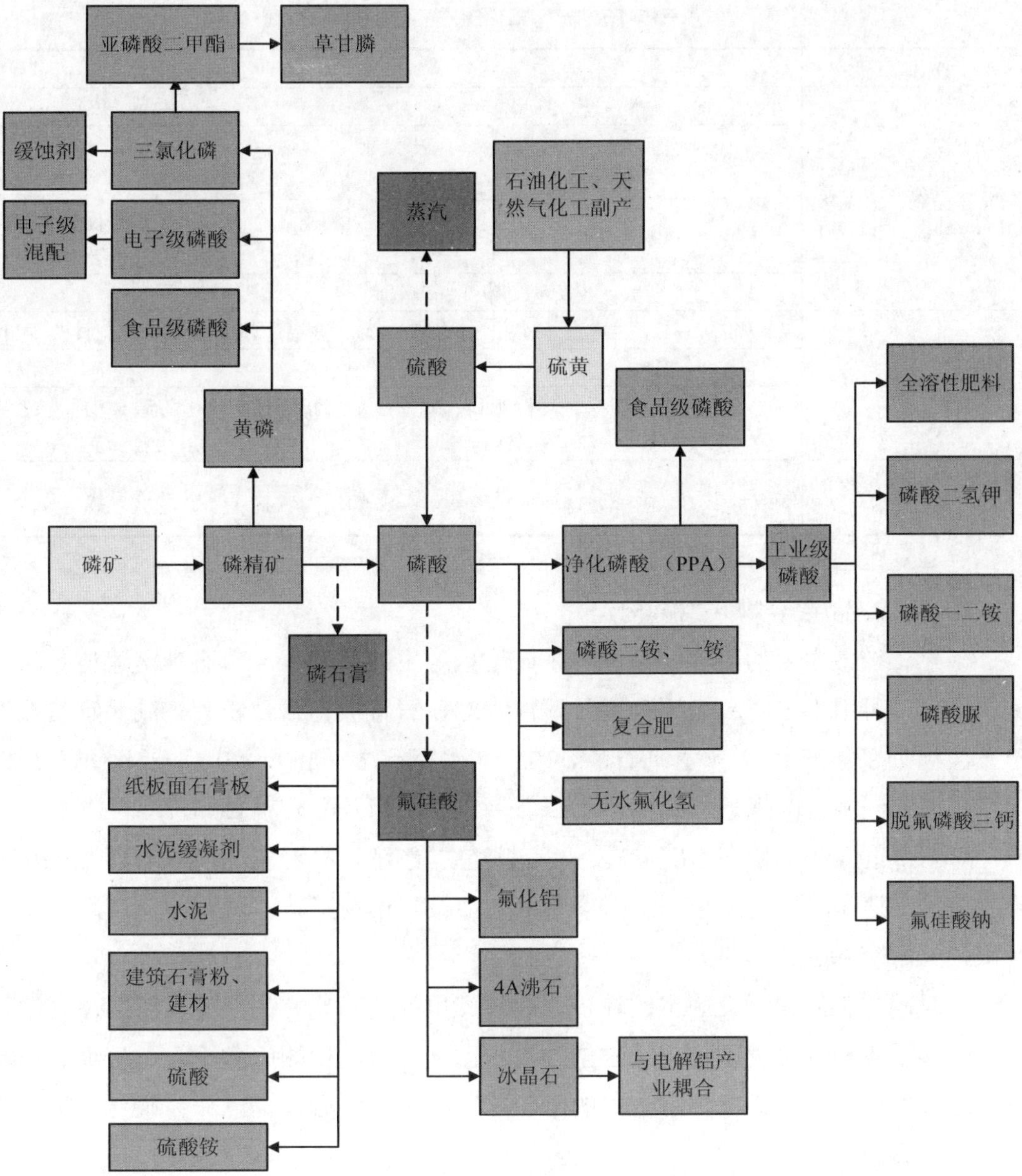

图 5-14　磷化工产业链循环化改造

（1）磷化工主产品链构建（资源延伸加工）

磷化工主产业链主要有磷矿→磷精矿→磷酸→下游产品和磷矿→磷精矿→黄磷→下游产品 2 条，调研的 3 个工业园区均规划了不同的下游产品链（见表 5-19）。磷酸生产过程中需要硫酸，一般由硫黄制取，对于石化产业和天然气产业主导的园区，生产过程中的副产硫黄则可与磷化工产业共生利用。

表 5-19　园区磷化工产品链构建

园区	产品链	循环化改造项目
湖北宜昌经济开发区	磷酸→无水氟化氢	—
	磷酸→工业级磷酸→磷酸脲、氟硅酸钠、脱氟磷酸三钙	—
	黄磷→电子级磷酸→电子级混配	利用现有的电子级磷酸优势延伸产业链生产 150 00 t 电子级混配项目
	黄磷→三氯化磷→亚磷酸二甲酯→草甘膦	—
达州经济开发区	磷酸→磷酸二铵、一铵，复合肥	瓮福达州高品质复合肥技改项目
	磷酸→食品级磷酸	—
	磷酸→工业级磷酸→全溶性肥料、磷酸二氢钾、磷酸一二铵	瓮福达州年产 24 万 t 磷酸盐综合利用项目
广州钦州港经济技术开发区	磷酸→电子级磷酸、食品级磷酸盐、磷酸钙	磷化工产业改造升级工程

（2）副产品/废弃物共生链构建

磷化工链最主要的废弃物是磷酸生产过程产生的磷石膏。磷石膏是建材制品的优质原料，可用于生产水泥缓凝剂、碱性水泥、石膏板、石膏粉等。湖北宜昌经济开发区规划了年产 60 万 t 建筑石膏、30 万 t 水泥缓凝剂和 6 000 万 m^2 纸面石膏板项目；达州经济开区规划了瓮福达州磷石膏综合利用及配套项目。

磷石膏也可直接用于化工生产。如，湖北宜昌经济开发区建设了磷石膏制 20 万 t/a 硫酸项目；达州经济开发区利用磷石膏制硫酸铵，年利用磷石膏 30 万 t。

（3）配套基础设施

针对磷化工的配套设施案例较少，比较突出的是湖北宜昌经济开发区建设的磷化工公共服务平台建设项目，通过创建技术创新平台、检测服务平台、培训和技术咨询服务平台，以期建设国内领先的磷化工工程技术中心，可以作为磷化工配套服务的一个案例。

5.9　盐化工产业主导型园区

（1）盐化工主产品链构建

调研了 23 个与盐化工产业相关的工业园区，本书绘制了盐化工产业链图（见图 5-15），主要有 2 条：盐卤开采→盐→纯碱→下游化学品产业链；盐卤开采→盐→烧碱→下游化学品产业链。

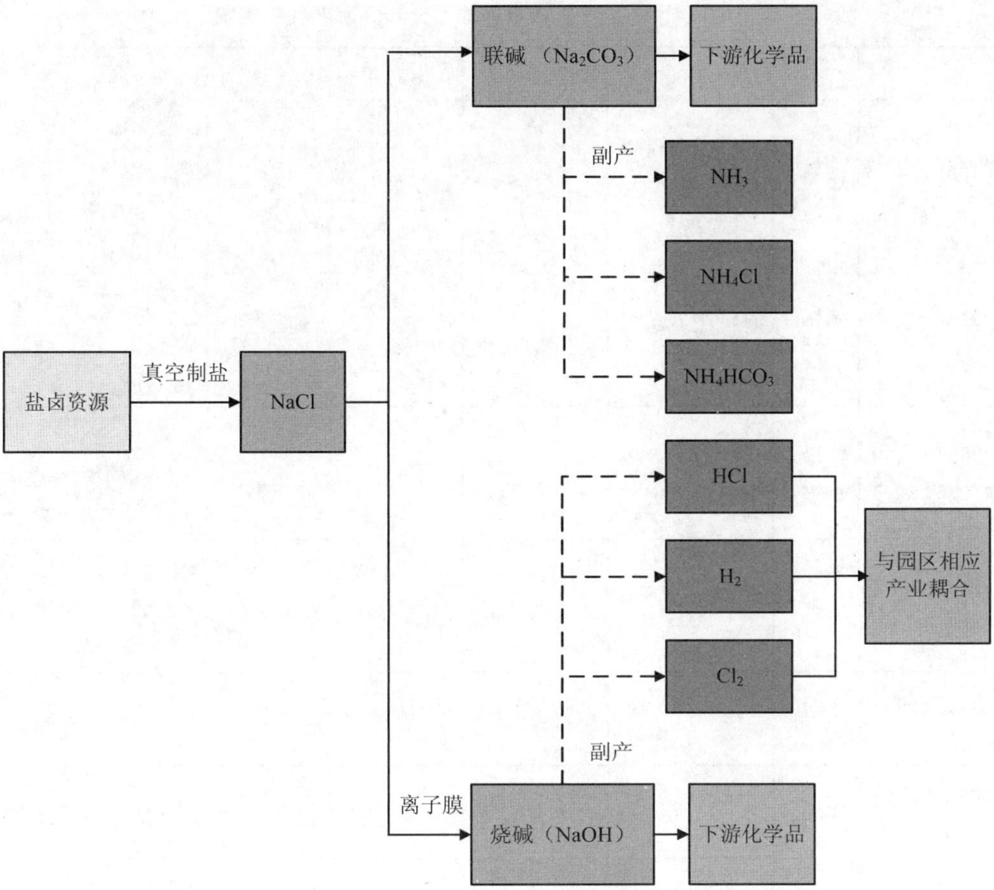

图 5-15　盐化工基础产业链循环化改造

（2）盐化工副产品共生链构建

纯碱过程的副产品主要有氨、氯化铵和碳酸氢钠，烧碱过程的副产品主要有氢气、氯气和氯化氢，这 6 种副产品均是重要的化工原料。其中氢气、氯气等副产品通常可以和园区已有的化工产业链进行共生利用。调研的 23 个园区在产业结构上有显著不同，盐化工副产品的下游产业链差别较大，产品结构和种类复杂。如煤化工、石灰石化工等均可与盐化工的副产品形成共生关系链，这是盐化工与煤化工、天然气化工、金属冶炼等资源加工产业最主要的区别。

调研不同工业园区中盐化工两大主产品（纯碱、烧碱）延伸出的产品情况及共生利用副产品的产业（见表 5-20），烧碱过程的副产物可与有机、石化、农药、电石、硅化工、煤化工、氟化工、化工材料等多种产业形成产业共生体。

表 5-20　盐化工产业资源延伸加工和副产品共生情况

园区	主产品	延伸加工产品	利用副产品	共生利用副产品的产业	核心产品
淮安经济技术开发区	纯碱、烧碱	硝酸、纤维素乙醇、复合肥、玻璃	氢气、氯气	有机化工、磷化工、饲料化学、农药化学、化工材料	环氧树脂、聚氨酯、丁烯二醇、邻甲苯胺、农药、氯乙酸、甘氨酸、三氯化磷、光气
万州经济技术开发区	纯碱、烧碱	有机肥、单宁酸	氯气	磷硫化学、农药化学、硅化工	三氯化磷、五氯化磷、草甘膦、氯乙酸、甘氨酸、吡啶、各色农药
湖南衡阳松木工业园	纯碱、烧碱	过碳酸钠、氢氧化钠阻燃剂	氢气、氯气	电石化工、氟化工	双氧水、PVC、钛白、甲烷氯化物、偏氯乙烯、氟化工下游产品
广西钦州港经济开发区	烧碱	—	氯气、氯化氢	石油化工、化工材料	MDI/TDI、PVC、氯化聚乙烯、氯化聚丙烯、聚氨酯
广安经济技术开发区	纯碱	—	—	—	—
新疆兵团阿拉尔经济技术开发区	烧碱	片碱、棉浆泊、黏胶纤维	氯化氢	电石化工	PVC、聚乙烯醇
常熟经济开发区	烧碱	苯甲酸、铜箔	氢气、氯气	有机化工、化工材料	双氧水、甲烷氯化物、苯酚、酚醛树脂、阻燃剂、环氧树脂
曹妃甸工业区	纯碱	—	氢气、氯气	石油化工	PVC、芳烃、芳烃衍生物
德令哈工业园	纯碱、烧碱	—	氯化氢	电石化工、硅化工	PVC、氯甲烷、有机硅、硅油、硅橡胶、硅树脂
东营经济技术开发区	烧碱	造纸	氢气、氯气、氯化氢	有机化学、硅化工、化工材料	三氯甲烷、四氯乙烯、有机硅单体、多晶硅、双氧水、环氧氯丙烷、环氧丙烷、苯胺、丙二胺
格尔木工业园	纯碱、烧碱	—	氯气、氯化氢	电石化工、天然气化工	PVC
广西鹿寨经济开发区	烧碱	造纸	氢气、氯气、氯化氢	电石化工、有机化工	PVC、聚合氯化铝、双氧水

园区	主产品	延伸加工产品	利用副产品	共生利用副产品的产业	核心产品
湖北潜江经济开发区	烧碱	复合肥、牛磺酸	氢气、氯气	硅化工、石油化工、有机化工	双氧水、石脑油、石英玻璃材料、环氧乙烷
湖北宜昌经济开发区猇亭园区	烧碱	季戊四醇、四甲基氢氧化铵、片碱、特种磷酸盐	盐酸、氯气	电石化工、磷化工、化工材料	PVC、三氯化磷、氯乙酸、漂粉精、氯化橡胶、氯化亚砜
冀州经济开发区	烧碱	—	盐酸、氯气	化工材料、医药化工、农药化工、有机化工	PVC、氯丙醇、氯乙醇、氯丙烯、环氧丙烷、环氧乙烷、环氧树脂、聚氨酯、异氰酸酯、酰氯类医药中间体、农药中间体、甲烷氯化物
棋盘井工业园	烧碱	氯醋共聚树脂	氯气、氯化氢	电石化工	PVC
陕西省神府经济开发区	烧碱	—	氯气	有机化工、电石化工	三（四）氯乙烯、PVC
江苏省泰兴经济开发区	烧碱	—	氯气	化工材料、有机化工、农药化学	PVC、氯乙烯、特种树脂、氯乙酸
潍坊滨海经济技术开发区	纯碱、烧碱	—	氯气	化工材料、有机化工	PVC、树脂
新疆兵团石河子经济技术开发区	烧碱	—	氯化氢	电石化工	PVC
长寿经济开区	纯碱、烧碱	过碳酸氢钠	氢气、氯气、氯化氢	有机化工	氯甲烷、钛白粉、MDI、粗苯精制、四氯乙烯
沧州领港经济技术开发区	烧碱	氰化钠、三聚氯氰	氢气、氯气	石油化工、有机	TDI、PVC、糠醇、双氧水、苯乙醇、间氨基苯磺酸

5.10 石灰矿产业主导型园区

调研 11 个与石灰矿化工产业主导型园区的循环化改造项目和产业链，本书绘制了石灰化工循环产业链图（见图 5-16），该类园区通常会引进纯碱化工、盐化工和煤化工构建产业共生耦合，推进工业园区的循环化改造。

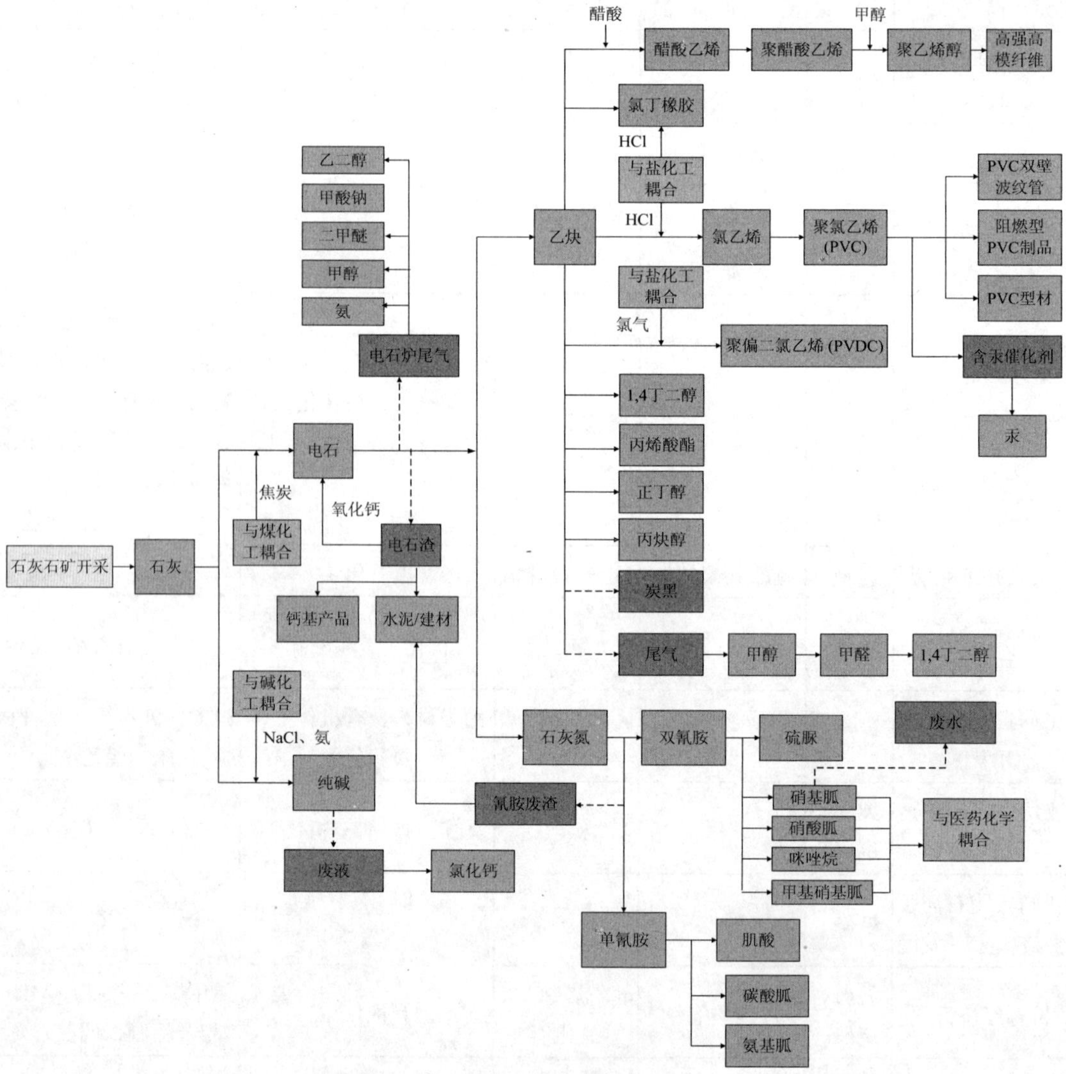

图 5-16　石灰石化工产业链循环化改造

（1）石灰石制纯碱产业链构建

纯碱制造的主要原料一般为氨、二氧化碳、氯化钠和熟石灰[$Ca(OH)_2$]，因此对于有纯碱产业的工业园区，都会引入石灰石作为生产原料。如青海大柴旦工业园和德令哈工业园，均构建了石灰石制纯碱产业链。

在制备过程中主要的废弃物是制碱后的蒸氨废水，其含有大量氯化钙可进行回收。如德令哈工业园配套青海金锋实业有限公司 10 万 t/a 氯化钙改造项目和青海晶碧钙业有限公司年产 20 万 t 氯化钙项目，构建了石灰→纯碱→蒸氨废液→氯化钙的循环产业链；大柴旦工业园的青海五彩碱业 110 万 t 纯碱项目石灰污水回收利用项目。

（2）石灰石制电石产品链构建（资源延伸加工）

生石灰（CaO）与煤焦化过程耦合生产电石，并延伸下游化学制造，是石灰石化工产业链的核心部分（见表 5-21）。其主要循环产业链有两条：石灰→电石→乙炔→乙炔化学产业链和石灰→电石→石灰氮→氰胺化工产业链。其中，乙炔化学链的应用最广，涵盖了 90%拥有石灰石产业链的园区（本书调研的 9 家园区均构建了乙炔化学链）。常见的可由乙炔直接生产系列化工品，延伸产业链；或与盐化工过程的副产品 HCl 和氯气耦合，生产下游系列聚合物和塑料制品。而氰胺化工的应用程度相对较低，仅宁夏平罗工业园区和宁夏石嘴山经济开发区构建了循环产业链。

表 5-21 电石化工循环产业链构建

产业链	园区	循环化改造项目
石灰石→电石→石灰氮→双氰胺→硝酸胍、硝基胍、咪唑烷、甲基硝基胍	宁夏平罗工业园区	氰胺产业链延伸及下游产品深加工项目
石灰石→电石→石灰氮→单氰胺→肌酸、碳酸胍、氨基胍		石灰氮、单氰胺及下游产品深加工项目
石灰石→电石→石灰氮→双氰胺→硫脲	宁夏石嘴山经济技术开发区	—
石灰石→电石→乙炔→氯乙烯→PVC		—
石灰石→电石→乙炔→醋酸乙烯→聚乙烯醇→高模纤维	宁夏平罗工业园区	—
石灰石→电石→乙炔→醋酸乙烯→聚乙烯醇	牡丹江经济开发区	—
石灰石→电石→乙炔→PVC→塑料		牡丹江东北化工有限责任公司 16 万 t 树脂项目
石灰石→电石→乙炔→1,4 丁二醇、丙烯酸酯	新疆石河子经济开发区	—
石灰石→电石→乙炔→氯丁橡胶	棋盘井工业园	5 万 t 氯丁橡胶项目
石灰石→电石→乙炔→PVC→PVC 异型材、双壁波纹管		—
石灰石→电石→乙炔→聚偏二氯乙烯（PVDC）		—
石灰石→电石→乙炔→正丁醇、丙炔醇	新疆五家渠开发区	—
石灰→电石→PVC→阻燃型 PVC 制品、PVC 型材	德令哈工业园	—

（3）电石化工企业内部清洁生产改造

主要改造途径是将电石生产过程的尾气余热和电石渣进行回收和循环利用。宁夏石嘴山经济技术开发区实施了电石炉尾气回收利用综合技术改造项目，利用尾气余热对石灰、兰炭等电石生产原料晶须烘干，节约了蒸汽用量；新疆石河子经济开发区实施电石渣循环再利用生产氧化钙项目，回收电石渣再生氧化钙后，回用电石生产过程，节约原生石灰矿消耗。

（4）副产品/废弃物共生链构建

电石化工的废弃物产生节点较为集中，主要是电石生产过程产生的电石渣和电石炉尾气，乙炔生产过程产生的炭黑和尾气，氰胺生产过程产生的氰胺废渣和 PVC 生产过程的废含汞催化剂。其中，电石渣和氰胺废渣主要可用来生产水泥和建材，电石炉尾气富含 CO、H_2 等化学原料，可与煤化工的合成气产业链耦合，生产合成氨、甲醇等化学产品，乙炔尾气富含 CO，也可回收生产下游化工品（见表 5-22）。

表 5-22　电石化工废弃物资源利用途径

废弃物	利用途径	园区	项目
电石渣	水泥	宁夏石嘴山经济技术开发区	年产 100 万 t 电石渣、制水泥项目
		棋盘井工业园	—
		德令哈工业园	海西化工建材股份有限公司日产 5 000 t 电石渣综合利用制水泥项目
	生产活性钙和纳米级钙（钙基材料）	牡丹江经济开发区	电石渣综合利用项目
	代替石灰石用于电厂尾气脱硫工程	新疆准东经济技术开区	电石渣替代石灰石脱硫工程项目
	生产氯化钙	长寿经济开发区	利用电石废渣和副产氯化氢生产氯化钙项目
	生产超细氯化钙	广西鹿寨经济开发区	利用电石渣年产 5 万 t 超细碳酸钙项目
电石炉尾气	电石炉尾气→合成氨、甲醇、二甲醚	宁夏平罗工业园区	利用电石炉尾气延长产业链条项目
	电石炉尾气→甲酸钠	牡丹江经济开发区	电石尾气综合利用项目
	电石炉尾气→乙二醇	新疆石河子经济开发区	电石炉尾气综合利用制乙二醇项目
乙炔尾气	乙炔尾气→甲醇→甲醛→1,4 丁二醇	新疆准东经济技术开发区	—
乙炔炭黑	回收氢气	宁夏石嘴山经济技术开发区	乙炔炭黑尾气回收氢气项目
	直接回收	长寿经济开发区	乙炔副产炭黑回收利用项目
PVC 含汞催化剂	回收提取金属汞	新疆准东经济技术开发区	氯碱无汞化生产及副产物资源化利用改造项目
	回收氯化汞触媒	广西鹿寨经济开发区	广西柳化氯碱有限公司电石法 PVC 汞污染综合治理示范项目
双氰胺生产硝基胍废水	生产硫酸钙晶须	宁夏平罗工业园区	利用硝基胍废水建设年产 3 万 t 硫酸钙晶须产品项目

5.11 粮油食品加工产业主导型园区

粮油食品加工业可分为种植业和养殖业。种植业以粮食、水果种植为基础，对粮食产品、水果等进行加工，生产丰富的食品、饮料、酒类等；养殖业以牛、羊、猪、鸡类畜禽养殖为基础，生产肉类、乳制品等食品。本书调研整理了20个工业园区拥有粮油食品加工业，筛选出其中18个产品结构丰富的园区，调研分析其原料、产品、副产品等信息。

种植业的原料种类丰富，大豆、玉米、小麦、葡萄、番茄、蔬菜、茶叶等是食品业选用最多的原料，不同园区的产业特色不同。如贵州地区盛产刺梨和茶叶，刺梨食品、饮品等是主要产品。新疆、宁夏等地区富产葡萄，是葡萄酒、葡萄干等的重要原料；宁夏地区盛产枸杞、红枣。四川泸州地区的白酒（泸州老窖）远近闻名，其高粱酿酒产业发达。而甘肃、内蒙古、宁夏草原地区的畜牧业发达，为养殖业的发展提供了有利条件。不同园区的食品产业结构有明显差异，本书重点调研了食品加工链构建，参考园区情况见表5-23。

表5-23 粮油食品产业产品结构调研分析

类型	原料	产品	副产品	副产品资源加工	园区	备注
种植业	大豆、麦芽	豆油、啤酒	植物油、豆粕、废酒糟	饲料	日照经济技术开发区	
	麦芽、玉米	啤酒	酒糟、玉米秸秆	生物制造、人造纤维板	万州经济开发区	
	葡萄、麦芽	葡萄酒、啤酒	葡萄皮渣、葡萄籽、麦糟、废酵母、CO_2	葡萄籽油、肥料、谷胱甘肽、肥料饮料	新疆兵团石河子开发区	可作为酒水产业链的重要参考
	玉米、大豆	玉米淀粉、蛋白粉、氨基酸、淀粉糖、豆油、豆饼	玉米秸秆、大豆皮	纤维密度板、饲料	宾西经济技术开发区	可作为玉米、大豆食品加工链的重要参考
	小麦	普通面粉、糕点、变性淀粉、功能食品	次粉、麸皮、胚芽	戊聚糖、膳食纤维、维生素E、胚芽油、绿色饲料	甘肃黄羊工业园区	可作为小麦加工产业链的重要参考

类型	原料	产品	副产品	副产品资源加工	园区	备注
种植业	面粉	方便面、挂面	废油		遵义经济技术开发区	
	葵仁、玉米、番茄	葵花油、番茄酱、淀粉、玉米			巴彦淖尔经济技术开发区	
	刺梨、茶叶、油菜	刺梨饮料、刺梨酒、刺梨果脯、富硒茶、菜油	刺梨渣、茶渣、菜籽粕、秸秆	有机肥料、有机饲料、木塑材料	贵州红果经济开发区、贵州西秀经济开发区	
	大米、麦芽、酵母	啤酒	麦糟、酵母泥、CO_2	有机肥、有机饲料、食品级 CO_2	广西-东盟经济技术开发区	可作为啤酒生产链的补充
	玉米、葡萄、番茄、土豆、菌类	淀粉乳、糖、氨基酸、葡萄酒、番茄、土豆粉、薯片、白玉菇、杏鲍菇	胚芽、玉米秸秆、葡萄籽、番茄籽、土豆皮、废弃菌包	生物油、饲料、葡萄籽油、番茄籽油、菌包有机肥	新疆五家渠开发区	可作为大宗食品加工产业链的补充
	高粱	白酒	酒糟	高肽蛋白饲料	泸州高新区	可作为白酒生产链的重要参考
	甘蔗	白沙糖	糖蜜、蔗渣	糖蜜制酒精、蔗渣制浆造纸	广西鹿寨经济开发区	可作为制糖产业链的参考
	玉米、木薯、饮料配料	水产饲料、饲料添加剂、淀粉、酒精、食品添加剂、果汁饮料、功能饮料	酒精渣	发电	南宁经济开发区	
	大米、油茶	高档白酒、食品油	酒糟	生物天然气	霍山经济开发区	
	番茄、洋葱、葡萄、南瓜、蔬菜	番茄酱、番茄汁、番茄红素、洋葱片、洋葱粒、葡萄干、葡萄汁、南瓜粉、南瓜鲜块、南瓜饮品、南瓜挂面、蔬菜粉、蔬菜汁	番茄籽、葡萄皮、葡萄籽、果蔬渣	番茄籽油、葡萄皮红素、葡萄籽油、OPC、有机肥、生物沼气、饲料	张掖经济开发区	可作为大宗食品加工产业链的补充

类型	原料	产品	副产品	副产品资源加工	园区	备注
种植业	枸杞、葡萄、玉米、小麦、蔬菜	枸杞酒、枸杞油、葡萄饮料、面粉	葡萄皮渣、枸杞皮渣	堆肥、葡萄籽油	宁夏平罗工业园区	
	蔬菜、水果、粮食	枸杞、红枣、苹果、面粉			宁夏中宁工业园区	
养殖业	牛、羊	鲜牛肉、牛肉干、熟牛肉、牛肉脯、牛奶、酸奶、鲜羊肉	牛骨、内脏、血浆、奶渣、粪便	软骨素、超微骨粉、蛋白饲料、SOD 硬胶囊、胰酸粉、益脑素原料、干酪素、生物肥	甘肃临夏经济开发区	可作为牛羊养殖、屠宰、加工全产业链的重要参考
	牛、羊	肉制品、羊绒制品、服饰	血液、脏器、骨组织	SOD、骨肽、软骨素、骨胶、骨粉、生物肥料	巴彦淖尔经济技术开发区	
	猪	猪肉	猪血、碎肉、猪粪	猪血回收、碎肉炼油、猪粪有机肥	广西—东盟经济技术开发区	可作为生猪屠宰、猪肉加工产业链的重要参考
	奶牛、肉牛、肉羊、淡水鱼	清真奶制品、清真肉制品、鱼罐头、鱼片、生物制品	脏器、血液、皮毛	血液制品	宁夏平罗工业园区	
	牛、羊	奶制品、牛羊肉、毛条			宁夏中宁工业园	

5.12 林木加工产业主导型园区

（1）林木加工主产品链构建（资源延伸加工）

本书调研分析了 7 个与林木资源加工直接相关的典型案例，园区多集中在广西、安徽、黑龙江等林业资源丰富的省份，整理绘制了林木资源加工产业链图（见图 5-17）。以原木（竹）为资源加工起点，可以构建两条循环产业链：原木（竹）→木（竹）浆→造纸和原木（竹）→锯材→木竹深加工。前者通常直接与造纸产业耦合，形成木竹制品加工循环产业链。如安徽叶集经济开发区建设的原木→木质家具、软体家具、欧式家具、古典家具产业链；牡丹江经济技术开发区构建的原木→胶合板、细木工板、贴面板、建筑模板、装饰地板、集装箱板产业链；以竹品为主要原料的安徽霍山经济开发区构建的毛竹、木竹→竹工艺品、竹制家具、竹制纤维、竹炭产业链。

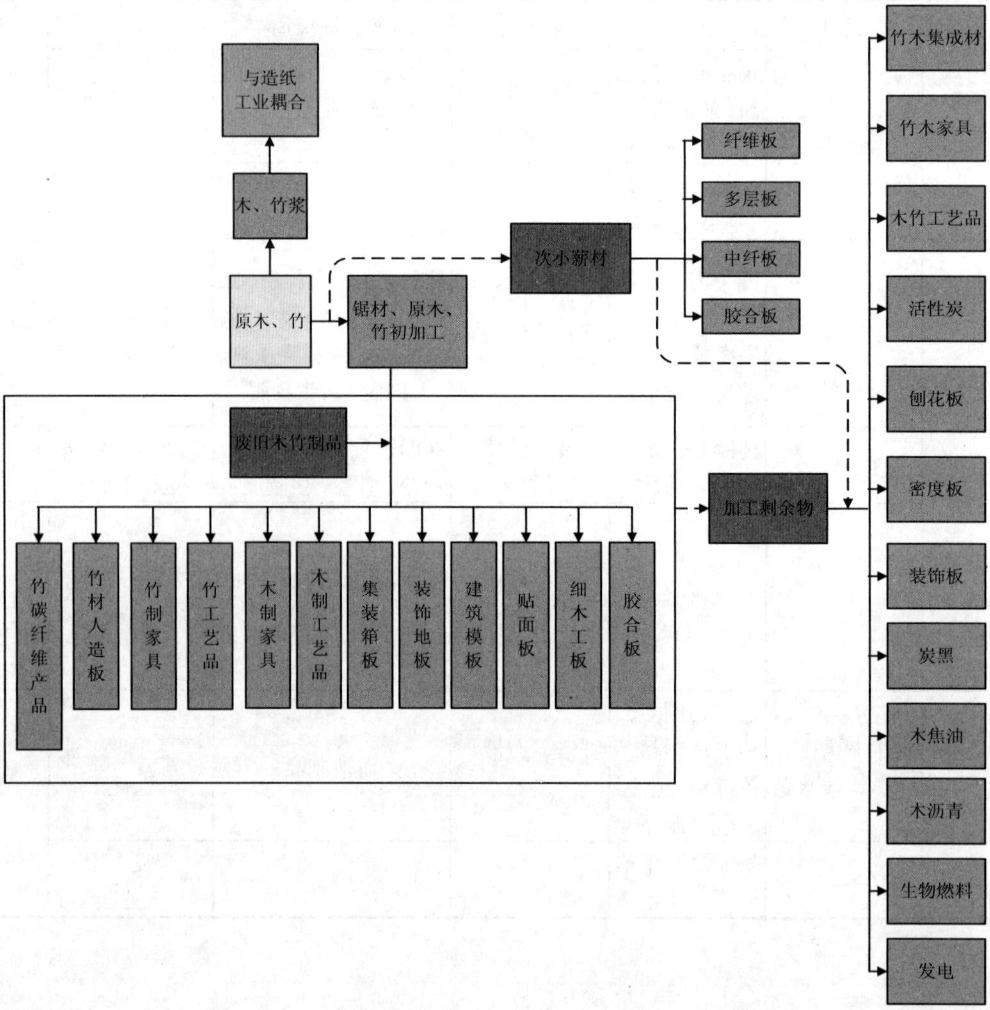

图 5-17 林木资源加工产业链循环化改造

（2）副产品/废弃物共生链构建

对林木加工产业链而言，工业园区最关注的是副产品和废弃物的深加工。通过对原木开采过程产生的一些次小薪材及竹木产品加工过程产生的边角料、剩余物等进行资源化利用，提高竹木资源的利用效率。这些林木剩余物的关键利用路径有 3 条（见表 5-24）：一是制备生物燃料或直接发电；二是对剩余物进行碳化，生产木炭、木焦油等化工产品，这与煤炭焦化工艺相似；三是剩余物回用再加工成林木制品。

表 5-24 林木加工废弃物资源化利用路径

废弃物	利用路径	园区	循环化改造项目
次小薪材	制作纤维板、胶合板	广西鹿寨经济开发区	—
	生产多层板、纤维板	安徽叶集经济开发区	年产 30 万 m^3 多层板生产项目、年产 20 万 m^3 中纤板生产项目
加工剩余物	代替原煤直接燃烧	广西鹿寨经济开发区	广西鹿寨通用人造板有限公司热能中心综合利用木材废料项目
		海林经济技术开发区	木质废弃物综合利用改造项目
	制备生物颗粒燃料	海林经济技术开发区	年产 2 万 t 木质生物质颗粒燃料建设项目
		安徽叶集经济开发区	年产 10 万 t 生物质颗粒燃料项目
	生产活性炭	安徽叶集经济开发区	年产 3 万 t 优质活性炭生产项目
	生产木竹板材	牡丹江经济开发区	林木剩余物综合利用项目
		安徽霍山经济开发区	霍山信安竹科技有限公司年产 8 000 m^3 环保型重组竹材资源综合利用项目、安徽志昌竹木科技有限公司木竹加工剩余物综合利用项目
	生产木竹家具等集成材	广西—东盟经济技术开发区	广西南宁侨盛木业林木加工废弃物高值利用项目
		安徽霍山经济开发区	安徽龙华竹业有限公司年产 10 万套竹木复合重组材家具项目、大别山区毛竹高效产业化综合利用项目
	生产工艺品	安徽叶集经济开发区	年产 200 万件（套）木制工艺品生产项目、年生产 300 万件木制工艺品生产项目、年出口 150 集装箱木制工艺品生产项目
	林木剩余物→碳化→炭黑、生物油	安徽叶集经济开发区	年产 7 万 t 生物质油及 6 万 t 炭黑生产项目
	林木剩余物→碳化→木醋液、焦油、沥青	孝感高新区	—

（3）配套设施

这类园区在配套设施构建上总体还比较少，其中的安徽叶集经济开发区为林木加工产业分别建设了废旧木竹制品回收中心、中国中部林木交易中心和叶集物流园等配套设施。其中，废品回收中心年处理各种废旧模板 10 万 m^3，各种旧家具、旧厨柜等 10 万件，可产再生木材 40 万 m^3；交易中心可实现年交易量 300 万 m^3；物流园内年可运输 120 万 t 木材。这些公共服务项目可为其他以林木资源加工为主导产业的园区循环化改造提供参考。

第6章　装备制造型园区循环化改造路径

装备制造型园区以工业生产的中间体引进为基础，以零配件配套和组装为核心。国家循环化改造样本园区中共有51个试点涉及制造产业，占园区总数的43.6%。制造型产业的范围涵盖矿山机械、海洋装备、航空航天、机床设备、环保装备、汽车制造、客车制造、零部件、家用电器和器具制造、机械再制造等。以4.3.3节提出的园区循环化改造框架为基础，本章调研提出了装备制造型园区循环化改造的共性路径。

6.1　装备制造产业的循环化改造

（1）推行绿色制造

从装备制造的全生命周期出发，在生产各个环节推行“绿色制造”，节约使用资源和提高资源利用效率，以节能、节水、资源综合利用和发展循环经济为重点。

首先，在产品设计上，将数字化制造融入绿色设计，鼓励研发能力强的龙头企业，在产品设计时充分考虑使用虚拟现实技术和绿色设计。通过产品绿色设计、制造及管理过程数字化，提高产品开发与制造能力，减少零件数量、减轻零件重量、采用优化设计等方法，使原材料利用率达到最高，促进生产过程的节能减排。

其次，在原材料方面，优先选择易回收、循环使用以及可降解的材料进行加工，选择无毒、低毒、少污染的原辅材料，以防止原料及产品对人类和环境的危害。而在生产和制造环节，应努力实施企业内部的清洁生产改造。例如，传统的材料切削过程需要使用起到冷却和润滑作用的切削液，而切削废液处理费用高，且对环境产生极大的污染。可以通过提高刀具的硬度和耐用度，采用干切削技术，在切削过程中不使用切削液。又如，在喷涂工艺上建议建设单位涂料使用水性涂料或无苯溶剂，以减少或消除二甲苯污染。可采用静电喷漆或旋杯静电喷漆，从而提高涂料的喷漆效率，减少污染物的产生。汽车和装备制造过程易产生大量废弃资源，对这些资源进行回收和循环利用，也是清洁生产的重要内容。如铸件生产过程产生大量的废砂，十堰经济技术开发区对铸造废砂进行无害化处理、再生利用及以此为原材料生产加气砌块制砖。

最后，应广泛采用建模与仿真技术实现产品设计、工艺设计、加工生产、使用和回收等全过程模拟，将环境因素和防止污染的措施用于产品设计中，优化各有关设计因素，使产品及其制造过程对环境的总体影响减到最小。

（2）完善零配件生产和整机装备产业链

通过调研这51个工业园区的装备制造产业，发现园区构建装备制造循环产业链条时，多数会先以一个或多个整装企业为链核，再引进相匹配的零配件制造企业或销售商，同时回收旧件进行拆解和有价组分的回收循环利用，以构建完整的装备制造循环产业体系。如青岛经济技术开发区依托海尔、海信和澳柯玛等龙头企业，打造的家电零配件→家电生产加工→家电产品→废旧家电及电子产品回收利用→产品的家电制造产业链；红旗渠经济开发区依托林州重机集团打造的矿山机械制造链；临沂经济技术开发区形成的以沃尔沃、临工、山重建机、柳工等企业为龙头，临工金利、三友重工、恒跃齿轮、日本胜代、德鑫机械等50多家企业相配套的设计→零部件生产→配件组装→整机装配→工程机械产业链；天津经济开发区以一汽丰田整车制造为链核，引进汽车零配件生产辅助企业，构建完备的汽车生产产业链；新乡经济开发区依托豫飞重工等重点企业，构建的配套件→装备制造→物流等配套产业链；大东江产业集聚区借力萧山国际机场航空枢纽，形成航材制造、维修服务、配套服务为一体的航空产业链等。

（3）加强装备制造新技术研发

充分结合工业4.0和“中国制造2025”、“互联网+”的国家战略部署，重点发展先进装备制造业，将互联网、大数据、云计算等现代信息技术融入传统制造业。

一是研发装备新材料，为高端制造（如航空航天、精密机床、石油化工设备等）和绿色制造提供原料支持，实现新材料产业与装备制造业的耦合。

二是更新生产和检测设备，改善基础工艺，积极采用自动控制技术、网络技术、数字技术对产品进行技术改造，提升装备制造的自动化、信息化、数字化水平。鼓励企业开展设备智能化提升工程，对生产设备进行自动化改造，满足机械加工企业转型升级的需求。

三是实施机器换人，抓住工业化和信息化“两化”融合及国内工业自动化加速发展机遇，通过国内外机器人及自动化设备制造商的招引，重点发展：以焊接、装备、搬运和喷涂机器人为重点的工业机器人研发制造；以家用和专用机器人为重点的服务机器人；智能化、高集成的物流、化工、食品、加工等领域专用成套智能设备的研发制造，从而打造机器人及自动化装备产业的全产业链。

四是建设产业技术研究院或产业技术创新战略联盟等组织，逐步提升智能制造装备研发能力。积极加强与国内外知名智能装备企业、科研院所和研发机构的技术、项目合作。

6.2 推动再制造产业的发展

再制造以旧的机器设备为毛坯，采用专门的工艺和技术，在原有制造的基础上进行一次新的制造，而且重新制造出来的产品无论是性能还是质量都不亚于原先的新品，让旧的机器设备重新焕发生命活力。与制造新品相比，再制造产品统计平均可节省成本50%、节能60%、节材70%和几乎不产生固体废物。2005年，国务院在《关于加快发展循环经济的若干意见》中明确提出支持发展再制造，第一批循环经济试点将再制造作为重点领域。2009年1月实施的《循环经济促进法》将再制造纳入法制化轨道。

目前，我国建设了长沙、张家港、上海临港等再制造产业基地，同时也是循环化改造试点园区，而且部分综合性工业园区的装备制造产业链也增加了再制造产业的布局。根据装备再制造流程图（见图6-1），推动再制造产业发展应重点推进以下4个方面：

（1）着力打造再制造旧件回收体系

旧件回收是再制造产业的基础，根据旧件逆向物流的特点，可建设可控可管的专业化再制造旧件回收物流中心。一是可以通过培育专门的旧件回收流通企业，与保险公司、4S店、汽车维修厂、汽配城等合作，构建具有较大覆盖面的旧件回收网络，建立科学、有效的旧件回收管理系统，促进旧件高效、合法回收集聚，为示范基地内的再制造企业和国内再制造企业提供满足再制造所需的旧件；二是向消费者回收旧件，扩大再制造旧件回收规模；三是通过向国家发展改革委、商务部等部委申请，积极争取开展进口旧发动机、变速箱及汽车机电产品等业务试点，这可以参考张家港和临港再制造产业基地的经验。

（2）建立旧件集中清洗中心

可以与第三方的环境服务集团合作，共建旧件集中清洗（预清洗）中心，为再制造企业提供旧件集中清洗和预清洗服务，减少示范基地旧件清洗的用水量，减少企业固定资产投资并使废水经过循环处理装置进行无害化处理后循环再利用，实现废水“零排放”，同时满足政府环境监管的需求。

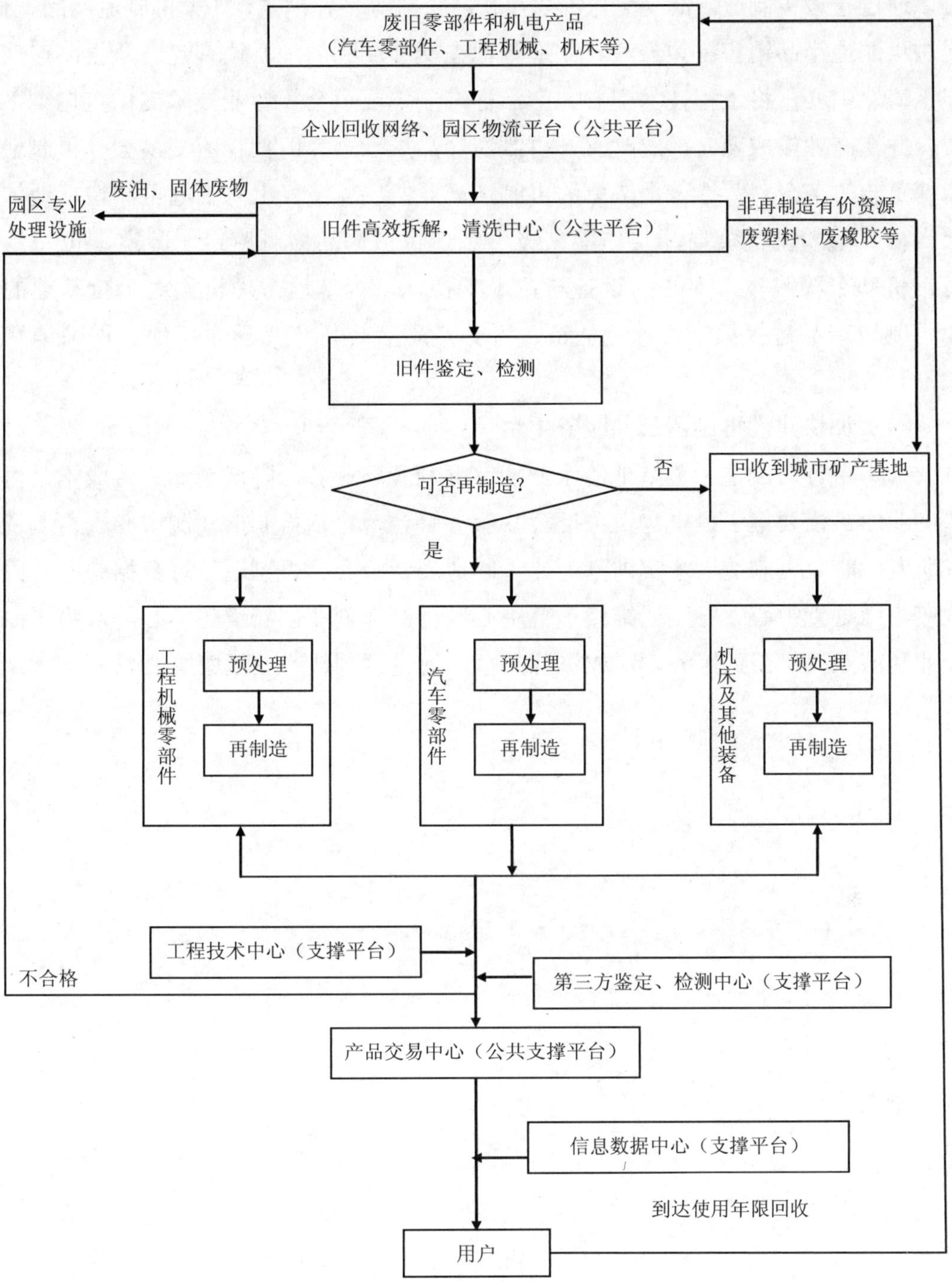

图 6-1　装备再制造循环化改造流程

（3）构建再制造产品销售与售后服务系统

消费者对再制造产业的认识度和接受度还不够，尚未形成再制造产品消费习惯。

可以通过建设再制造产品交易中心、互联网交易等多种模式，扩大再制造产品宣传，促进再制造产品销售。如长沙再制造基地在交通便利的中心位置建一个再制造产品展示博览中心，将工程技术中心、产品标准制定委员会等专业技术支撑机构纳入中心，并在产业较成熟时，定时召开再制造产品展示会、旧件物流交易会、再制造技术博览会等节会，营造一个浓厚的再制造产业发展环境。上海临港再制造基地依托上海出入境检验检疫局，共建国家级再制造机械产品检测鉴定实验室，也得到上海市机动车检测技术中心的设备与技术支持，示范基地管理机构对示范基地的企业再制造产品进行第三方检测认证，并为消费者提供产品质量担保，保障消费者权益。

（4）加快建设再制造公共服务平台

为了保证再制造示范基地的企业能够顺利开展业务，降低企业经营成本，再制造产业通常需要集中投资建设一批公共服务平台，包括再制造检测中心、再制造技术研发中心、再制造人才实训基地、再制造展示中心、再制造信息数据中心、固废危废集中处置中心、再制造维修示范中心、再制造创业创新孵化中心等，为再制造企业和产业提供公共服务，形成资源共享，促进再制造产业健康发展。

第7章 高新技术型园区循环化改造路径

高新技术产业型园区与装备制造产业主导型园区相似，主要通过技术研发，引进上下游配套产业，以构建全产业链和产业集群为重点目标，实现园区产业结构升级转型。国家循环化改造样本园区中共有45个园区涉及高新技术型产业，占园区总数的38.5%，重点涵盖生物医药、电子信息、新能源光伏和新材料四大类。由于新材料产业和化工、电子信息、光伏等产业均可耦合，以4.3.4节共性的循环化改造措施为基础，调研提出生物医药、电子信息和新能源产业的循环化改造路径。

7.1 生物医药产业

完整的生物医药产业应该包含药材种植系统、技术研发系统、药品制造系统、产品服务系统、废弃物综合处置系统等5个系统。因此，生物医药基本产业链可概括为药材种植→药品研发→生物医药→废弃物处置与利用→产业配套。在循环化改造过程中，需要加强上下游分工协作，逐步形成从药用植物种植、医药中间体生产、到医药研发、中试、成药生产等比较完整的产业链条。

药材种植通常需依托开发区所在地的农田、土壤和资源环境特征，确定合适的原料以引进匹配的生物医药产业。如牡丹江开发区以玉米等作为原料生产赖安酸、维C、淀粉、醋酸、醋酸乙烯等生物医药产品；昆明高新区建设了热电药材种植基地、民族药种植基地等；贵州经济开发区以杜仲、太子参、金银花、黄柏和牡丹为原料，发展“中药饮片、中成药及药用消费品”两类产品；张掖市依靠祁连山区一带丰富的中药资源（如羌活、大黄、黄芪、鹿茸、麝香等），成功种植和开发了20多种中成药。

生物药品制造是生物医药产业的核心，调研发现其循环化改造路径和内容主要有两个方面。一是推进工艺改造，实现企业清洁生产。例如，南通经济技术开发区在抗生素生产中，通过工艺创新，使用新型原辅材料，对提取工艺进行改造，减少“三废”排放量。抗生素制造企业，在污水处理过程中，产生大量的可燃废气，经过密闭收集，可以用来发电或产生蒸汽；抗生素生产中的废渣经过烘干后也可以作为燃料或用于生产肥料的添加物。二是加强技术研发，形成产业集聚。引进国内有实力的知名医药企业入驻开发区，打造开发区制药产业龙头，促进药材资源向大企业大集团聚集，提升产业集约化水平，并加强技术研发，推广医药新技术，开发新药品种，提高医药成品附加值。

废弃物处置主要针对药品生产环节产生的废水和生物废渣。其中，对废水污染防治需根据《制药工业水污染排放标准》要求，重点开发水处理单元技术，多功能组合式水处理技术，废水深度处理、净化、消毒技术，再生水处理及其回收利用技术，并引进相应的成套设备等。实现水资源循环利用和“零排放”的目标。生物药渣是优良的有机质，张掖经济开发区对药渣进行回收和再利用，生产有机肥、育苗基质、畜禽饲料和兽药等。

生物医药产业的配套包括新药评价体系建立、物流和销售服务、咨询服务、医药信息平台的建设等。通过技术研发、物流、信息服务平台建设，为生物医药发展循环经济提供强有力支撑。上海青浦工业园的生物医药产业链配套了医疗器械制造、生物医学材料、生物包装等，实现生物医药产业与新材料、装备产业的耦合，这可作为未来生物医药产业链向高值化发展的路径。

7.2 新能源光伏产业

新能源光伏产业的物质代谢规律是单向的（见图 7-1），硅晶电池的生产是产业链最重要的环节。该类型产业园的循环化改造措施与装备制造业主导型园区相似，通常可归纳为以下 3 个主要的方面。

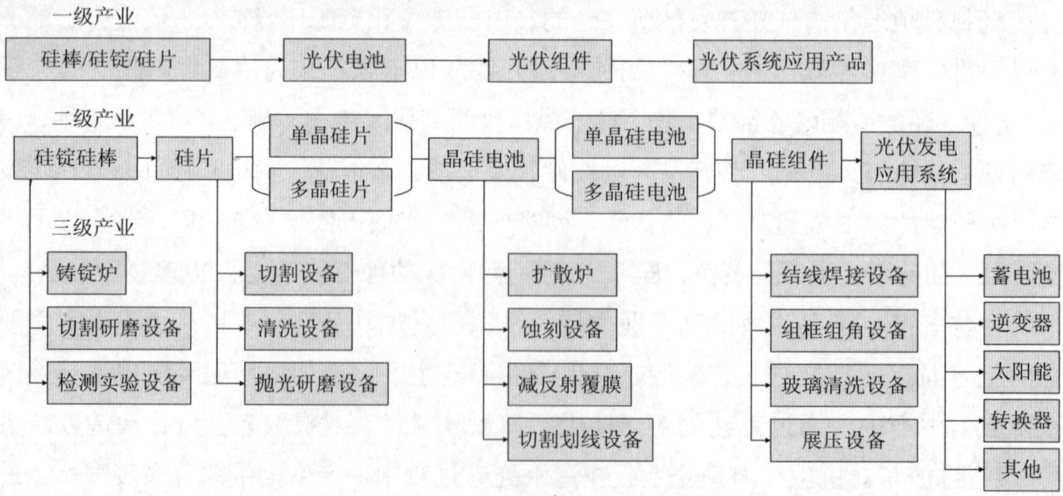

图 7-1 新能源光伏循环产业链

（1）**强化上下游配套，完善光伏产业**

在调研样本园区基础上，本书绘制了光伏等新能源循环经济产业链（见图7-1），园区可以据此通过招商引资完善光伏产业的上下游配套。如南昌高新区内的太阳能光伏企业位于产业链中端，太阳能硅片、电池片制造、光伏产品生产和光伏发电系统等环节较为薄弱。从补链角度，园区规划发展上游硅片、电池片产品，填补产业链环节上游材料的空白，扩大光伏电池芯片和组件生产规模。引进和发展超白玻璃、蓄电池、逆变器、控制器等重点配套产品，着力发展光伏发电系统、通信基站用光伏系统、市政路灯光伏系统等离网发电系统和并网发电系统等应用产品，推进光伏发电与产业链互动发展，构建完整的太阳能光伏产业链。

（2）**加强产业链相关设备和材料的技术研发**

太阳能电池的性能很大程度上决定了光伏产业的寿命，需要做精做强产业链中游，加大对高效低成本晶体硅电池及组件封装工艺关键技术和新材料研发与产业化，提升电池光电转换率。同时，加强太阳能光伏生产关键设备制造，推动太阳能电池用光伏超白玻璃、背板、EVA膜、封装材料、密封材料等配套产业的发展。

（3）**实施晶体硅生产企业的清洁生产改造**

晶体硅电池制造是高耗能和高耗材产业，但当前相关的循环化改造项目和措施较少，大多数园区仍以引进高端产业为主，而忽视企业内部的清洁生产。因此，大力实施清洁生产改造是太阳能产业未来进一步发展的重点。如湖北十堰经济开发区打造的多晶硅料→太阳能电池→太阳能制品→废硅片回收产业链。园区鼓励发展大面积超薄硅片和浆料回收利用技术，加强对熔铸、剖锭及切割等关键技术创新，提高熔锭容量，降低硅片厚度，减少硅料损耗。

此外，部分园区逐渐倾向于发展厂房屋顶分布式光伏系统（见表7-1），充分利用园区企业厂房建筑屋顶空间，铺设光伏发电板，并网发电，降低企业能源消耗。

表7-1　部分厂房屋顶分布式光伏系统项目

园区	循环化改造项目	项目内容
东营经济技术开发区	太阳能屋顶发电项目	采用晶硅电池组件、并网逆变器等设备与器材，生产规模为5 MW（装机容量）
南昌高新区	分布式光伏屋顶电站建设项目	适宜安装分布式光伏发电系统的屋顶面积约为1 500万 m^2。项目装机容量30 MW
淮安经济技术开发区	敏实集团有限公司10 MW（装机容量）屋顶光伏发电项目	平均每年的发电量为1 195万 kW·h，自发自用程度可以达到85.7%
铜川经济技术开发区	20 MW（装机容量）厂房屋顶光伏发电项目	利用20万 m^2 厂房屋面和护坡安装光伏发电系统

园区	循环化改造项目	项目内容
上海临港国家再制造产业基地	厂房屋顶光伏发电项目	装机容量 9 560 kWp，使用太阳能电池组件 367 72 块，年发电量 956 万 kW·h
井冈山经济技术开发区	分布式光伏屋顶电站建设项目	建设 100 个分布式光伏发电规模化应用示范区、1 000 个光伏发电应用示范小镇及示范村
深圳国家自主创新区坪山园区	海科兴战略性新兴产业园分布式光伏发电项目	占用屋顶面积约 6 000 m^2，安装容量为 514.8 kWp
十堰经济技术开发区	工业厂房屋顶建设分布式光伏电站	装机容量 6MW
广西鹿寨经济开发区	3.54MW 屋顶光伏电站金太阳示范工程	利用的屋顶面积 30 903 m^2，装机容量 3.54MW

7.3 电子信息产业

电子信息产业的覆盖领域较广，手机、平板、显示、LED、计算机、电器、车用电子等均属于电子信息产业的范畴。电子产业的物质代谢路径可概括为原材料→集成电路、电子元器件→电子产品配件→终端产品生产，其循环化改造的共性措施可概括为以下 4 个方面。

（1）完善电子信息产业基础零配件生产链

基础零配件主要指集成电路、新型电子元器件、电子产品配件等用于电子产品内部的核心零部件，是生产终端电子产品的上游产业。而电子产品配件的生产也同样是一条集成电路、电子元器件、元件组装的全产业链。大部分以电子信息产业为主导的园区集中在完善这些基础零配件生产链。如潼南经济开发区构建的笔记本电脑液晶显示屏产业链，围绕玻璃基板、彩色滤光片、偏光片、液晶材料、驱动 IC 和背光膜组等原材料生产，引进玻璃基本、背光模组、外框、液晶显示器面板与模组等零部件生产加工企业，推动年产 100 万片液晶显示器导光板项目建设；上海青浦工业园打造的 PCB、电子元器件产业集群；深圳光明高新区构建的平板显示产业链，围绕产业上中下游形成比较完整的产业聚集；东营经济技术开发区通过循环化改造，完善产业配套，引进线路板生产企业、电子元器件的生产厂商和模具生产企业，根据下游企业的需要制造出不同种类和规格的集成电路、元器件，同时向集成电路和电子元器件等企业提供生产中所需的各类模具。

（2）完善终端电子产品生产，实现产业集群发展

通过补链招商，构建电子信息产业从原材料制备→零配件生产→终端产品应用的全产业链。如深圳坪山高新区、鹰潭高新区、南昌高新区打造的LED产业集群，构建上游LED原材料、外延和芯片制造→中游LED封装→下游LED显示应用产业链（见图7-2）。如深圳已经聚集了一大批很具规模的LED生产企业，主要集中在LED封装和应用环节。而上游原材料企业则是坪山自主创新园区重点的招商对象，以形成上下游配套；鹰潭高新区半导体照明企业同样集中于下游应用产品的生产，通过循环化改造引进一些技术含量高的上游和中游企业，从而完善节能环保照明产业链；南昌高新区则在上游LED外延片开发具有生产优势，通过引进大型终端下游产品企业，打通LED下游产品的缺失环节，重点推动LED产品由上游衬底基片向中下游发展以及扩大产品应用领域，提高产业配套能力，打造完整的LED产业链。又如，东营经济技术开发区在完善电子产品零配件生产的基础上，引进便携式计算机、通信产品、家用电器、汽车电子等生产型企业，拓宽园区电子元器件生产企业的下游销售渠道，形成产品间彼此相互依靠的电子信息产业链；天津经济技术开发区依靠三星集团的龙头效应进行上游零配件生产的产业配套，形成三星手机、三星电脑、三星电视、三星照相机等电子产业集聚。

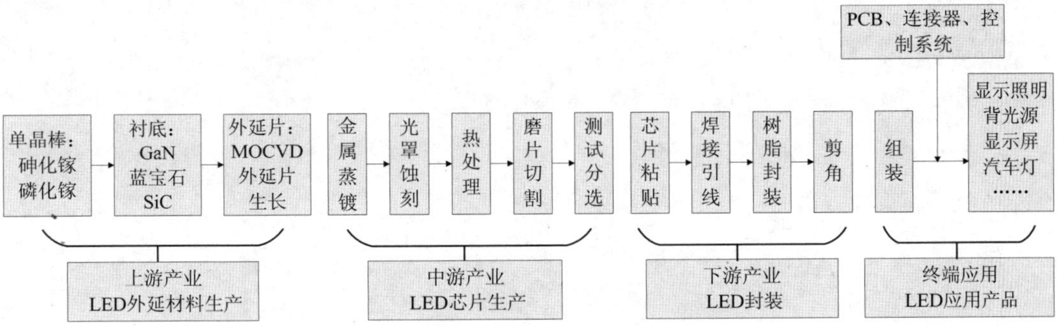

图7-2 LED产业链循环化改造

（3）加强新材料研发，引领电子产业高端化发展

电子产业零部件的上游是原材料的生产，园区通过建设研发中心，创新材料制备，从而为电子产业的技术升级提供保障。如安徽霍山经济开发区围绕磁性材料和稀土材料，研究新型钙系永磁铁氧体、高性能锰锌铁氧体、钕铁硼永磁材料、抗干扰镍锌铁氧体、非晶软磁材料、稀土荧光材料、长余辉稀土发光材料、杂化和纳米混合稀土材料等新材料制备技术，促进安徽电子元器件和照明行业技术升级；江苏邳州经济开发区研发光刻胶制备技术，构建光刻胶单体→感光材料单体→光刻胶制备→晶圆光刻→外延片生长→封装测试的集成电路用电子新材料产业链条。

（4）推进电子信息产业末端废弃物资源化利用

与新能源光伏等高新技术产业相似，电子信息产业的高值化和集群化发展是循环化改造的核心，而产业关联废弃物的资源化利用通常被忽略，这也成为电子信息产业补链的关键。调研梳理出两个典型案例：淮安经济开发区建立了资源回收中心，从含铜污泥、电镀金属废液等电镀废弃物中回收金、银、镍、铜等贵金属，在减少电子信息产业危险废弃物排放的同时实现资源回收利用；天津经济技术开发区也通过引进龙头的废物回收企业，对电子产业废物进行集中回收，对贵重金属进行提取和利用。

第8章　园区循环型基础设施建设及改造

循环型基础设施建设是以园区建设运营全生命周期的生态设计为核心，高标准、高起点规划和建设园区公共基础设施，重点实现园区污水治理、中水/再生水供给、水—热梯级利用、资源回收再生等公共基础设施的共享和集成。基础设施建设项目占118个试点园区改造项目总数的36%，涵盖道路、绿化、污水处理、集中供热、废物处置、公共管廊、仓储物流等方面。本书围绕水资源、能源、固体废物等核心物质的代谢，调研提出3类循环型基础设施的建设和改造措施。

8.1　水资源代谢基础设施建设及改造

水资源代谢的循环型基础设施建设主要涵盖污水处理厂和中水/再生水厂，其循环化改造的重点方向包括：

（1）雨污分流系统的建设

雨污分流是一种排水体制，是指将雨水和污水分开，各用一条管道输送，进行排放或后续处理的排污方式。雨水可以通过雨水管网直接排到河道，污水需要通过污水管网收集后送到污水处理厂，水质达标后再排到河道里，这样可以防止河道被污染。

工业园区建设雨污分流系统，可以将雨水和污水通过管道进行分类收集，收集的雨水一是可以就近排放，减轻污水处理厂运行压力；二是可以进行再生处理。如雨水可以进行过滤和沉淀成为中水，实现园区内水资源的循环再生，这对水资源相对匮乏的中西部地区工业园区尤其具有重要意义。部分典型的雨污分流系统建设项目见表8-1所示。

（2）污水集中处理管网及污水处理厂升级

随着工业园区规模扩大，用水企业不断增多，所产生的废水量也在不断增大。园区需要因地制宜对原有污水处理设施进行升级改造。一是已有污水处理设施不能满足现有的污水排放负荷，需要对原有设施进行扩建和增容；二是随着污水排放标准的提高和环保监测的日趋严苛，需要引进新的污水处理工艺，使出水水质达到更高要求。所申报的全部118个试点园区，均含有1～2个污水处理厂的升级和建设项目。

表8-1 部分园区的雨污分流系统建设项目

园区	循环化改造项目	说明
铜川经济技术开发区	产业园再生水综合利用系统项目	将雨水和污水通过管道收集起来，分类回收利用，最多可提供3.5万m^3循环水
牡丹江经济技术开发区	雨水管网升级改造项目	工程排水体制采用雨、污分流制。新建雨水排水主干管，将雨水收集后排入就近水体
乌鲁木齐经济技术开发区	雨水收集再利用工程建设项目	建设雨水收集系统，将收集的雨水用于城市绿化和景观用水，每年可回收利用雨水资源120万t
贵阳经济技术开发区	开发区园区工业企业雨水利用项目	修建雨水收集管网和利用系统，包含水质过滤净化装置和消毒杀菌装置，用于生产水、绿化、消防、冲厕等，每年可利用的雨水为13万m^3
昆明高新区	污水处理及配套管网建设工程	建设污水处理管网，雨水管网
泉港石化工业园区	雨污分流管网系统	—
北京经济技术开发区	核心区雨水收集利用设施建设项目	增建一批地面雨水收集和调蓄系统、模块化雨水储存系统、输送管网系统和雨水综合利用系统，减少开发区市政供水和高品质工业用再生水等低端用水领域的水耗约500万t/a

（3）中水/再生水回用系统建设

污水处理厂的废水经过二级处理或深度处理后可形成品位更高的再生水，可在一定程度上替代新鲜水，用于生活和工业生产。与海水淡化、跨流域调水相比，再生水具有明显的成本优势。工业园区内建设集中的再生水回用管网（见表8-2），一是可节约企业的运行成本，二是污水再生利用有助于改善生态环境，降低对新鲜水的需求，实现水生态的良性循环。

表 8-2 部分园区的再生水回用系统建设项目

园区	循环化改造项目	说明
鹰潭高新技术产业园区	污水处理厂升级及再生水利用项目	污水处理和再生水处理技术改造，提高再生水品质。再生水可回用于锅炉水膜除尘、车间清洗、厂区绿化、印染和一些特殊产品生产
东营经济技术开发区	滨海新材料园再生水项目	利用已有污水处理厂达标排放的废水资源，深度处理后为周边企业提供优质的循环冷却水，减少园区企业新鲜自来水用量，提高水资源利用率
北京经济技术开发区	再生水厂提级改造项目	增加 MF 及 RO 膜组器、配套附属设备等，达到 5.0 万 t/d 的制水能力，开发区再生水供水总规模达到 13.0 万 t/d
天津经济技术开发区	再生水管网拓展及膜系统改造	开发区东区再生水输送能力将达到 3 万～5 万 t/d
宁波经济技术开发区	岩东再生水青峙片供水工程	形成向青峙化工园区日供水 6 万 t 再生水的供应能力，减少水资源消耗
深圳市高新技术产业园区	年 150 万 t 再生水回用工程	建设污水深度处理后回用工程，回用规模为 5 000 m^3/d
井冈山经济技术开发区	开发区污水处理厂扩建及再生水利用项目	规模为日处理 6 万 m^3，配套建设污水管网 45 km
准东经济技术开发区	污水分类处理优化升级改造污水总处理量 5 000 t/d 项目	建设污水处理厂和再生水厂各一座，年可减少排放污水 182.5 万 m^3，回用中水达 127.7 万 m^3
绍兴滨海工业园区	集中再生水回用管网工程	形成 8 万 t/d 的集中中水回用规模，印染企业中水回用率提升超过 65%

8.2 能源梯级利用设施建设及改造

能源共享设施主要涵盖区域范围内集中供热系统的建设和余热梯级利用管网的铺设。能源共享设施建设的目标，一是实现园区内生产型企业的蒸汽集中供给和推动不同品位余热余压在生产型企业间的多级利用；二是利用园区的生产余热实现对周边居民生活的能源供给，发挥在市政基础设施上的功能替代或互补。

（1）共享式的集中蒸汽供热

实现园区内的蒸汽或能源的集中供给，一是可以解决生产型企业在蒸汽需求上的“各自为战”，取缔小锅炉，降低能源消耗与生产成本；二是改善园区环境质量，减少因大量散煤燃烧带来的二氧化硫、氮氧化物及粉尘污染。实现蒸汽集中供给，主要是通过园区内建设大规模的热电联产厂，在发电同时，余热蒸汽供给区内企业生产。同时，园区可实行“煤改气”或生物能源替代燃煤，改变能源结构，增大清洁能源使用比例。该类项目的实施，需配套供热管网的建设。表 8-3 列举了部分园区的集中供热项目内容及其经济、环境效益。

表 8-3 部分园区的集中供热项目

园区	循环化改造项目	环境效益
台州化学原料药产业园	热电联产和小锅炉改造项目	年供电量 1.71×108 kW·h，提供 1.27 MPa 压力等级的蒸汽，实现园区东区集中供热
铜陵经济技术开发区	循环园热电联产项目	为园区企业提供蒸汽，每年节约原煤总量 541 513 t，折节约标准煤 386 795 t
沧州临港经济技术开发区	新建西区供热中心及供热管网项目	实现集中供热后淘汰 20 台小锅炉，年减少消耗 2.3 万 t 标准煤，实现节能效益约为 2 亿元
石嘴山经济技术开发区	2×330MW 煤矸石热电联产项目	年消化利用煤矸石 150 万 t，拆除城区小锅炉 83 座，减排二氧化硫 1.6 万 t，氮氧化物 6 320 t
湛江经济技术开发区	京信 2×60 万 kW“热电联产”项目	通过蒸汽联合循环对外供热，取代园区内所有小锅炉
钦州港经济技术开发区	蒸汽管道工程	统一建设蒸汽管道工程，促进园区形成集中采热和集中供热的循环梯度利用封闭体系
宾西经济技术开发区	热电联产项目	建设 2 台 1.2 万 kW 生物质发电机组，可节约能源量 3.44×10^4 t 标准煤，减排粉尘 381.2 t，减排二氧化硫 147.3 t
海林经济技术开发区	热电厂一期工程建设项目	实现海林经济技术开发区集中供热面积 434 万 m^2，年节约标准煤 4.16 万 t，减少排放烟尘 2 031 t、二氧化硫 328 t、氮氧化物 108 t
叶集经济开发区	集中供热（小锅炉改造）项目	年可产热力 36 万 t
潜江经济开发区	热电联产项目	与现有企业自建锅炉系统相比提高效率 10%～15%，每年可节能约 10 万 t 标准煤
洋浦经济开发区	洋浦热电联产工程（一期）	建设 2×350MW 超临界双抽供热机组，每年节约标准煤 22 万 t，减排二氧化碳 61 万 t，减排二氧化硫 4 956 t，烟尘 7 040 t
大龙经济开发区	热电联产及集中供汽项目	新建 2×300MW 热电联产车间，副产 280 万 t 蒸汽集中供给
青浦工业园区	青浦工业园区能源供应中心项目	每年减少二氧化硫排放 180 t，减少粉尘排放 150 t
丽水经济技术开发区	杭丽热电集中供热二期项目	年节约原煤约 15 万 t，减排二氧化硫约 1 810 t
十堰经济技术开发区	京能十堰热电联产项目	形成 500 t/h 以上工业供汽和 800 万 m^2 以上供暖能力，每年将减排二氧化硫 8 516 t，减排粉尘 4.8 万 t
南昌高新区	航空城集中供热系统建设项目	新增蒸汽供能面积 150 万 m^2，年可节约标准煤 5 万 t、减排二氧化碳 12 万 t、二氧化硫 5 t

（2）余热余压的梯级利用

针对上游企业在利用高温高压蒸汽进行生产后，所释放出的未被利用的中低温或中低压蒸汽、废气等，一是可以作为下游生产企业的能源再利用，从而提高能源利用效率，节约原生资源消耗；二是可以通过管网对周边的居民实现供热，构建区域内的能源梯级利用网络。但是余热余压利用过程存在如下问题：一方面，不同企业之间对余热品位的需求可能很难完全匹配；另一方面，由于蒸汽在管网运输过程中存在能量损失，形成能源共生体的企业也一定程度上受到距离限制。上述问题都是循环化改造推进实施过程中必须考虑的因素，部分已规划或实现了余热余压梯级利用的案例和园区见表8-4。

表8-4　余热余压梯级利用项目案例

园区	循环化改造项目	说明
铜陵经济技术开发区	经济开发区焦炉煤气与蒸汽管网建设项目	以园区焦化企业的焦炉煤气和废热蒸汽为热源，为周边和经济开发区企业供热
沧州临港经济技术开发区	煅烧焦余热利用项目	项目每年副产100万t蒸汽，通过管道供给开发区企业金牛化工公司或周边企业，每年可以利用副产蒸汽100万t，年可节约原煤16万t
钦州港经济技术开发区	副产蒸汽综合回收利用项目	回收园区化工企业的废热蒸汽，回送至园区蒸汽管网，根据余热的品质，按照温度高低顺序不同按阶梯供园区其他企业利用
天津经济技术开发区	6MW炭黑尾气发电及脱硫项目	利用前期工程（6万t/a炭黑工程）排放的可燃尾气（497 kcal/m^3）作为热源，建设炭黑尾气余热发电项目，同时外供蒸汽
广安经济技术开发区	广安发电厂余热余压综合利用项目	利用电厂中低压蒸汽余热，为园区企业集中供热，可减少企业锅炉2个以上，每小时节约标煤308.64 t，减排CO_2气体排放709.87 t
广州经济技术开发区	西区余热东输锅炉替代集中供热项目	设计输送蒸汽的压力1.6～1.8MPa（G）、温度290～300℃、最大蒸汽流量286.0 t/h
日照经济技术开发区	凌云海糖厂水循环利用余热利用	回收了生产过程蒸汽热量，用于城区供暖。年节约标准煤6.52×10^4 t
白银高新技术产业开发区	刘化、银光余热综合利用项目	充分利用两大化工企业的余热为园区项目提供热源和蒸汽，集中供热，每年能减少能耗1.2万t标准煤
长寿经济开发区	长寿经开区化工新材料区余热综合利用管道项目	新建蒸汽管道共3.8 km，为沿线企业集中回收约80万t蒸汽，年节约标准煤2 280 t
常宁水口山经济开发区	园区余热收集与集中利用项目	利用园区铜矿冶炼企业的余热锅炉产生的低压蒸汽作为汽源，实现园区内集中供热，年节约标准煤5.37万t

8.3 固体废物处置设施建设及改造

园区建设固体废物集中处置设施，便于统一管理和污染控制。园区往往通过第三方处置公司对园区废物集中回收、分拣、处理处置和再生利用，提高园区的物质利用率。

园区固体废物集中处置设施可以分为两类。第一类是针对园区生产型企业产生的各类型废弃物进行独立处置或资源化利用。如安庆高新技术产业园区、珠海经济开发区、重庆潼南工业园区等部分工业园主要针对危险废物建设集中焚烧设施；湖南衡阳松木工业园区主要针对区内电子废弃物建设的集中拆解和处置中心；长沙再制造基地主要针对园区再制造企业的特点，建设旧件集中拆解清洗中心；贵阳经济开发区、宾西经济技术开发区、海南洋浦经济开发区等部分工业园主要针对园区污水处理厂的污泥建设的污泥处置线；西宁（国家级）经济技术开发区主要针对园区矿产开采产生的大量尾矿，建设了尾矿处置场。此外，绝大部分开发区都建设了针对工业固废的集中焚烧厂或处置场等。天津经济技术开发区这一类设施的建设较为全面和完善，其对区内所有类型的废弃物均引进了第三方处置和资源化利用。园区内有 8～10 家专门回收和处置大宗废弃物（包括废金属、废纸张、废塑料等非金属废物）、1 家处理电子类废弃物、1 家处理污泥类废弃物、1 家处理废油和含油废弃物和 1 家处理危险废物的公司（本书第九章的产业共生信息平台中将详细介绍）。

第二类固体废物集中处置设施与社会公共服务协同共生处置社会废弃物（如生活垃圾、餐厨垃圾、建筑垃圾等）。如昆明高新区的生活垃圾收运工程；德阳经济技术开发区、海林经济开发区的海林市生活垃圾处理工程；遵义经济技术开发区的生活垃圾、餐厨垃圾、建筑垃圾的再生利用项目；深圳市高新技术产业园区的餐厨垃圾收运、无害化处理及资源化利用项目；贵州西秀工业园区的餐厨垃圾资源化综合利用项目；浙江吴兴工业园区、青岛经济技术开发区、鞍山经济开发区的建筑垃圾回收利用等。这类设施最大限度地发挥了基础设施的公共属性和支撑能力，降低了企业成本，解决了城市废弃物，形成了良好的生态循环体系。

第9章 园区循环化改造信息化管理平台开发及案例

9.1 信息流在园区循环化改造中的作用

园区循环化改造的核心是物质、能量和信息的集成。信息流作为纽带，统筹园区物质代谢、能量代谢等关键要素，支撑园区企业、产业链的循环经济建设。同时，信息共享也是园区运行管理的重要机制。因此，需要开发园区循环化改造信息化服务工具，实现信息流的集成共享，也是国家园区循环化改造的重要任务。

园区应该建设完善的信息交换系统，或建立信息交换中心，这是保持园区活力和不断发展的重要条件。园区内各企业之间有效的物质循环和能量集成，必须以了解彼此供求信息为前提。园区循环化改造也是一个逐步发展和完善的过程，需要信息化的服务支持。当前园区信息不对称给循环化改造带来诸多问题：

（1）企业发展：一是企业技术人员往往对最新的行业发展动态把握不准确、企业管理者也对清洁生产和技术升级方向的了解不充分，造成工艺优化选择困难；二是由于企业间的信息流不畅通，企业对自身产业相关的产品、副产品和废弃物可能的流向无法了解，企业间业务拓展的需求无法满足，阻碍了企业的协同发展。

（2）产业链的构建：目前园区大多属综合性产业园区，涵盖多种资源和产业类型，原料/产品/副产品种类往往繁多。园区管理者一是对产业布局和对应产业链的延伸和拓展很难有宏观的把握，二是对园区范围内潜在的企业间共生的潜在机会无法全盘掌握，造成对产业链的延伸、共生链设计、招商引资方向均缺乏明细的规划路径。

（3）园区的管理：首先，物质代谢管理是园区的核心任务之一，而全面的物质流统计和分析必须通过信息抓取来实现；其次，由于大部分园区目前缺乏完备的物质代谢统计，这使得对循环化改造的核心指标，尤其是资源产出率指标的计算往往出现较大偏差。

因此，需要通过互联网平台去整合数据、资源和信息，为企业、产业链和园区三大主体在循环化改造过程中提供信息辅助和决策支撑。信息技术在园区产业共生等管理应用也是园区循环化改造的重要任务之一，国家发展改革委对试点园区的验收考核中也包含对信息平台、物质流管理平台建设的约束性要求。

9.2 国内园区信息化管理平台建设现状及评价

大样本调研发现，部分园区循环化改造试点都已经开展了公共服务平台的建设，全部园区循环化改造实施单位的重点建设任务中，均包含对园区公共服务平台项目建设的要求，平均每个园区的平台建设规划投资额都超过 1 000 万元。然而，调研发现，大多数信息化服务平台仍然没有发挥实际的管理作用。

例如，江苏省在信息平台建设的探索上可以说启动比较早，2015 年 5 月实现以省级循环经济公共服务平台为核心，各园区循环经济公共服务平台为支撑，构建全省统一的循环经济公共服务平台网络。该平台包括了一个数据中心、两大服务平台、三大服务体系、七大功能板块，采取多部门协同、市场化运作。平台作为省级层面的产业共生及废弃物交换交易体系，利用互联网集成了技术服务商、金融服务商、咨询机构、专家等资源，力图实现城市间、园区间、企业间在循环经济发展领域的信息互通、资源共享及废弃物交易交换，为园区和企业循环经济发展提供一站式、集成化的解决方案。然而由于后台缺乏管理算法和基础数据的支撑，产业共生服务和循环链条招商等关键功能模块设计未能实现，运行 3 年来总体效果差强人意，信息化平台以静态信息的展示功能为主，难以提供循环化改造所需的有效的管理支撑和企业服务，难以满足园区循环化改造公共服务平台的功能要求。例如，江苏淮安经济开发区循环经济公共服务平台（见图 9-1）展示了园区改造历程和产业链现状，设计了物质流管理、指标核算、招商引资等功能模块，以成效展示为主。江苏邳州经济开发区循环经济公共服务平台（见图 9-2）设计了废物交易模块、园区主要产业、产品技术目录和废弃物交易信息，但并未看到实际数据支撑和正常运行。

图 9-1　江苏淮安经济技术开发区循环化改造公共服务平台

图 9-2　江苏邳州经济开发区循环经济公共服务平台

虽然在园区循环化改造信息化平台建设已开始探索，并积累了一定经验，但实际调研主要存在以下 3 个共性问题：

（1）平台服务功能缺失。这是目前绝大多数平台的最核心问题，园区信息化平台往往只是政策、新闻的综合信息发布系统，或者是园区废物交易系统，缺少针对循环化改造三大功能主体（企业、产业链、园区）管理服务功能。平台建设多以自上向下对企业进行管控、监督为主，没有为企业循环化改造服务的内容（如缺乏企业循环化改造的工艺技术对接、废物/副产品交换、扶持政策等信息支撑），产业链缺乏产业共生算法和辅助决策（如对标管理、产业共生、建链补链的决策指导），园区水、能和物质代谢核算以及资源产出率计算支撑的管理服务功能不具备，使得多数平台建成之后缺乏数据和足够的用户，未能正常运行。

（2）平台的用户体验差。主要表现在，线上的信息填报（如生产信息，废物交易信息）系统往往环节复杂且繁琐，往往需要专业人员进行填报，部分信息也需要人工更新，使用平台加重企业负担，信息化并没有减轻人工管理负担，反而新增不少平台运营维护的工作量，使得管理者实际使用的积极性不高。

（3）平台的可视化效果较差。平台对园区物质流统计和产业链展示往往是清一色的平面直线图，缺少形象化、图形化的表征（如国际通用的桑基图），因此无法实现物质流向的监测、评价和动态管理。

9.3 新一代信息化管理平台开发

新一代的园区循环化改造服务平台应以信息流为纽带和支点，统筹和支撑园区物质流（代谢）、能量流（代谢）、价值流的优化，实现园区整体代谢效率提升，真正推动大数据和互联网技术在园区循环化改造中的应用。

（1）实现信息平台的辅助决策功能。应从园区自上向下对企业进行行政管理和监督的管理型平台，向自下向上地为企业服务和园区提供管理决策的功能型服务平台转变。搭建的重要任务应围绕企业、产业和园区三大主体，通过信息技术、数据挖掘技术和功能算法，分析企业和园区物质代谢规律，真正打破不同企业间、产业链间以及企业与园区间的物质信息壁垒，为企业和园区提供智能化的循环经济建设决策，成为园区循环化改造的重要工具，从而提高平台用户的活跃度。

（2）可视化效果突出。体现“改造实施—效果评估—管理决策”等全过程形象化、图形化的展示和表征，改变以往单一的线条图展示，展现园区循环化改造具体措施和建设项目对园区整体成效的支撑，从而也便于园区考核验收的成果展示。

（3）用户体验友好。需改变传统大量的信息表格的填报和录入方式，尽可能减轻企业端用户填报信息的困难程度，增加用户使用平台的便捷性，这也是提高平台活跃度的途径之一。

9.4 应用案例：清华大学及天津经济技术开发区产业共生服务平台

9.4.1 天津经济技术开发区循环化改造公共服务平台开发历程

天津经济技术开发区（Tianjin Economic-Technological Development Area，TEDA，

中文音译“泰达”）坐落于天津东部，距离天津的中心商业区约 45 km，距离北京城 130 km。TEDA 作为综合性工业园区成立于 1984 年，成立之初为中国首批国家级经济开发区。2011 年，TEDA 形成了以 8 大功能性产业园区、313.45 km^2 面积和 2.48 万常住人口的大型工业园。园区涵盖了 8 个核心产业，分别是电子信息、汽车制造、装备制造、石油化工、生物医药、食品加工、航空航天、新能源和新材料，八个产业的工业总产值占区域内 GDP 的 80%。2011 年，TEDA 获批成为国家首批园区循环化改造试点。

TEDA 从 2010 年开始致力于推动园区内企业间的产业共生行动。2011—2013 年，园区依靠 TEDA 低碳管理中心，共组织了近千家企业的线下产业共生对接会，形成 99 个典型的产业共生案例，为园区的循环经济建设打下了良好的基础。2013 年园区搭建了产业共生信息服务平台并上线运营，该平台主要对园区内的废旧资源进行了详细分类，配有企业线上填报和交易系统（见图 9-3），但运行过程中平台活跃度一直维持在较低水平。2015 年，天津泰达低碳中心与清华大学循环经济产业研究中心、北京中清循环科技有限公司合作，拟联合重塑平台的建设理念，打造新一代功能型服务平台，提高平台的服务管理功能和线上活跃度。

图 9-3　天津泰达产业共生信息服务平台

9.4.2 平台建设技术路线

平台紧紧依托企业、产业链和园区三大核心功能主体，通过数据采集层、算法层和系统集成层实现（见图 9-4）。

首先，数据采集是平台实现功能价值的基础，通过企业基础生产信息填报构成企业数据库，同时依托智能抓取技术，构建技术库、政策库、项目库和对标库等，作为后续为企业和园区提供辅助决策的数据支撑。

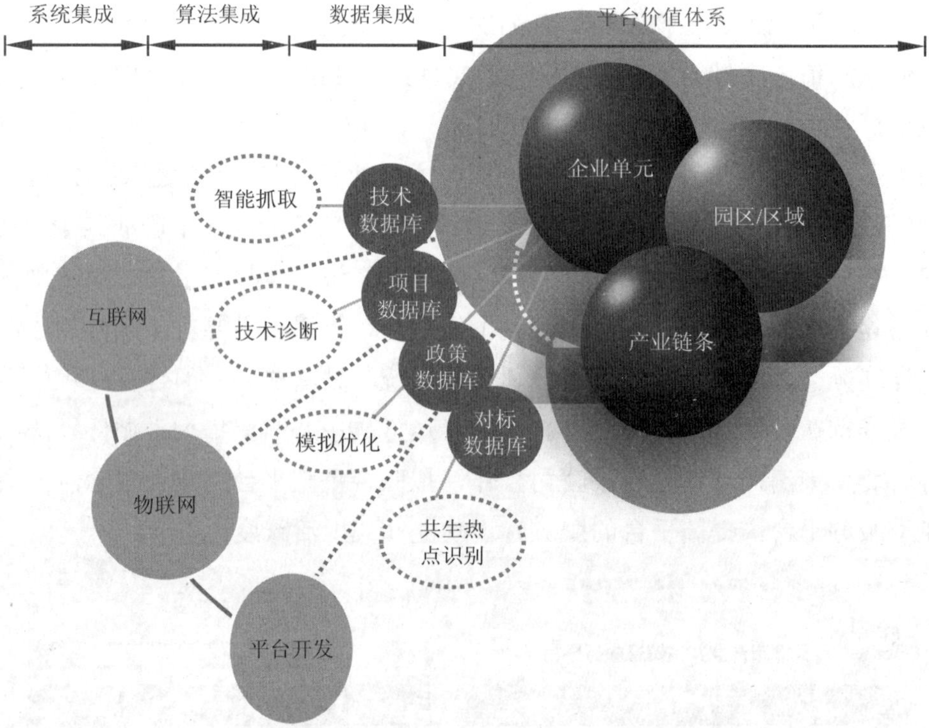

图 9-4　新一代园区循环化改造公共服务平台建设路径

其次，是算法集成，平台通过导入通过核心功能算法（包括产业共生热点识别算法、物质代谢分析算法、迭代算法、指标算法等），对企业和园区填报的基础信息进行运算和分析，进而为企业和园区提供诸如技术诊断、共生识别、模拟优化等核心辅助决策功能。最后，通过互联网、物联网集成，完成平台开发和运营。

该平台的核心价值体系在于依托了先进的信息化技术，并通过企业单元数据的积累和挖掘，以及循环化改造技术信息共享和产业共生服务等功能性算法，完善园区循环化改造的信息流，打造自底向上的功能服务平台，实现对园区、企业两大主体推进循环经济发展的辅助决策。

9.4.3　平台功能构架

平台设计企业信息管理、产业链展示、物质代谢核算、共生热点识别和指标核算6大核心功能模块。其中，企业信息管理模块以底层的企业数据库为基础搭建，企业信息填报系统应以后续的辅助决策服务为出发点，一方面，按照物质代谢要素，收集企业的基本生产信息；另一方面，收集这些生产信息的来源和去向，为后续企业间共生潜在机会识别和产业链延伸决策提供数据支撑。同时，要突出友好的用户体验，在设计上提供标杆模板支持企业二次修改过程的简化和便捷。

产业链展示分为动脉（生产型）产业链和静脉（废物回收型）产业链，通过丰富的数据展现形式，实现突出平台可视化效果的设计理念。物质代谢核算模块以企业信息管理模块中企业单元的数据为基础，实现了园区物质代谢和资源产出率的统计，通过桑基图展现分部门的代谢结果，并区分物质、水资源的代谢模块。指标核算模块是为园区循环化改造的指标统计服务，通过导入相关计算方法，尽可能实现核心指标的智能计算，从而节省人力和降低管理成本。

共生热点识别是平台的核心决策功能模块，按照产品、副产品/废弃物和水三个要素区分子模块。通过导入自主开发的产业共生模型和算法，园区管理者对可参与园区各产业产品链延伸的潜在企业实现搜索和识别，从而可以聚焦并组织具备实施产业共生潜力的企业，从而提高管理的精准性和降低协调成本；企业用户可根据自身发展需要，高效快速寻找上下游产品/副产品/废弃物利用的共生合作伙伴，并可以实现不同共生合作伙伴选择的初步评估。

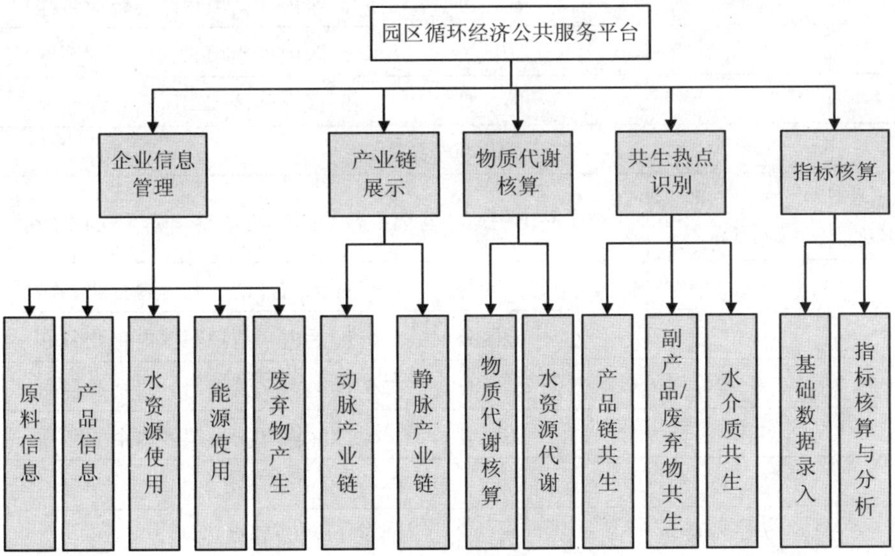

图9-5 园区循环化改造公共服务平台构架

9.4.4 数据准备

9.4.4.1 数据收集

构建企业单元的物质代谢数据库是自底向上管理服务平台建设的基础，也是企业信息管理功能模块的数据来源，因此清华大学对天津经济技术开发区的核心企业开展了历时半年大规模的数据调研。开发组设计了针对园区企业的物质代谢调查问卷（见表 9-1），共发放问卷 120 份，从产品、副产品、废弃物、水—热等物质代谢要素出发，收集核心生产型企业的生产数据，包括原料种类、数量、来源，产品/副产品产量、去向和废弃物产量、去向等。回收有效问卷 90 份，涵盖了园区核心产业企业，以及污水处理厂、再生水厂、热电厂等基础设施相关企业。

表 9-1 天津泰达园区循环化改造基础数据调查

<table>
<tr><td colspan="5">原料类</td></tr>
<tr><td>主要原材料名称</td><td>年投入量（t/a）</td><td colspan="3">原料来源（勾选；若来自园区内，请填写企业名称）</td></tr>
<tr><td></td><td></td><td colspan="3">○ 园区外　　○ 园区内（请填写区内企业名称）</td></tr>
<tr><td></td><td></td><td colspan="3">○ 园区外　　○ 园区内（请填写区内企业名称）</td></tr>
<tr><td></td><td></td><td colspan="3">○ 园区外　　○ 园区内（请填写区内企业名称）</td></tr>
<tr><td></td><td></td><td colspan="3">○ 园区外　　○ 园区内（请填写区内企业名称）</td></tr>
<tr><td colspan="5">产品/副产品类</td></tr>
<tr><td>主要产品/副产品名称</td><td>年生产量（t/a）</td><td colspan="3">产品出售地（勾选；若给园区内企业，请填写企业名称）</td></tr>
<tr><td></td><td></td><td colspan="3">○ 园区外　　○ 园区内（请填写区内企业名称）</td></tr>
<tr><td></td><td></td><td colspan="3">○ 园区外　　○ 园区内（请填写区内企业名称）</td></tr>
<tr><td></td><td></td><td colspan="3">○ 园区外　　○ 园区内（请填写区内企业名称）</td></tr>
<tr><td></td><td></td><td colspan="3">○ 园区外　　○ 园区内（请填写区内企业名称）</td></tr>
<tr><td></td><td></td><td></td><td></td><td></td></tr>
<tr><td>固体废物</td><td>是否为危险废物（勾选）</td><td>年产生量（t/a）</td><td>生产过程是否循环利用（勾选）</td><td>废物的去向</td></tr>
<tr><td></td><td>○ 是　○ 否</td><td></td><td>○ 是　　○ 否</td><td></td></tr>
<tr><td></td><td></td><td></td><td></td><td></td></tr>
<tr><td></td><td></td><td></td><td></td><td></td></tr>
</table>

9.4.4.2 数据整理和分析

按照产业、原料、产品/副产品、废弃物、水—热等要素，对企业填报的数据进行聚类和分类整理，同时制作物质的单位转换表，并以企业为单元绘制产业链图。其中，产业和物质聚类平台数据结构的是核心，平台企业信息管理、产业共生识别、物质流管理等功能，都将以既定的产业和物质聚类规则为基础进行划分；绘制的循环产业链图可以作为程序开发人员的参考，通过程序人员的信息化技术处理后，以更形象化的展示形式出现在平台中。

（1）产业聚类

按照天津经济技术开发区的核心产业进行聚类，分为电子信息、汽车制造、机械装备、食品和包装、生物医药、新能源和新材料、化工和其他八大类。

（2）原料/产品/废弃物聚类

根据收集的各企业原料、产品、废弃物信息，按照物质属性聚类：原料分为9大类（见表9-2），产品分为9大类（见表9-3），废弃物分为5大类（见表9-4）。

表9-2 原料聚类表

一级	二级
有机	ABS 树脂、聚丙烯、聚酰胺、聚碳酸酯、硅胶、聚偏氟乙烯、玻璃纤维、POM M90-44、WK3068、GFABS-30BK100J、PDLE LD605、环氧树脂胶块、双酚A型环氧树脂、双酚A型环氧树脂固化剂、E 玻璃纤维、晶坯、PET、聚己内酰胺切片、聚苯乙烯、环氧树脂、环氧硬化剂、塑料粒子、泡沫板（聚苯乙烯）、天然橡胶NR、合成橡胶BR、树脂原料、聚苯乙烯、聚丙烯、POM、HIPS、PP、环氧树脂、PVC原皮、橡胶、树脂颗粒、聚酯多元醇、聚二苯基甲烷二异氰酸酯、聚醚多元醇、木浆、Bico、SAP、氨纶、稀释剂、PVDA、离型剂、涂料、油漆稀释剂、柴油、液压油、醋酸丁酯、二甲苯、甲苯、二苯基甲烷二异氰酸酯、甲苯二异氰酸酯、苯乙烯、甲苯、戊烷
金属	镍块、锡球、锌块、铜管、铜带、不锈钢带、锡膏、钢材、铅、镍带、含铝导热粉、金属件、镨钕金属、钢管、铝锭、锌丸、电解铝、硅、铜、废钢、铝水、钢板、圆钢、铁质盘条、金属钢棒、铣铁FCD、铜钴合金、金属粉
非金属无机物	砂子、高岭土、纳长石、球黏土、板材、木材、油漆、防锈涂漆、纸板、缓冲材、氯化钠、稀硫酸、氰化银钾、石墨、锂钴氧化物、铬酐、镍溶液、溴丙烷、炭黑、铬酸酐、矿石粉、无水铬酸、油墨、水性油墨、四氯化钛、氮气、N550 炭黑、碳酸钙、BC3L/AW、PP黑色母、氧化铝、氧化钙
食品原料	大豆、水、白砂糖、茶叶、原料油、面粉、奶粉、砂糖、大豆分离蛋白、淀粉、牛肉、食用油脂、蛋液、葡萄籽、苹果皮渣汁、魔芋粉、变性淀粉、DD油
药用原料	水解蛋白、葡萄糖、蔗糖
能源原料	煤、原煤、工业用水

一级	二级
包装材料	纸箱、瓶盖、瓶标、牛皮纸、原纸、PE 纸、PET 聚酯切片
机械/装备零配件	玻璃视窗、表盘、底盖、齿轮、前面板、玻璃板、晶片、透明 EVA、铝制外壳、铝制桥箱、油泵、铝合金框架、焊锡丝、钢板件、铸铁件、预喷涂板材、连杆毛坯、铸铁件、阀体、塑料壳、铝支架、注塑件
电子零配件	PCB 电路板、喇叭、线材、插针、支架、素子、芯片、二极管、电视机/显示器、前后框、电视机/显示器 PANEL、LCM 液晶显示屏、混合集成电路、LCD 及组件、电子 ASSY、机构 ASSY、晶片、线路板、开关二极管、显示屏、IC、成像器、玻璃、线路板、印刷电路板、集成电路

表 9-3　产品聚类表

一级	二级
食品	豆油、豆粕、电解质补充饮料、果汁饮料、茶饮料、饮料、人造奶油、冷冻面团、大豆钛粉、变性淀粉、方便面、饼干类、糕点类、糖、冰淇淋、谷物早餐、植物提取物、魔芋制品、纯化魔芋粉
包装	PET 瓶胚、PET 瓶、瓦楞纸箱、塑品容器、纸品容器、塑料膜印刷、纸袋
化工	蒸汽、空气、电镀铬、镍片、镀镍钢带、钕铁硼成品、导热类材料、注塑件、无尘纸、Corecell 核心蜂窝、Kitting 套材、PET、锦纶长丝 DTY、空气包覆纱、聚苯乙烯泡沫保温板、玻璃纤维保温棉、干混砂浆黏合剂、环氧主剂、环氧硬化剂、中空纤维膜组件、1 号标准铜、氧化钴、聚醚多元醇组合料、异氰酸酯组合料、电子塑料、炭黑、树脂、聚苯乙烯珠体（可发性）、天然橡胶、乙丙橡胶、丁晴橡胶、组合聚醚、聚氨酯树脂、硫酸、混配土、洗涤添加剂
医药	安福隆注射液、安福隆喷雾剂、酶制剂、天然维生素 E、植物甾醇、脂肪酸甲酯
建材	卫生洁具、实木家具、油漆涂料、木器漆、塑料漆、铝酸盐水泥
电气	阻燃 1/2 电缆、阻燃 7/8 电缆、超柔普通 1/2 电缆、电位器、触控板、VC 阀门、数字温控器、PVC 胶带
电子电器	U 盾、服务器、空调部件、手机耳机、半导体分立器件、光电子器件、电子元件、成电路引线框架、发光二极管、背光组件、电视机、显示器、LCM、手机摄像头、数码相机、锂离子电池、监视器模块、三星手机、LED 照明灯具及装置、灯具、LED、半导体元器件、电子琴、手机显示屏、机芯、一体机、手机外壳
车载零件	汽车用仪表、汽车片簧、汽车导航仪、铅蓄电池、电子燃料泵、自动变速器、自动变速器外壳、桥箱、油泵、门框、天窗、门锁、车身及安全 BC、混合动力 HEV、信息娱乐智能通信 IC、汽车组合仪表、汽车冷冲压模具、树脂型模具、铸造型模具、汽车铁覆盖件、子午线轮胎、模具表面处理、铝合金轮毂、A356.2 铝液、AS7G03、ADC12 铝锭、汽车稳定杆、行李箱扭杆、制动器铸件、ZR 型发动机、轿车、汽车涂料
装备/配件	齿轮、前面板、冲压件、2.5MW/2WM 风电叶片、1.5MW 风电叶片、太阳能组件、模具、减速机、齿轮及齿轴、箱体、钢件、铸件、电梯、钢结构、维护系统（彩钢板）、曲轴、连杆、风机结构件、执行器、电焊条、镀铬硬导杆、研磨导杆、蘸火导杆、机电零件、纸制品、缓冲制品、油箱、消音器、仪表板、拖拉机、装载机、挖掘机、柴油发动机、墨盒壳体、电机壳体、刹车油壶、刀片、钻头、挤出杆、蓄电池外壳及上盖

表 9-4 废弃物聚类表

一级	二级
非金属废物	废塑料，废包装，废纸张，废木屑，包装废物，木托盘，工业垃圾，废木材，废 PVC
金属废物	废铁，废铜，废铝，含铅废料，废电池，镀锌钢管，不锈钢管
生活源有机废物	污水处理厂污泥，生活垃圾
电子类废物	废显示屏，FPCB，B/E，IC，电脑部件，电脑部件，锂离子电池，PCB 板，打印机，废电路板边角料，废电路板
危险废物	含油废物，废切削液，废机油，废矿物油，废冷却液等（按国家危险废物名录进行，不一一列举）

（3）物质单位转换表

开展物质代谢核算、分析和资源产出率指标的计算时，原料消耗量、产品产量均是以标准吨为单位进行计量。然而，由于园区产业结构复杂，大量的原料输入量和产品输出量是以其他单位计量（如个、件、米等）。若要求企业在填报生产信息时，物质消耗和产出量换算成标准吨，则增加了企业工作人员的填报负担，而且可能降低数据的准确性。因此，对非标准单位的换算系数进行查阅和整理，嵌入至平台后端，这样企业只需按照其常用的填报习惯填报即可，系统将自动换算成以吨为单位的物质消耗和产出量。需要指出的是，各项换算系数是开发组通过行业专家咨询、文献资料和工业数据库调研等方式获得的，表 9-5 列出了园区部分原料和产品的物质单位转换系数。

表 9-5 部分物质单位转换系数表

物质属性	名称	企业惯用填报单位	转换系数
原料	铁板件	张	0.009
	金属卷材	万根	300
	铸件	个	0.01
	连杆毛坯	支	0.003
	阀体	个	0.001
	塑料壳	个	0.000 5
	纸板	万 m^2	4.68
	液压油	m^3	0.8
	纸箱	个	0.000 5

物质属性	名称	企业惯用填报单位	转换系数
产品	自动变速器	个	0.07
	桥箱	个	0.005
	汽车冷冲压模具	套	15
	铸造型模具	套	140
	子午线轮胎	条	0.005
	曲轴	件	0.007 5
	缓冲制品	m^3	200
	PET 瓶	万只	0.036
	阻燃 1/2 电缆	km	0.25
	半导体元器件	千个	0.001
	中空纤维膜组件	万 m^3	200

（4）产品链示意图

汽车产业和电子信息产业是天津经济开发区的两大核心支柱产业，也是产品/副产品等物质代谢要素交换的重要产业，本书以这两个产业为例展示产品链。两大产业的工业总产值之和占全区总产值的 42.4%，其中仅汽车制造业的产值就占全区的 17.2%。通过调研企业间的产业关系，可以绘制出以一汽丰田汽车和三星通信为核心的产业结构图（见图 9-6）。

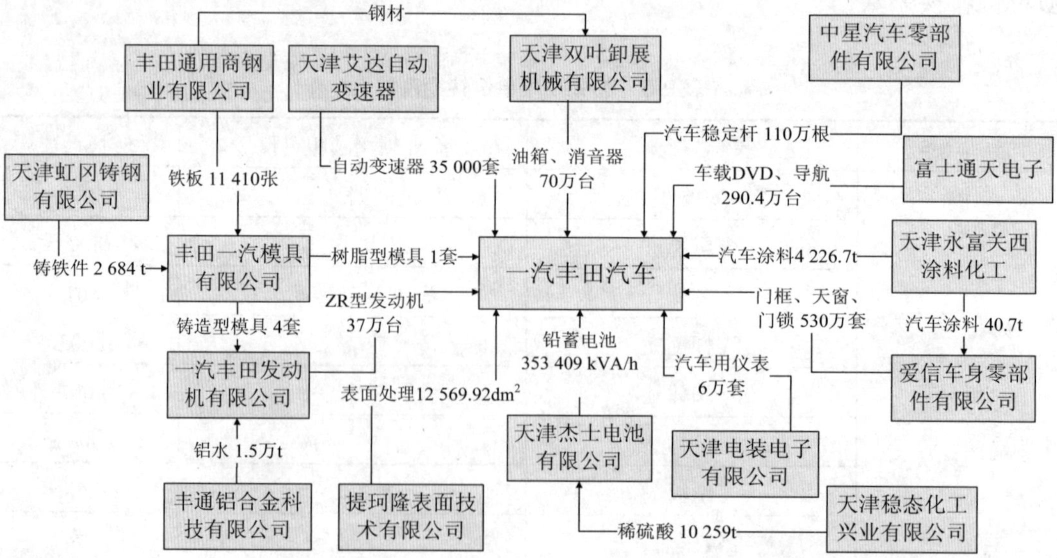

（a）

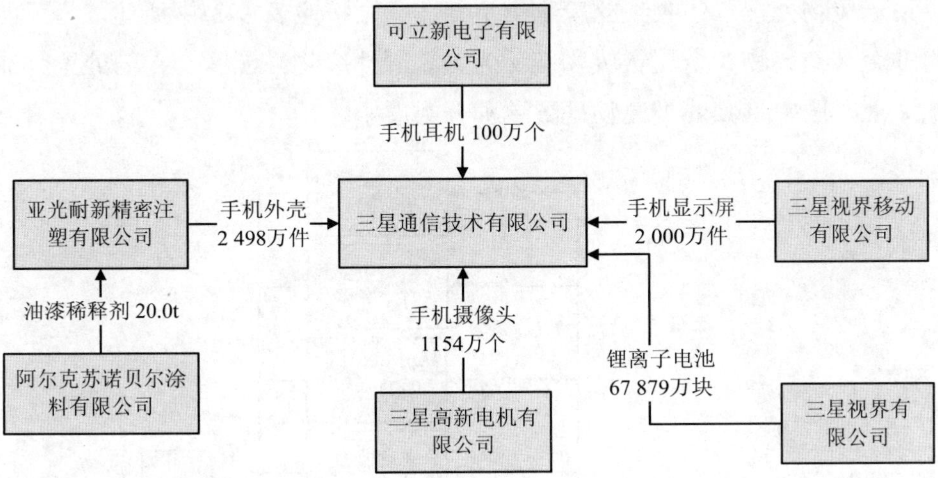

（b）

图 9-6 以一汽丰田和三星通信为核心的产品链

可以看出，这是以龙头企业为链核的产业集聚效应所带动和形成的。其中，以丰田汽车厂为核心，形成了包括汽车发动机、汽车电子、汽车零配件、汽车模具、轮胎、涂料等在内的完整的上下游产业链和产品链。于是，不仅产生了汽车制造产业内（丰田汽车与零配件企业）的产品链，而且形成和不同产业之间物质关联，如汽车制造产业和电子产业（天津杰士电池、富士通天电子、电装电子）间、汽车制造产业和化工产业（永富关西涂料、提珂隆表面技术、稳态化工兴业）间。相比之下，电子产业虽然产值高（占全区总产值 25.2%），但产品结构较为分散，包含了通信、显示器、电子元器件、视听设备等。产业集聚效应相比汽车较弱，以手机为核心产品的三星通信技术有限公司更多的是与三星集团内部的其他企业发生物质交换，其次是与电子和化工企业（阿尔克苏诺贝尔、亚光耐新精密注塑等）发生产品链接。在平台的循环经济产业链模块中，这些链接关系以更具象化的展示形式出现。

（5）废弃物集中处置示意图

园区各产业链末端排放的废弃物是整个物质代谢环节的关键节点之一。天津经济技术开发区对于废物的回收和管理出台了诸多创新的政策和法规，并对园区内的固体废物种类进行了严格的分类管理和回收，引进了相对应的回收和处理企业，实现园区固体废物的集中处置和资源化利用。其中，佛强再生资源中心、合佳威立雅危险废物处置中心，均是园区循环化改造的重点投资项目。开发组调研了园区废弃物集中处置模式（见图 9-7），发现废弃物分类与前述的物质聚类（见表 9-3）略有不同。由于废物处理单位收集的废物类型并非完全按照表 9-3 中所述，为了便于展示，将非金属类废物和金属类废物统称为大宗固体废物。园区有专门处置废油类废弃物的企业，图中将废油类废物处置单独分类展示。

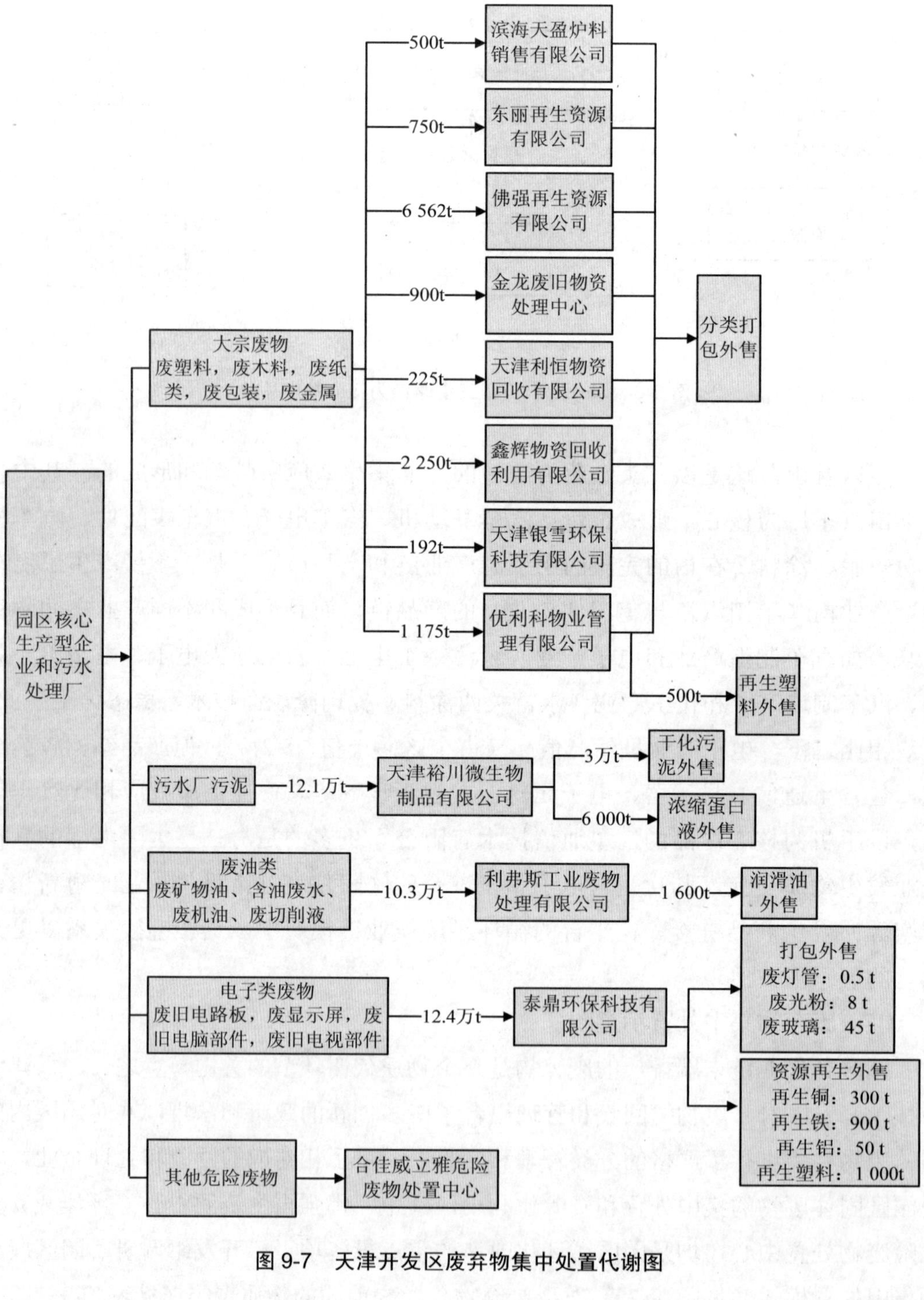

图 9-7 天津开发区废弃物集中处置代谢图

园区每年产大宗固体废物近 1.5 万 t，占总废物产生量的 4.1%（总量不包含危险废物）。由于大宗废弃物种类多且繁杂，园区共有 8 个主要的利废企业参与回收，回收模式主要是分类、打包后进行外售。除大宗固体废物外，电子废物、废油、污泥类废物具有不同的再生利用模式。其中，电子类废物是园区每年产生量较大的部分，大约占 34.2%，主要由泰鼎环保科技将电子废弃物破碎分选，并回收有价金属，每年可生产并外售再生金属 1 250 t。利弗斯收集园区废油和含油废水类废物（占 28.4%），用于生产再生润滑油。裕川微生物主要利用污水处理厂的污泥（占 33.3%）生产浓缩蛋白液。园区通过引进的废旧资源再加工企业，在优化废物流的同时变废为宝，生产高附加值产品，提高资源利用效率。

（6）水—热代谢示意图

公共基础设施是园区开展水气热等资源共享和集成的重要支撑。其中，污水处理厂是每个工业园区必备的基础设施，通过新建或融合已有的废物处理单元和热力、电力单元，依托水质差别化需求、水基础设施建设和产业间共生关联，推行水梯级利用、循环利用和再生回用。调研获得了开发区水—热资源代谢情况（见图 9-8），其结果以数据拓扑的形式出现在平台的物质代谢模块中。

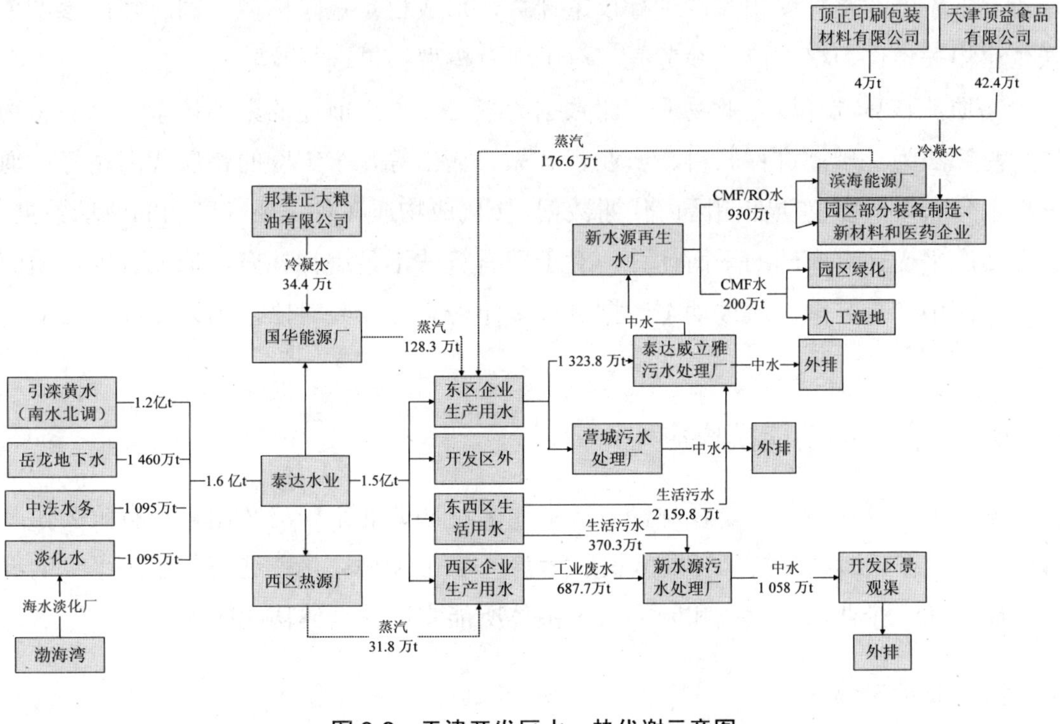

图 9-8 天津开发区水—热代谢示意图

通过图 9-8 可以看出，东区生产型企业的污水集中至两大污水处理厂。其中，威立雅污水处理厂的出水部分供给新水源再生水厂生产再生水。园区年生产再生水 1 130 万 t，其中 17.7%用于园区的绿化和人工湿地景观，高品质的 RO 水主要用于滨海能源厂生产蒸汽和装备、材料、医药等产业企业用于生产，实现了“生产和生活污水—污水处理厂—再生水厂—再生水回用”的循环利用模式。而西区企业的生产用水主要集中于新水源污水处理厂处理，出水用于园区绿色景观渠。以再生水的年产量和威立雅污水处理厂年处理污水总量之比来计算，园区的再生水生产效率达到 32.4%；西区的中水利用率达到了 100%。在冷凝水回用方面，园区目前形成了食品行业和能源厂之间的水—热梯级利用模式，3 家食品和包装产业的冷凝水回用至国华能源和滨海能源两大热能厂，用于蒸汽生产，年可减少新鲜水消耗 80.8 万 t。

9.4.4.3 算法集成

基于上述的企业底层数据，通过功能算法集成，可以有效实现平台的辅助决策功能。核心算法主要在于产业共生热点算法和物质代谢分析算法。

产业共生热点的识别是以企业生产数据为基础，分析上下游产业链相关性。以行业分布相关性、产品相关性和原料相关性等三个维度为主要计算基础，针对核心企业上下游产业链扩展相关性进行权重计算，形成权重矩阵模型，同时辅助参考关联企业相关性作为权重校验参考值，对于现有模型结果进行校验。

物质流核算同样以企业物质代谢数据为核心，导入前述的聚类体系，以静态物质平衡算法为基础，进行原料、产业、产品、输出等几个维度的物质代谢精算，通过权重分布矩阵将物质在园区内代谢数据，转化成物质在各主要维度间的流动数据，配合动态平衡计算和辅助平衡计算，对于现有算法不足进行补充，形成合理物质流运算平衡项计算方法。通过动态数据进行多年份累计校验对比，确认相关算法的有效性和可靠性。

9.4.5 平台核心功能模块应用

本节通过介绍清华大学循环经济产业研究中心、北京中清环循科技有限公司联合开发，已在天津经济技术开发区投入运营的 TEDA 循环化改造公共服务平台的界面，展示其对企业、产业链和园区三大主体所能实现的具体功能应用。

9.4.5.1 企业主体

针对企业主体，平台引入了个性化的信息填报模板和企业产业共生搜索匹配算法，在提高平台便捷度、增强用户体验的同时，实现企业上下游循环经济链条可拓展企业合作伙伴的快速搜索。

（1）企业数据填报系统

图 9-9 为企业生产信息填报界面，以原料信息填报为例。前期对已有企业的数据调研和原料聚类的一级和二级结果（见表 9-1）出现在原料信息填报系统中，企业用户可直接点选原料名称和类型，原料的数量、单位和来源则需进行手动填写，其中单位只需填报企业的常用单位信息即可。如果有新的企业进驻，或企业使用了新的原料，则只需第一次填报，数据库自动存储和更新，第二次依旧点选即可。产品信息、产废信息、水和能源的使用等与原料信息相似，均嵌入了相应的聚类系统（见表 9-2、表 9-3），这种填报方式大大简化了填报流程，减少人力成本。目前平台已经集成了 100 多家关键企业的基本生产数据信息。

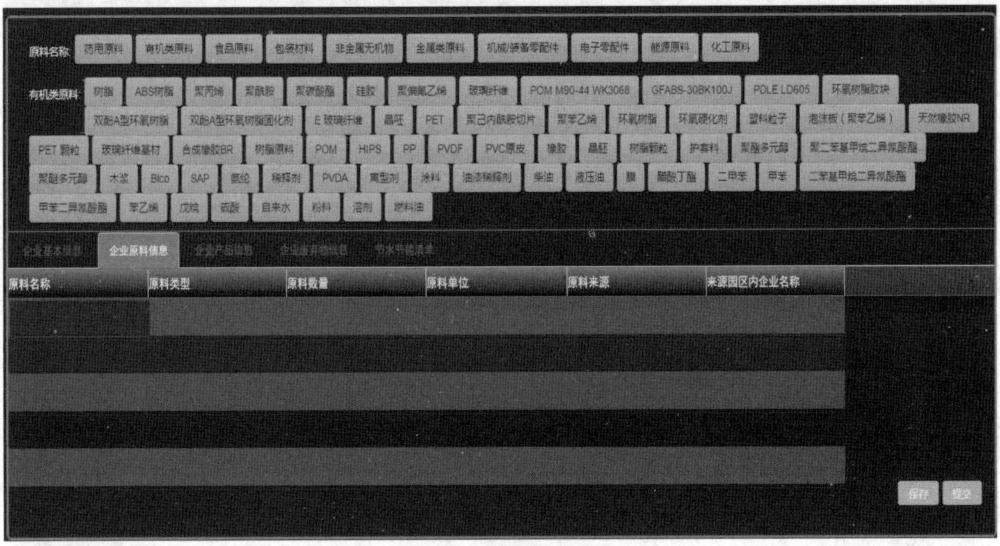

图 9-9　企业生产原料信息填报界面

（2）企业产业共生搜索和匹配

系统集成了所有填报企业的生产信息数据库，通过嵌入共生匹配算法对企业的产业链信息进行智能匹配。企业 A 在填写了生产信息后，可以直接点击共生热点模块，可筛选出园区内可为 A 企业提供原料或可消纳 A 企业产品的其他企业。例如，从平台园区 PPG 化工公司的匹配结果（见图 9-10）可以看出，PPG 公司作为“源”企业，其主要产品溶剂和油漆目前出售给园区内的约翰迪尔（天津）有限公司，而园区内的其他 4 家企业（“汇”企业）也需要溶剂和油漆作为生产原料，但目前这 4 家企业的原料采购由于信息不对称及管理问题均来自园区外企业。据此共生热点识别，PPG可以与这4家潜在共生企业联系，拓展PPG下游产品链和销售渠道。该功能模块通过为企业提供决策服务和有价信息，提高平台的功能性，提升企业用户使用平台的兴趣。图9-11是PPG潜在共生搜索结果的地图展示形式，通过多样化的展现方式，使搜索结果更加可视化。

图9-10 PPG公司的上下游可拓展用户的列表显示

图9-11 PPG公司的上下游可拓展用户的地图显示

9.4.5.2 产业链展示

产业链展示模块结合了产业和物质一级聚类结构，底层企业数据库和电子地图功能，可对园区的各动脉产业链和静脉产业链进行筛选和展示，园区的产业结构和产业链条显得一目了然。

平台识别出来的园区汽车制造产业链图（见图 9-12）表明，园区所有与汽车制造相关的企业均会出现在屏幕中。同时，已经发生原料/产品交换等产业关联的企业间通过红线相连，这是 9.4.4 节中所述的产品链示意图的空间展示。与此同时，平台还可以通过平台的聚类（弹板），筛选其他产业类型，实现多重筛选。如选择“汽车制造+有机类原料”，则地图上显示使用有机类原料进行生产的汽车制造类企业。

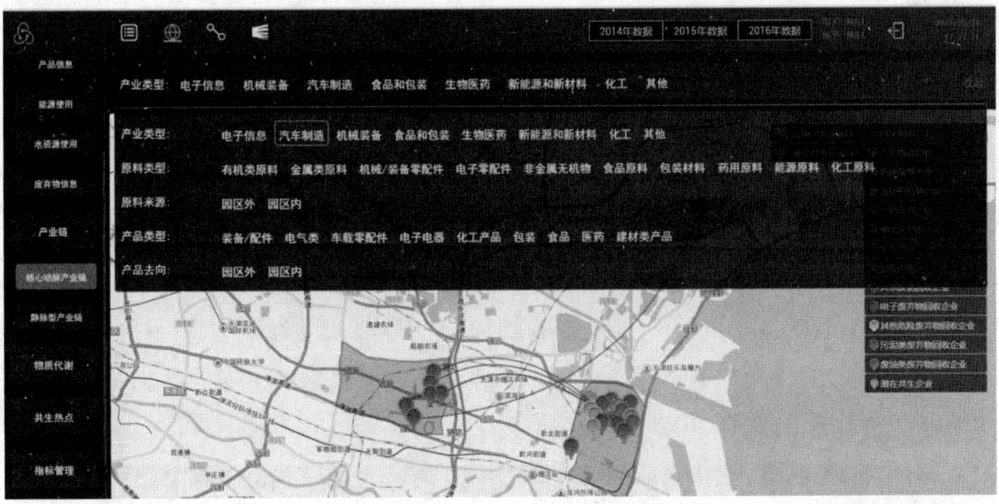

图 9-12 汽车制造产业链图

园区静脉产业链（见图 9-13）以企业为单元，将各企业的废弃物流向在地图上以空间方式展示，园区内的核心废物回收企业在地图上以不同颜色的 mark 标识。与动脉产业链类似，嵌入了废弃物一级聚类结构和企业数据库中的废弃物流向，可以实现单维和双重筛选。如选择“非金属废物”，地图能显示产生非金属废物的生产企业和相应的回收型企业。

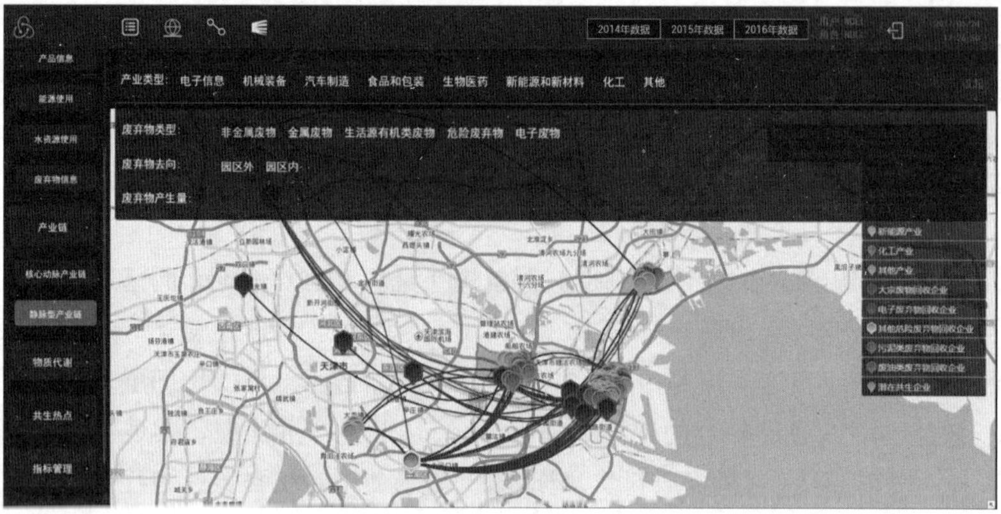

图 9-13　园区静脉产业链图

9.4.5.3　园区循环化改造管理

园区循环化改造管理是平台需实现的核心功能，通过集成所有信息填报企业的基础数据库，可以实现园区整体的项目过程管理、物质代谢管理和指标管理。

（1）企业循环化改造管理

系统按照原料、产品、水、能源、废弃物等物质代谢要素，实现了对企业信息进行分类管理，图 9-14 展示了园区企业的原料信息管理界面。该模块同样集成了物质的一级聚类结构，可实现产业类型和原料类型的筛选和查阅，便于管理者对园区的企业生产信息和循环化相关基础资料进行检索管理。

图 9-14　园区企业原料信息管理界面

（2）园区产业共生热点统计

以企业用户底层信息为基础可以开展产业共生热点搜索，在园区管理者界面集成了园区所有的潜在共生热点，按照产品、副产品/废弃物和水三大要素分类统计，展示形式有列表形式（见图 9-15）和地图空间形式（见图 9-16）。相比动脉产业，园区静脉产业的潜在共生机会较多，通常工业园区内生产型企业依然有大量的废弃物没有参与集中回收体系。园区管理者通过搜索和匹配结果，可针对性地开展线下的产业共生交流和企业服务活动。

图 9-15　园区动脉产业链的潜在共生热点列表

图 9-16　园区静脉产业的潜在共生流向图

（3）园区物质代谢管理

物质代谢管理是园区物质消耗、资源产出率核算的基础，通过企业填报的生产信息，可以自底向上构建物质代谢管理模块。平台按照物质和水（热）两大要素分别进行核算，图 9-17 是园区总体物质代谢的桑基图，图 9-18 则是按照物质分类后（非金属无机物类原料）下一级的物质代谢图。

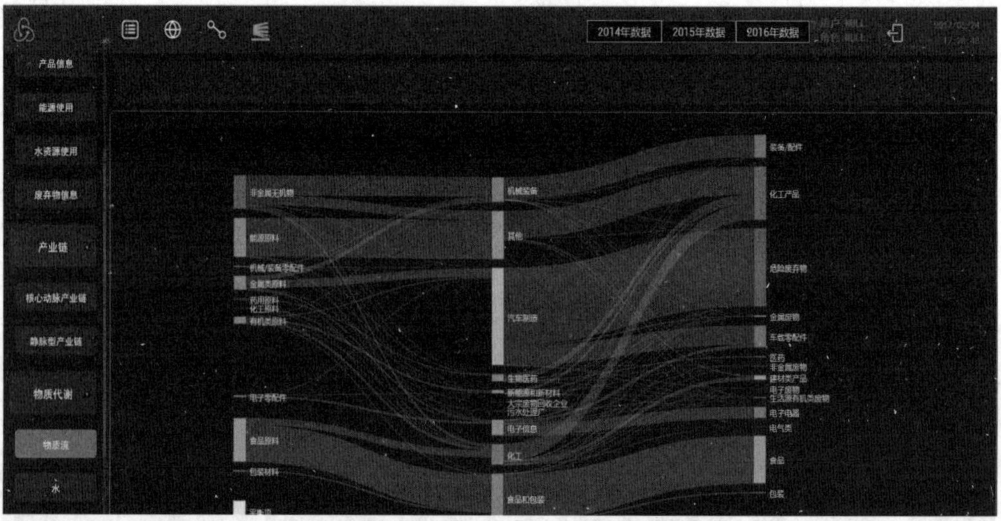

图 9-17　园区物质代谢桑基图

图 9-17 左边是园区的物质消耗列，按照原料聚类的一级结构出现；中间栏是产业栏，按照产业聚类出现；右边是产品和废弃物列，按照产品和废弃物聚类的一级结构出现。通过物质代谢桑基图，可以看出某一类别的原料进入园区后，具体流向了哪些具体产业，以及产出的产品和排放的废弃物情况。图 9-18 是对非金属无机物类原料二级展开后的物质代谢效果图，可以清楚看到每一种二级聚类下的原料流向。同时，中间产业栏也可进行二级展开，可从微观层面追踪原料流向的具体企业；产品栏也可进行二级展开等，这里不再赘述。图 9-19 展示的水代谢拓扑图，9.4.4 节中的水—热资源代谢示意图在本平台是通过计算机编码技术自动生成的。对不同类型的水源（如自来水、污水、中水、再生水等）和企业通过不同形式的 mark 来标识。

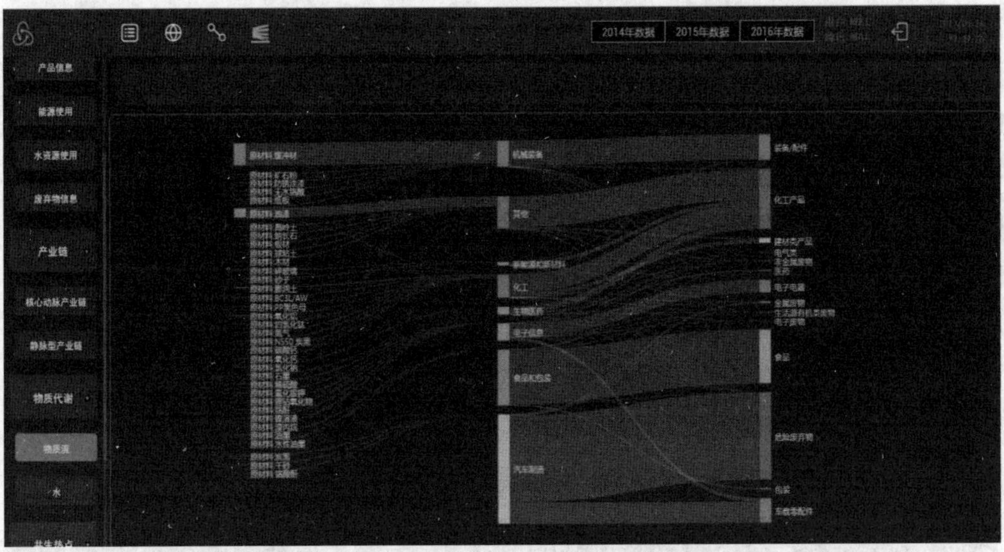

图 9-18 非金属无机物类原料代谢桑基图

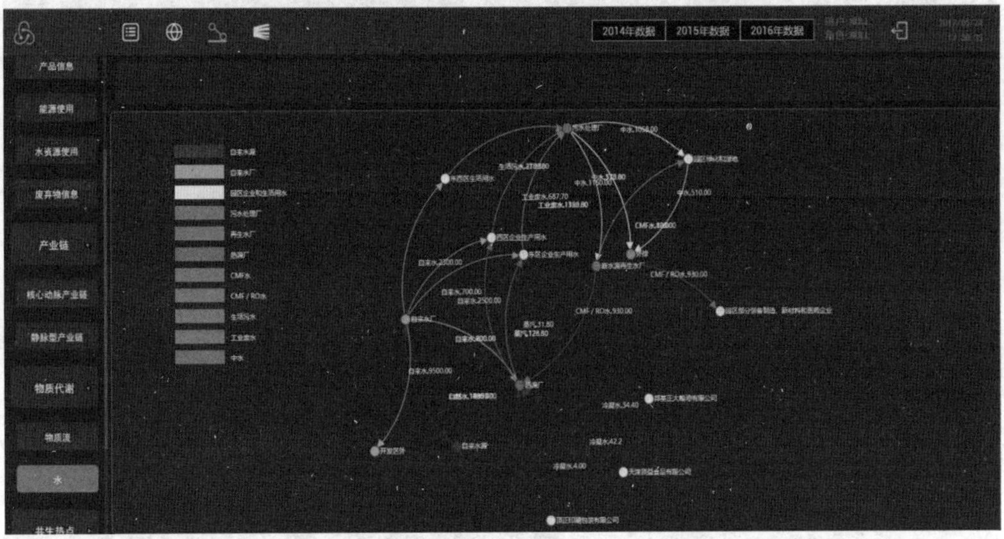

图 9-19 园区水—热代谢拓扑链条展示

（4）指标核算系统

系统已导入 20 多项园区循环化改造指标的计算方法，园区管理者输入一些基础性数据（如 GDP、园区土地面积等）后，平台利用集成的算法可以自动计算出结果（见图 9-20）。这一模块对于类似资源产出率等人工计算有一定技术难度的指标尤为重要，可以解决管理者在园区循环化改造考核、验收等环节的工作难题。以资源产出率为例，平台可以国家发展改革委提供的标准化算法，基于企业和行业自底向上的数据集，双击指标后不仅实现了自动计算，并可显示指标逐年的变化情况（见图9-21）。系统目前集成了 50 个园区循环化改造试点的指标平均值作为参考，将园区设定的最终目标作为目标值，系统核算之后可以看出当前园区的资源产出率水平（和平均值相比），以及与本园区目标值的差距，同时可以开展不同园区循环化改造试点之间的横向比较。

图 9-20　园区关键指标计算结果列表

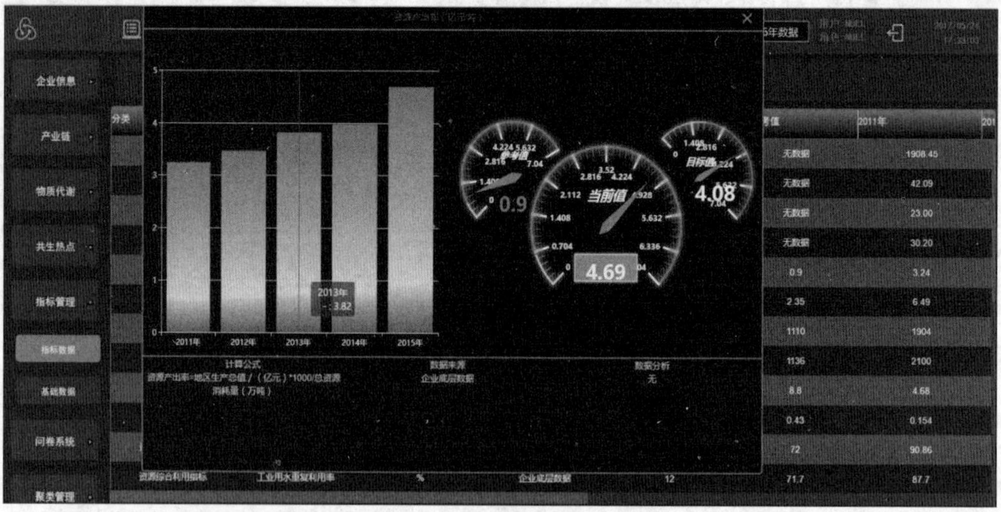

图 9-21　园区资源产出率指标逐年变化和分析

（5）问卷发布系统

9.4.4 节中阐述了数据调研问卷的设计，在第一批主要以开发组对企业的深入调研获取，在后续的数据升级过程中，通过平台就可以将该调研问卷嵌入信息服务平台，园区管理者可随时选择多家企业一键发送问卷（见图 9-22），由企业进行动态更新和适当的修改调整。平台构建了问卷的设计和存储模式，管理者可根据需要对问卷进行修改、模板存储和调用，便于定制个性化的园区管理需求。

图 9-22　园区循环化改造的企业问卷发布界面

第10章　展望与建议

我国工业园区循环化改造实践启动于2011年，国家发展改革委于2017年对前两批试点的部分园区进行验收，共有11个工业园区通过了最终考核（附录5）。验收结论表明，这些园区在产业结构调整、循环产业链的构建、基础设施建设、保障体系建立等方面都取得了显著进展，积累了一些成果、经验和教训。针对其他试点园区的验收考核工作也将在未来陆续开展。2017年6月，杭州湾上虞经济技术开发区、铜陵金桥经济开发区等12个经开区通过了发展改革委和财政部审核，成为第七批的园区循环化改造试点园区。

2017年发布的《循环发展引领行动》强调，要对存量园区实施循环化改造，构建循环经济产业链，实现企业、产业间的循环链接，提高产业关联度和循环化程度，增强能源资源等物质流管理和环境管理的精细化程度。园区循环化改造工作仍将成为我国工业园区绿色发展的重要推手。本书在前文基础上，对未来园区循环化改造路径提出五点建议：

（1）产业结构调整方向。循环化改造试点的申报园区大都是涵盖传统资源加工产业、机械制造产业、新技术产业的综合性园区，这些园区在规划自身产业结构调整方向时，均提出要大力发展高端制造产业和高新技术产业，调整方向日益趋同。然而，产业升级转型的最终目标是在新环境下提高园区竞争优势，园区应因地制宜，结合自身的区位优势和产业优势，真正提出符合自身发展潜力的产业规划。传统的资源加工产业同样可以通过构建循环型产业链、提高产品附加值等方式实现产业升级和转型，提高核心竞争力。

（2）产业链延伸路径。“补链”、“强链”是园区构建循环产业链的重要方法。在国家“经济新常态”、“去产能”和“供给侧结构性改革”的大背景下，传统工业产品的市场表现若没有达到预期水平，很可能导致园区经济增长乏力。因此，园区循环产业链规划设计时，应提高技术研发和创新能力，瞄准高附加值产品的生产和加工，拓宽产业链延伸空间，这对资源加工型园区的循环产业链设计尤为重要。本书针对资源产出率最为核心的12类关键资源，提出了各自独有的循环产业链延伸路径，可为园区循环化改造提供技术参考和总体方向。

（3）基础设施建设。我国经济发展不均衡，造成产业园区的基础设施建设水平参差不齐。尤其是中西部地区，虽然矿产资源丰富，资源加工型园区较多，发展循环经济潜力巨大，但由于经济社会发展的基础薄弱，造成园区吸引投资能力不足。建议持续加大对中西部园区的资金投入，突破地区循环经济发展的瓶颈。

（4）“互联网+园区循环化改造”。完善且有效的信息交换系统是园区资源管理以及企业间物质循环和能量集成的前提，应进一步加强对园区循环化改造信息服务平台建设的支持，真正发挥互联网和信息技术对园区和企业的日常管理、统计分析、发展决策的作用，解决目前存在的园区和企业之间、企业和企业之间的信息壁垒问题。建议在各园区的试点验收前，可以组织平台建设的培训和严格把关，对部分园区信息平台建设中的亮点加快经验推广。

（5）运行风险管控机制建立。园区循环化改造是集企业、政府、社会等多行为主体的系统工程，涉及从事生产、服务和消费活动的政府、企业和个人。园区循环化改造的管理需要面对各主体间的利益冲突和矛盾，包括企业参与的积极性、产业链稳定性、资金投入的持续性等。建议园区应加强产业链风险管控机制的建立，创新发展循环经济的投融资政策，保障循环化改造的顺利实施。

参考文献

[1] Wolf. A. Industrial symbiosis in the Swedish forest industry [J]. Progress in Industrial Ecology，2007，4（5）：348-362.

[2] Bai，L.，Qiao，Q.，Yao，Y.，Guo，J.，Xie，M.H. Insights on the development progress of National Demonstration eco-industrial parks in China [J]. Journal of Cleaner Production，2014，70：4-14.

[3] Benedtti，B.D.，Rollino，S.，Baldo，G.L.，Putter，F. Material selection in an eco-industrial park for an environmentally conscious design[C]. Japan：Proc 5th Int Conf Eco Balance，2002.

[4] Gu，C. Leveneur，S. Estel，L. Yassine. A. Modeling and optimization of material/energy flow exchanges in an eco-industrial park[J]. Energy Procedia，2013，36：243-252.

[5] 陈效逑，赵婷婷，郭玉泉，等. 中国经济系统的物质输入与输出分析[J]. 北京大学学报，2003（4）：538-547.

[6] Chertow，M.R. Industrial symbiosis：literature and taxonomy [J]. Annual Review of Energy and the Environment，2000，25（1）：313-337.

[7] Costa，I.，Massard，G.，Agarwal，A. Waste management policies for industrial symbiosis development：case studies in European countries [J]. Journal of Cleaner Production，2010，18（8）：815-822.

[8] Cote，Ellison R.，Grant J.，Hall J.，Klynstra P.，Martin M.，Wade P. Designing and operating industrial parks as ecosystems [C]. Hali-fax（Nova Scotia）：School for Resource and Environmental Studies，Dalhousie University，1995.

[9] 戴锦. 生态工业园区发展模式与政策问题探讨[J]. 生态经济，2004，1：36-39.

[10] Geiser，K. Cleaner production perspectives for the next decade. UNEP's，6th international high-Level seminar on cleaner production [C]. Montreal，Canada，Oct，2000：421-426.

[11] 范育鹏，乔琦. 基于工业生态化建设的工业园区环境管理研究[J]. 中国环境管理，2016，5：80-83.

[12] Fan，Y.P.，Qiao，Q.，Xian，C.F.，Xiao，Y.，Fang，L. A modified ecological footprint method to evaluate environmental impacts of industrial parks [J]. Resources，Conservation and Recycling，2017，125：293-296.

[13] 方龙. 产业园区循环化改造范式及评价研究[D]. 成都：西华大学，2014.

[14] 冯南平. 循环经济的若干运行模式及其政策支撑体系研究[D]. 合肥：合肥工业大学，2008.

[15] 甘永辉. 生态工业园区工业共生研究——江西循环经济及生态工业园区发展研究[D]. 南昌：南昌大学，2007.

[16] Geng，Y.，Zhao，H.X. Industrial park management in the Chinese environment [J]. Journal of Cleaner Production，2009，17（14）：1289-1294.

[17] Gibbs，D.，Deutz，P. Implementing industrial ecology？ Planning for eco-industrial parks in the USA [J]. Geoforum，2005，36（4）：452-464.

[18] 国家发展和改革委员会. 循环发展引领行动（征求意见稿）. http：//www.ndrc.gov.cn/gzdt/201705/t20170504_846514.html. 2017.

[19] 国家发展和改革委员会. 园区循环化改造示范试点中期评估及终期验收管理办法. http：//www.ndrc.gov.cn/zcfb/zcfbtz/201510/t20151028_756301.html. 2015.

[20] 韩玉堂. 生态工业园中的生态产业链系统构建研究[D]. 青岛：中国海洋大学，2009.

[21] Haslenda，H.，Jamaludin，M.Z. Industry to Industry By-products Exchange Network towards zero waste in palm oil refining processes [J]. Resources，Conservation and Recycling，2011，55：713-718.

[22] 贺晟晨，李若芸. 工业园区水污染防治技术与管理政策需求分析[J]. 中国环保产业，2013，10：61-63.

[23] 洪璐，闵连星，王光玉. 不同组织模式生态工业园区发展的比较研究及启示[J]. 生态经济，2011，5：142-148.

[24] Jacobsen，N. B. Industrial symbiosis in Kalundborg，Denmark：a quantitative assessment of economic and environmental aspects [J]. Journal of Industrial Ecology，2006，10（1/2）：239-255.

[25] Jensen，P.D.，Basson，L.，Hellawell，E.E.，Bailey，M.R.，Leach，M. Quantifying "geographic proximity"：experiences from the United Kingdom's national industrial symbiosis programme [J]. Resources，Conservation and Recycling，2011，55（7）：703-712.

[26] Altham，J.，van Berkel，R. Industrial symbiosis for regional sustainability：An update on Australian initiatives[C]. Manchester：11th international Sustainable Development Research Conference，2004.

[27] 鞠正江. 我国社会管理体制的历史变迁与改革[J]. 攀登，2009，28（1）：27-32.

[28] Jun，M.P.，Joo，Y.P.，Hung-Suck，P. A review of the National Eco-Industrial Park Development Program in Korea：progress and achievements in the first phase，2005-2010 [J]. Journal of Cleaner Production，2016，114：33-44.

[29] Jung，S.，Dodbiba，G.，Chae，S.H.，Fujita，T. A novel approach for evaluating the performance of eco-industrial park pilot projects [J]. Journal of Cleaner Production，2013，39：50-53.

[30] Kathleen，B. A.，Raymond，R.T.，Alvin，B. C. Designing eco-industrial water exchange networks using

fuzzy mathematical programming [J]. Clean Technology and Environment Policy，2010，12：353-363.

[31] Lowe，A. E. Creating by-product resource exchanges：strategies for eco-industrial parks [J]. Journal of Cleaner Production，1997，5（1）：51-65.

[32] 李国成，周江梅，徐慎娴，等. 我国生态工业园的发展现状及对策[J]. 台湾农业探索，2009（3）：23-25.

[33] 廖敏，于良杰. 国外生态工业园区的发展现状和启示[J]. 宿州教育学院学报，2015，18（6）：11-12.

[34] 刘洪辞. 我国生态工业园区的发展现状——基于典型生态工业示范园区的分析[J]. 当代经济，2011，2：52-54.

[35] 刘戈，刘再兴. 基于超效率 DEA 的辽宁省葫芦岛市经济园区投入产出效率评价[J]. 安徽农业科学，2013，41（4）：1752-1754.

[36] 刘景洋，乔琦，姚扬，等. 生态工业园区评价指标体系研究——综合类生态工业园区[J]. 现代化工，2007，27（7）：58-61.

[37] 刘璐. 基于生态文明的中国生态工业园区建设研究[J]. 当代经济，2015，1：24-26.

[38] 刘群. 我国工业园区发展现状及建议[J]. 中国国情国力，2011（5）：33-36.

[39] 陆鹏，吴韩. 工业园区分层管理体系设计——合肥经济技术开发区管理委员会[J]. 经营管理者，2010，16：28.

[40] 罗恩华. 园区循环化改造的基本路径设计[D]. 北京：清华大学，2014.

[41] 罗正义，蔡海峰，林晶. 医化园区循环化改造路径探寻——以椒江医化园区为例[J]. 浙江经济，2014，18：48-50.

[42] 马晓燕. 我国化工园区循环经济发展路径探讨——以重庆长寿化工园区为例[J].生态经济，2011，1：120-125.

[43] 毛玉如，孙启宏，乔琦，沈鹏. 焦化企业工业共生模式实证研究[J]. 现代化工，2006，2：6-9.

[44] Mathews，J.A.，Tang，Y.M.，Tan，H. China's move to a Circular Economy as a development strategy [J]. Asian Business and Management，2011，10（4）：463-484.

[45] Park，H.S.，Rene，E.R.，Choi，S.M.，Chiu，A.S.F. Strategies for sustainable development of industrial park in Ulsan, South Korea-from spontaneous evolution to systematic expansion of industrial symbiosis [J]. Journal of Environmental Management，2008，87（1）：1-13.

[46] 彭湘艳. 研究园区的财务管理运行机制[J]. 中国集体经济，2016，1：154-155.

[47] 彭毅，聂规划. 资源型央企生态效率提升路径[J]. 中国煤炭，2011，37（4）：28-31.

[48] 刘永红，郭忠行，谢刚. 钢铁企业生态效率的 DEA 模型构建及应用[J]. 太原理工大学学报，2012，43（1）：20-24.

[49] President's Council on Sustainable Development. Eco-industrial park workshop proceedings [M].

Washington D C，1996：17-18.

[50] 清洁生产的概念、内容、实施途径和方法. http：//www.xhjj.nct/zxzt/qjsc/2006-04-25/1145964175d35964.html.

[51] Rubio-Castro E.，Ponce-Ortega，Serna-González，J.M.M.，Jiménez-Gutiérrez，A.M. M.，El-Halwagi. A global optimal formulation for the water integration in eco-industrial parks considering multiple pollutants [J]. Computers and Chemical Engineering，2011，35：1558-1574.

[52] 前瞻网. 2015—2020 年中国工业园区建设与运营市场前瞻及转型升级分析报告[EB/OL]. http：//www.qianzhan.com/analyst/detail/220/141013-1c832532.html. 2014-10-13.

[53] 沈鹏，傅泽强，高宝，等. 工业园区循环化改造实证研究——宁夏中宁工业园区[C]. 中国环境科学学会学术年会论文集，2013：1486-1489.

[54] Shi，H. Industrial ecology in China，part I [J]. Journal of Industrial Ecology，2002，6（3/4）：7-11.

[55] Shi，H，Tian，J. P.，Chen，L. J. China's quest for eco-industrial parks，Part I：history and distinctiveness [J]. Journal of Industrial Ecology，2012，16（1）：8-10.

[56] 石磊，刘果果，郭思平. 中国产业共生发展模式的国际比较及对策[J]. 生态学报，2012，32（12）：3950-3957.

[57] Shi，Y.，Liu，J.R.，Shi，H.，Li，H.Q.，Li，Q. The ecosystem service value as a new eco-efficiency indicator for industrial parks [J]. Journal of Cleaner Production，2017，164：597-600.

[58] Song，H. C.，Sang，H.K.，Sung-Geun，Y.，Sunwon，P. Optimization of a waste heat utilization network in an eco-industrial park [J]. Applied Energy，2010，87：1978-1988.

[59] Sun，C.C.，Lin，G.T.R.，Tzeng，G.H. The evaluation of cluster policy by fuzzy MCDM：Empirical evidence from HsinChu Science Park [J]. Expert Systems with Applications，2009，36（9）：11895-11900.

[60] 孙翊，谢勇. 产业园区管理机制探讨[J]. 时代金融，2016，11：298-299.

[61] 田金平，刘巍，臧娜，等. 中国生态工业园区发展现状与展望[J]. 生态学报，2016，36（22）：7323-7326.

[62] Daddi，T.，Iraldo，F.，Frey，M.，Gallo，P.，Gianfrate，V. Regional policies and eco-industrial development：the voluntary environmental certification scheme of the eco-industrial parks in Tuscany（Italy） [J]. Journal of Cleaner Production，2016，114：62-70.

[63] U.S. Environmental Protection Agency. Superfund redevelopment initiative. Washington，D C：U. S. http：//www. epa. gov/superfund/programs/recycle/ecycle.htm. 2001.

[64] van Berkel，R.，Fujita，T.，Hashimoto，S.，Geng Y. Industrial and urban symbiosis in Japan：analysis of the Eco-Town program 1997—2006 [J]. Journal of Environmental Management，2009，90（3）：

1544-1556.

[65] 王海刚，黄伟丽，程旭. 造纸生态工业园构建模式比较及选择[J]. 中华纸业，2015，1：65-67.

[66] 王宏山.低碳经济下我国工业园区的发展思路[J]. 中国集体经济，2016，6：8-10.

[67] 王俊凤，刘松洁，闫文，杨德光. 基于 DEA 模型的农业科技园区运营效率评价——以黑龙江省34 个省级农业科技园区为例[J]. 江苏农业科学，2017，45（4）：262-267.

[68] 王琦. 循环经济工业园区建设的国内外比较研究[D]. 西宁：青海大学，2012.

[69] 王强. 生态工业园产业共生模式分析[J]. 资源环境，2009，38（5）：71-73.

[70] 王喜梅，张昌蓉. 基于数据包络分析的生态工业园区发展效率测度研究[J]. 金融经济，2014（6）：74-76.

[71] 王岩. 园区循环化改造的资源与环境耦合途径初探[J]. 资源再生，2013，1：22-26.

[72] 王岩，王舟，顾佳炜. 浅谈园区循环化改造的组织制度建设[J]. 循环经济，2013a，6（2）：16-19.

[73] 王岩，王舟，徐锡华. 探索园区循环化改造新模式[J]. 循环经济，2013b，6（1）：12-16.

[74] 温宗国，胡赟，罗恩华. 工业园区循环化改造路径及实证分析[J]. 环境保护，2016，44（17）：13-17.

[75] 薛捷，周景博，罗宏，等. DEA 在生态工业园区循环经济绩效评价中的应用[J]. 环境保护与循环经济，2009（8）：37-40.

[76] 尹晓红，赵涛，陈怡. 内蒙古蒙西工业园区循环经济发展模式分析研究[J].科学管理研究，2009，27（2）：55-58.

[77] 余幸幸. 基于数据包络分析的山东半岛蓝色经济区生态效率评价研究[D]. 青岛：青岛大学，2014.

[78] 岳波波，李妮，武征，等. 综合类生态工业园区循环经济模式构建[J]. 工业安全与环保，2012，38（7）：88-94.

[79] Zhao，H.R.，Zhao，H.，Guo，S. Evaluating the comprehensive benefit of eco-industrial parks by employing multi-criteria decision making approach for circular economy [J]. Journal of Cleaner Production，2017，142：2262-2276.

[80] 张灿军. 园区循环化改造的目标特征与效果评价[J]. 循环经济，2016，9（6）：6-9.

[81] 张丽娜. AHP-模糊综合评价法在生态工业园区评价中的应用[D]. 大连：大连理工大学，2006.

[82] 张玲，袁增伟，毕军. 物质流分析方法及其研究进展[J]. 生态学报，2009，29（11）：6189-6193.

[83] 张林浩，梁日忠，宋金涛. 碱法造纸-黑液-氧化铝联产的工业共生模式研究[J]. 环境污染与防治，2012，34（4）：75-78.

[84] 张艳鸿，陈兴鹏，吴士锋. 武威黄羊工业园循环化改造实践研究[J]. 再生资源与循环经济，2012，5（7）：13-16.

[85] 张余，王晓乔，韩瑄，等. 以沙雅县工业园为例探讨工业园区循环化改造[J]. 中国环境管理干部学院学报，2014，2：37-40.

[86] 章志峰. 政府在我国工业园区发展中的职能研究——以无锡市旺庄工业园区为例[D]. 南京：东南大学，2012.

[87] 中华人民共和国财政部. 关于推进园区循环化改造的意见. http：//www.mof.gov.cn/zhengwuxinxi/zhengcefabu/201204/t20120424_645044.htm. 2012.

[88] 中华人民共和国环境保护部. 关于开展国家生态工业示范园区建设工作的通知. http：//www.zhb.gov.cn/gkml/zj/wj/200910/t20091022_172456.htm. 2007.

[89] 中信建投经济咨询园区经济研究中心. 中国园区发展现状及趋势分析报告 2014（简版）[R]. 2014.

[90] 周宏大，梁书升. 农村循环经济[M]. 北京：中国农业出版社，2006.

[91] 周新月，符泽慧，张悦. 关于高科技园区运营新模式的研究——以苏州工业园区为例[J]. 山东农业工程学院学报，2014，4：25-29.

[92] 庄贵阳. 中国经济低碳发展的途径与潜力分析[J]. 太平洋学报，2005，11：108-110.

附 录

附录 1　园区循环化改造实施方案编制指南

为推动园区循环化改造示范试点工作的顺利开展，指导地方编制园区循环化改造实施方案，制定了本编制指南。各地编制时应与本地区产业发展、资源禀赋、环境状况相结合，在发展目标、发展重点等方面要充分体现本地特色，在主要任务、政策措施等方面要有所创新和突破。

一、总体要求

（一）贯彻落实科学发展观，以循环经济“减量化、再利用、资源化”和“减量化优先”为原则，以转变经济发展方式为主线，把园区改造为“经济持续发展、资源高效利用、环境优美清洁、生态良性循环”的循环化改造示范园区，推进园区绿色发展、循环发展、低碳发展。

（二）紧密结合当地产业基础、资源禀赋和环境状况，统筹规划园区空间布局和产业布局，突出构建清晰的循环经济产业链，具有现实可操作性。

（三）以表格形式细化年度投资计划、具体项目实施期限和达产年限、规模，清晰界定年度实施范围和进度，便于进行年度评价和验收。

（四）清晰列明园区各类污染物的排放和处理情况，便于环境保护部门监督检查。

（五）以申报年为实施方案编制的基准年，实施期限原则上不超过 3 年。

二、实施方案的主要内容

（一）园区现状和发展基础。

1. 当地经济社会发展情况及本地区资源禀赋、环境状况简述。

2. 园区概况。主要包括园区地理位置、交通条件、占地面积、自然条件、功能区划等内容（附园区区位图和园区功能区化图）。

3. 经济发展和产业基础。描述园区经济、产业发展水平以及园区主导行业、重点企业及其发展状况。

4. 社会发展和基础设施。描述园区内人口状况，科、教、文、卫状况，基础设施状况、道路交通状况等。

5. 园区与周边区域的产业关联、基础设施和服务平台共享等情况。

6. 资源环境现状。园区主要能源和资源的消耗水平及其与省内外的比较；资源产出率情况，近三年节能减排目标完成情况；污染源数量和分布；主要污染物特征和产排污量；重点污染源排放达标情况；潜在的环境风险和应急方案；园区建址的环境敏感性分析；区域环境质量；区域环境容量和环境承载力；环境法律法规的贯彻执行；环保投入；环境管理等。对一些资源环境指标要用表格形式列出基准年及实施期限内各年度的指标值。

（二）园区发展面临的问题和循环化改造的重要意义。

1. 目前园区发展面临的主要问题。

2. 园区循环化改造的意义。从促进产业结构合理调整、园区综合竞争力提高、资源约束改善、资源产出率提高、环境质量改善、区域生态环境优化等方面分析循环化改造对当地经济社会发展和园区的影响和意义。

（三）循环化改造的有利条件和制约因素。

1. 有利条件分析。从产业基础、资源环境、基础设施、科技创新、公共服务、人才培养、政策机制、园区管理、周边产业配套等方面分析园区循环化改造的有利条件。

2. 制约因素分析。要深入分析制约园区循环化改造和园区发展的制约因素。

（四）总体思路、原则和目标。

1. 总体思路。

2. 基本原则。

3. 主要目标。

（1）总体目标：从园区空间布局、产业结构调整、循环经济产业链构建、资源利用效率提高、环境保护、基础设施、科技创新、管理机制等方面，提出园区改造的总体目标。

（2）主要指标。在开展物质流分析的基础上，合理设定体现园区循环化改造成效、可量化的指标。指标应包括园区经济发展、产业结构调整、产业关联度、能源资源节约与循环利用、污染控制和管理、环境质量改善等方面。国家“十二五”规划纲要中的有关约束性指标要进行科学测算。具体指标体系可参考附表。

（3）目标可达性分析。根据园区发展趋势，结合园区循环化改造中重点支撑项目的引进和保障体系的建设，分析主要目标的可达性。

（五）主要任务。

按照可复制、可推广、可借鉴的要求，对园区循环化改造进行总体框架设计，从空间布局优化、产业结构调整、企业清洁生产、公共基础设施建设、环境保护、组织管理创新等多方面，提出切实可行的任务，推进循环化改造（附园区循环化改造总体框架图）。

1. 空间布局方面。根据物质流和产业关联性，对园区现有的空间布局进行分析，评估其是否合理，是否能够体现产业集聚和循环链接效应、实现土地的集约高效利用，并据此提出园区优化布局的具体任务（附园区空间优化布局图）。

2. 产业结构调整方面。结合本区域的产业和资源的比较优势，考虑园区环境承载力和地方发展需求，围绕提高资源产出率和提高园区综合竞争力，提出传统产业改造升级、培育和发展战略性新兴产业等方面的主要任务。

3. 循环经济产业链构建方面。围绕实现项目间、企业间、产业间首尾相连、环环相扣、物料闭路循环，促进原料投入和废物排放的减量化、再利用和资源化，提出建设和引进产业链接或延伸的关键项目等方面的主要任务（附循环经济产业链图和物质循环利用图）。

4. 能源资源利用高效化方面。按照循环经济减量化优先的原则，推行清洁生产，促进源头减量；开发能源资源的清洁高效利用技术，开展清洁能源替代改造，提高可再生能源利用比例；推动余热余压利用、企业间废弃物交换利用和水的循环利用；推进水资源替代，沿海地区的园区适当开展海水淡化，减少淡水的使用。

5. 污染集中治理方面。加强污染集中治理设施建设及升级改造。培育专业化废弃物处理服务公司，实行园区污染集中治理。强化园区的环境综合管理，开展企业环境管理体系认证，构建园区、企业和产品等不同层次的环境治理和管理体系，最大限度地降低污染物排放水平。

6. 基础设施方面。围绕园区各类基础设施的共建共享、集成优化，降低基础设施建设和运行成本，提高运行效率，使园区生态优美，提出对园区内运输、供水、供电、照明、通信、建筑和环保等基础设施的改造任务。

7. 运行管理方面。要突出管理体制机制创新，明确园区循环化改造管理机构，建设园区废物交换平台，以及循环经济技术研发及孵化中心等公共服务设施，建立园区循环化改造的统计评价和考核制度，制定并实施循环经济相关技术研发和应用的激励政策、招商引资指导目录和监管制度，进行物质流分析和管理，开展宣传教育。

（六）重点支撑项目。

针对园区循环化改造的目标和任务，提出拟建设的重点支撑项目：

1. 项目建设总表。将重点支撑项目分别列为“拟申请省财政资金支持的项目”和“自主实施的项目”两个表，其中“拟申请省财政资金支持的项目”表主要筛选和提出园区产业补链工程和公共基础设施建设的重点支撑项目。

2. 项目基本情况。每个项目建设的背景、必要性以及与园区循环化改造的关系、比较详细的建设内容、产能、工艺流程及先进性分析，主要技术设备及先进性分析，投资估算表，资金筹措方案，成本及经济效益分析。分年度说明建设安排及投资计划。

3. 项目投资估算及构成。要以表格形式详细列明每个项目的投资估算（不含土地购置费）。估算范围至少应包括厂房建设（建筑面积、总额等）、设备购置（设备名称、台套数、价格等）、辅助生产装置和公用工程等。

（七）园区循环化改造效益分析。

重点对园区循环化改造的综合效益进行分析评价，对园区循环化改造的各项成本及收益进行初步的全面系统的核算，评估园区循环化改造的成效。

1. 经济效益分析。包括物质减量、循环利用的直接经济效益；污染减排带来的间接经济效益；促进园区本身经济总量稳定增长，同时带动园区所在地区经济增长；增强园区活力，提高园区综合竞争能力等方面。

2. 环境效益分析。园区及周边地区水、大气和土壤环境质量的改善；废弃物资源化利用率的提高；降低对自然资源的需求，减少能源消耗；污染物排放量的减少。

3. 社会效益分析。包括扩大社会就业，促进居民生活质量的全面提高，促进当地社会和谐等方面。

（八）保障措施。

围绕目标的实现、主要任务的落实以及重点项目的建设，提出有针对性的保障措施，主要包括：组织保障体系、政策保障体系、技术支撑体系、公共服务平台建设、统计评价考核体系、污染防治监督管理体制、产业链接的风险分担和保障体系、公众参与、宣传教育与交流以及能够保障园区循环化改造顺利开展的其他措施。

三、相关证明文件

园区在报送循环化改造实施方案的同时，还需提供以下相关证明文件：园区的批复文件，符合土地利用、城市规划、环境保护规划等规划的证明文件，国土资源部门确定的四至范围证明文件，环境保护部门的环评批复，以及成立管理机构的证明文件等各类证明文件。

附录 2　园区循环化改造示范试点中期评估及终期验收管理办法

为推动园区循环化改造工作，加强循环化改造示范试点园区（以下简称示范园区）监督管理，提高中央财政资金使用效益，制定本办法。

第一章　中期评估

第一条　国家发展改革委、财政部（以下简称“两部委”）对循环化改造实施方案（以下简称“实施方案）批复满 3 年不满 5 年的示范园区开展中期评估。

第二条　符合中期评估范围的示范园区应开展自评估，并向省级循环经济综合管理部门、财政部门提交自评估报告。

省级循环经济综合管理部门、财政部门应依据示范园区自评估报告，对示范园区进行现场评估，将评估结果报送两部委（须附示范园区自评估报告）。

第三条　中期评估的主要依据为经两部委批复（或批复同意调整）的实施方案，评估事项应当包括但不限于以下内容：

（一）园区循环化改造进展情况；

（二）中央财政补助资金使用及项目运营管理情况；

（三）相关配套措施制定及执行情况；

（四）创新工作开展情况；

（五）园区循环化改造试点成果和主要经验。

第四条　两部委委托第三方独立机构对各地自评估情况进行核实。第三方独立机构应对示范园区评估情况进行现场抽查，抽查比例应不少于当年中期评估数量的 20%。现场抽查结束后，第三方独立机构应及时向两部委提交中期评估报告。

第五条　中期评估结果分为通过、原则通过和不通过。对不通过的，取消示范园区称号，全部扣回已拨付中央财政补助资金。对原则通过的，省级循环经济综合管理部门、财政部门应加强协调，提出整改方案，督促示范园区进行整改。两部委在一年内组织开展现场核查，经核查仍不能达到通过等级的，视为不通过。

第二章　实施方案调整

第六条　实施方案因客观原因确需调整的，示范园区应及时向所在地省级循环经济综合管理部门和财政部门提交调整申请，并说明理由。调整方案不得大幅降低园区循环化改造主要目标。

省级循环经济综合管理部门和财政部门应对调整申请进行审查，并将审查意见和调整方案报送两部委批准。实施方案调整申请原则上不超过一次。

第七条　实施方案调整申请材料包括：

（一）省级循环经济综合管理部门和财政部门申请调整文件。文件中应说明方案调整原因及必要性，调整的主要内容，调整前后项目数量及投资变化情况、对主要目标的影响分析等；

（二）调整后的实施方案；

（三）新增建设项目应附可行性研究报告。

第八条　两部委根据实施方案调整情况委托第三方机构对调整后实施方案进行答辩评审或书面评审。

第九条　第三方独立机构应及时向两部委提交评审报告。两部委依据评审报告及时进行批复。

第三章　验收和清算

第十条　两部委对实施方案批复满 5 年的示范园区开展终期验收。验收依据为经两部委批复（或批复同意调整）的实施方案。

第十一条　符合终期验收范围的示范园区应开展验收自评估，并逐级向两部委提交验收申请。

仍处于实施期内的示范园区，如园区循环化改造任务全部完成，且目标指标达到实施方案预期目标 90%以上的，可逐级向两部委提交验收申请。

省级循环经济综合管理部门、财政部门应核实示范园区验收自评估报告真实性。

第十二条　省级循环经济综合管理部门、财政部门向两部委提交验收申请时，应同时提交如下材料：

（一）示范园区自评估报告。主要包括循环化改造的目标指标完成情况，主要任务完成情况，项目完成及投资情况，中央财政补助资金的使用情况，相关配套政策措施的制定、执行情况，试点经验、改造效果及存在问题，政策建议等。

（二）相关证明材料。

第十三条　两部委委托第三方独立机构对示范园区进行现场验收。第三方独立机构应及时向两部委提交验收报告。

第十四条　示范园区循环化改造实施期结束后，仍不具备考核验收条件的，所在地省级循环经济综合管理部门、财政部门要向两部委申请推迟验收，说明逾期原因、拟采取措施和计划验收时间等，延迟时间不得超过一年。

第十五条　验收结果分为通过和不通过。对通过验收的，进入资金清算程序。对未通过验收的，或延迟 1 年后仍不能验收的，两部委扣回已拨付资金的 50%，取消示范园区称号，不再拨付剩余中央财政补助资金。

第十六条　两部委对通过验收的示范园区进行中央财政补助资金清算，清算主要依据为园区循环化改造实际投资额。

第十七条　财政部根据清算后的中央财政补助资金总额，拨付剩余补助资金；对已拨付中央财政补助资金总额超过清算后资金总额的，扣回超出部分。

第四章　附 则

第十八条　本办法适用于两部委确定的示范园区。

第十九条　本办法自印发之日起生效。

附录3　园区循环化改造示范试点终期验收表

园区循环化改造示范试点终期验收表

园区名称：

序号	验收事项	验收内容	验收标准	分值	得分
一、园区循环化改造目标任务完成情况（50分）					
1	目标指标完成情况	《实施方案》中确定的目标指标完成率（达到目标值的90%以上的指标占比）	＞95%	20	
			90%～95%	10	
			＜90%	0	
2	主要任务完成情况	空间布局优化、产业结构调整、循环产业链构建、能源资源高效利用、污染集中治理、基础设施建设和运营管理等情况	较好	7～10	
			一般	4～6	
			较差	0～3	
3	中央财政资金支持项目完成情况	完工项目个数占《实施方案》确定的项目总数比例	＞95%	15	
			90%～95%	10	
			＜90%	0	
4	自主实施项目完成情况	完工项目个数占《实施方案》确定的项目总数比例	＞85%	4～5	
			70%～85%	1～3	
			＜70%	0	
二、中央财政补助资金使用及项目运营管理情况（20分）					
5	中央财政补助资金使用管理情况	制定了中央财政资金使用管理办法，中央财政资金分配合理、拨付程序合规	较好	7～10	
			一般	4～6	
			较差	0～3	
6	项目建设运营情况	项目建设手续齐备、运营管理规范	较好	7～10	
			一般	4～6	
			较差	0～3	
三、相关配套措施制定及执行情况（20分）					
7	公共服务平台建设及使用情况	园区建设了物质流管理、信息共享及统计体系等公共服务平台并稳定运行	较好	7～10	
			一般	4～6	
			较差	0～3	
8	地方配套政策出台及执行情况	地方政府出台了有利于园区绿色循环低碳发展的相关政策并实施良好	较好	4～5	
			一般	2～3	
			较差	0～1	
9	园区相关政策出台及执行情况	园区出台了补链招商、废弃物循环利用等激励政策并实施良好	较好	4～5	
			一般	2～3	
			较差	0～1	
四、创新工作情况（10分）					
10	试点成果和典型经验	园区循环化改造制度创新、技术创新及典型模式等	较好	7～10	
			一般	4～6	
			较差	0～3	
总分					

注：发生重大环境事件或因环境问题造成重大不良影响，即一票否决。

附录 4　2011—2017 年七批园区循环化改造试点园区名录

省份	园区名称
安徽省	铜陵经济技术开发区
	安徽霍邱经济开发区
	安徽叶集经济开发区
	安庆高新技术产业开发区
	安徽霍山经济开发区
	铜陵金桥经济开发区
北京市	北京经济技术开发区
福建省	福建德化陶瓷产业园区
	福建省泉港石化工业园区
	厦门市集美（杏林）台商投资区
	福建梅列经济开发区
甘肃省	白银高新技术开发区
	金昌经济技术开发区
	甘肃陇西经济开发区
	甘肃武威黄羊工业园区
	甘肃华亭工业园区
	甘肃临夏经济开发区
	张掖经济技术开发区
	甘肃嘉峪关工业园区
广东省	深圳市高新技术产业园区
	广州经济技术开发区
	湛江经济技术开发区
	深圳国家自主创新示范区坪山园区
	珠海经济技术开发区
	惠州大亚湾石化产业园区
广西壮族自治区	广西钦州港经济技术开发区
	广西鹿寨经济开发区
	广西—东盟经济技术开发区
	南宁经济技术开发区

省份	园区名称
贵州省	贵阳经济技术开发区
	遵义经济技术开发区
	贵州大龙经济开发区
	贵州红果经济开发区
	贵州钟山经济开发区
	贵州西秀工业园区
海南省	海南洋浦经济开发区
河北省	沧州临港经济技术开发区
	曹妃甸工业区
	冀州经济开发区
河南省	濮阳市经济开发区
	红旗渠经济开发区
	河南新乡经济技术开发区
黑龙江省	黑龙江宾西经济技术开发区
	海林经济技术开发区
	牡丹江经济技术开发区
湖北省	宜昌经济开发区猇亭园区
	湖北武汉市青山工业区
	湖北潜江经济技术开发区
	孝感国家高新技术产业开发区
	十堰经济技术开发区
	湖北枝江经济开发区姚家湾化工园
湖南省	湖南衡阳松木工业园区
	长沙（浏阳·宁乡）再制造示范基地
	湖南岳阳绿色化工产业园
	湖南常宁水口山经济开发区
	湖南桂阳工业园区
	湖南安化经济开发区
吉林省	吉林市化学工业循环经济示范园区
江苏省	镇江经济技术开发区
	南通经济技术开发区
	张家港国家再制造示范基地
	江苏邳州经济开发区
	江苏省泰兴经济开发区
	常熟经济技术开发区
	淮安经济技术开发区

省份	园区名称
江西省	江西鹰潭高新技术产业园
	赣州经济技术开发区
	南昌高新区
	井冈山经济技术开发区
	南昌经济技术开发区
	萍乡经济技术开发区
辽宁省	辽宁法库经济开发区
	大连经济技术开发区
	鞍山经济开发区
	盘锦辽东湾新区
内蒙古自治区	赤峰红山经济开发区
	内蒙古鄂尔多斯市鄂托克经济开发区
	内蒙古乌海经济开发区
	内蒙古巴彦淖尔经济技术开发区
宁夏回族自治区	宁夏石嘴山经济技术开发区
	宁夏中卫市中宁工业园区
	宁夏平罗工业园区
	宁夏宁东能源化工基地
青海省	大柴旦工业园
	德令哈工业园
	格尔木工业园
	柴达木经济试验区
	西宁（国家级）经济技术开发区
	西宁东川工业园区
山东省	胶南经济开发区
	东营经济技术开发区
	青岛经济技术开发区
	临沂经济技术开发区
	日照经济技术开发区
	潍坊滨海经济技术开发区
山西省	太原不锈钢产业园区
陕西省	陕西省神府经济开发区
	铜川董家河园区
上海市	上海市青浦工业园区
	上海临港国家再制造产业基地

省份	园区名称
四川省	广安经济技术开发区（新桥园区）
	四川攀枝花钒钛产业园区
	达州经济技术开发区
	泸州高新技术产业开发区
	德阳经济技术开发区
天津市	天津经济技术开发区
	天津空港经济开发区
新疆维吾尔自治区	乌鲁木齐经济技术开发区
	新疆兵团石河子经济开发区
	新疆兵团五家渠市经济技术开发区
	新疆准东经济技术开发区
	国家级阿拉尔经济技术开发区
	库车经济技术开发区
云南省	昆明高新技术产业开发区
浙江省	浙江台州化学原料药产业园
	宁波经济技术开发区
	浙江衢州高新技术产业园区
	宁波石化开发区
	浙江绍兴滨海工业园区
	宁波大榭开发区
	丽水经济技术开发区
	浙江吴兴工业园区
	大江东产业集聚区
	杭州湾上虞经济技术开发区
	杭州余杭经济技术开发区
重庆市	长寿经济开发区
	重庆万州经济技术开发区
	重庆潼南区工业园区
	铜梁工业园区

附录 5　首批通过园区循环化改造验收的示范试点名单

1. 金昌经济技术开发区
2. 青海柴达木格尔木工业园
3. 青海柴达木德令哈工业园
4. 青海柴达木大柴旦工业园
5. 东营经济技术开发区
6. 台州化学原料药产业园区
7. 铜陵经济开发区
8. 天津经济技术开发区
9. 宜昌经济开发区猇亭园区
10. 赤峰红山经济开发区
11. 北京经济技术开发区

附录 6　循环化改造试点园区 DEA 模型运算结果（以基准年为例）

Results from DEAP Version 2.1

Instruction file = jznins.txt
Data file = jzn.txt

Input orientated DEA

Scale assumption: VRS

Slacks calculated using multi-stage method

EFFICIENCY SUMMARY:

firm	crste	vrste	scale	
1	0.204	0.222	0.921	irs
2	0.158	0.165	0.959	irs
3	0.245	0.386	0.636	irs
4	1.000	1.000	1.000	—
5	1.000	1.000	1.000	—
6	0.197	0.244	0.807	irs
7	0.801	1.000	0.801	drs
8	0.413	0.448	0.922	drs
9	0.185	0.192	0.963	drs
10	0.033	0.040	0.830	irs
11	1.000	1.000	1.000	—
12	1.000	1.000	1.000	—

13	0.149	0.156	0.953	irs
14	0.244	0.328	0.745	irs
15	0.102	0.192	0.534	irs
16	0.303	0.354	0.855	irs
17	0.664	0.970	0.684	drs
18	0.414	1.000	0.414	drs
19	0.163	0.244	0.667	irs
20	0.168	0.357	0.471	irs
21	0.484	0.604	0.801	irs
22	0.083	0.086	0.966	irs
23	0.114	0.115	0.987	drs
24	0.258	0.472	0.545	irs
25	0.487	0.539	0.904	irs
26	0.502	0.630	0.796	drs
27	0.951	1.000	0.951	drs
28	0.292	0.330	0.886	irs
29	0.076	0.124	0.612	irs
30	0.239	0.254	0.943	irs
31	0.344	0.487	0.706	irs
32	0.423	0.639	0.662	irs
33	0.486	0.597	0.814	drs
34	0.615	0.622	0.989	drs
35	0.254	0.354	0.718	irs
36	0.431	0.448	0.962	irs
37	0.260	0.355	0.734	irs
38	0.118	0.123	0.964	irs
39	0.202	0.255	0.791	irs
40	0.547	0.655	0.835	irs
41	0.143	0.208	0.687	irs
42	0.145	0.183	0.794	irs
43	0.063	0.094	0.677	irs
44	1.000	1.000	1.000	—

45	0.836	1.000	0.836 drs
46	0.250	0.504	0.497 irs
47	0.643	0.741	0.868 irs
48	0.218	0.525	0.415 irs
49	0.553	0.611	0.905 irs
50	0.703	0.892	0.788 irs
51	0.267	0.342	0.780 irs
52	0.518	1.000	0.518 irs
53	0.511	0.845	0.605 drs
54	0.544	0.760	0.716 drs
55	0.438	0.592	0.739 drs
56	0.126	0.146	0.861 irs
57	0.339	0.418	0.812 drs
58	0.392	0.582	0.674 irs
59	0.402	0.431	0.934 irs
60	0.199	0.365	0.545 irs
61	1.000	1.000	1.000 —
62	0.056	0.114	0.491 irs
63	0.638	1.000	0.638 drs
64	1.000	1.000	1.000 —
65	0.356	0.356	0.999 —
66	0.893	1.000	0.893 drs
67	0.169	0.251	0.674 irs
68	0.779	1.000	0.779 drs
69	0.287	0.340	0.844 irs
70	0.710	1.000	0.710 drs
71	1.000	1.000	1.000 —
72	0.527	1.000	0.527 drs
73	0.271	1.000	0.271 drs
74	0.366	0.374	0.978 irs
75	0.431	0.478	0.901 drs
76	0.915	1.000	0.915 irs

77	0.448	0.508	0.883	irs
78	0.185	0.252	0.732	irs
79	1.000	1.000	1.000	—
80	0.538	0.725	0.742	irs
mean	0.443	0.558	0.792	

Note: crste = technical efficiency from CRS DEA
vrste = technical efficiency from VRS DEA
scale = scale efficiency = crste/vrste

Note also that all subsequent tables refer to VRS results

SUMMARY OF OUTPUT SLACKS:

firm output:	1	2	3	4	5
1	0.000	8.955	21.879	70.040	7.345
2	0.000	17.445	15.966	80.469	12.146
3	0.000	9.599	20.720	250.171	19.423
4	0.000	0.000	0.000	0.000	0.000
5	0.000	0.000	0.000	0.000	0.000
6	0.000	11.726	18.420	182.566	11.513
7	0.000	0.000	0.000	0.000	0.000
8	0.000	0.000	11.914	25.791	3.920
9	0.000	0.000	8.069	411.245	6.885
10	0.000	24.704	22.049	66.651	14.643
11	0.000	0.000	0.000	0.000	0.000
12	0.000	0.000	0.000	0.000	0.000
13	0.000	20.838	17.776	140.805	10.161
14	0.000	17.509	8.240	363.728	12.419

15	11.106	5.682	25.190	326.457	26.611
16	0.000	15.236	0.000	494.706	9.879
17	3.810	0.000	11.213	28.623	5.397
18	0.000	0.000	0.000	0.000	0.000
19	0.000	11.926	13.206	435.550	13.445
20	11.321	0.000	0.482	0.000	10.008
21	0.000	5.909	15.600	0.000	8.008
22	0.000	11.890	21.889	111.979	6.073
23	0.000	19.656	20.705	0.000	11.119
24	0.000	13.721	11.193	194.543	7.556
25	0.000	1.597	8.938	0.000	20.250
26	0.000	0.000	0.000	222.065	16.807
27	0.000	0.000	0.000	0.000	0.000
28	0.000	7.145	20.792	88.616	12.646
29	0.000	12.538	19.579	226.503	16.681
30	0.000	13.026	22.146	31.234	10.723
31	20.800	7.606	13.861	94.441	3.714
32	0.000	16.089	19.873	193.443	7.172
33	0.000	0.000	6.934	0.000	3.733
34	30.888	0.000	3.199	125.084	4.708
35	0.000	10.725	18.092	115.241	14.587
36	0.000	3.687	6.409	152.287	23.968
37	0.000	15.768	15.994	233.939	16.020
38	0.000	10.143	20.541	76.177	8.967
39	0.000	18.257	17.540	228.503	14.305
40	0.000	7.547	16.113	0.000	18.505
41	0.000	28.860	17.016	112.871	4.470
42	0.000	17.814	18.578	165.068	18.256
43	0.000	14.043	13.206	540.002	12.366
44	0.000	0.000	0.000	0.000	0.000
45	0.000	0.000	0.000	0.000	0.000
46	0.000	17.375	20.189	158.203	16.960

47	0.000	17.745	8.265	219.105	11.430
48	3.471	10.802	24.827	189.894	18.785
49	0.000	10.865	18.762	106.853	6.973
50	0.000	8.185	18.461	296.073	6.828
51	0.000	12.491	9.165	418.969	2.038
52	0.000	0.000	0.000	0.000	0.000
53	63.149	0.000	6.011	0.000	6.771
54	0.000	0.000	12.975	222.059	1.722
55	0.000	0.000	10.704	32.864	7.036
56	0.000	20.189	16.386	100.685	10.760
57	0.000	0.000	13.399	23.410	7.424
58	0.000	26.160	16.284	58.889	9.881
59	0.000	15.326	19.396	101.904	8.220
60	20.147	18.354	22.317	96.360	10.611
61	0.000	0.000	0.000	0.000	0.000
62	6.292	26.059	22.282	159.830	12.602
63	0.000	0.000	0.000	0.000	0.000
64	0.000	0.000	0.000	0.000	0.000
65	0.000	0.731	15.786	64.920	6.085
66	0.000	0.000	0.000	0.000	0.000
67	0.000	12.141	20.619	206.383	19.561
68	0.000	0.000	0.000	0.000	0.000
69	0.000	18.849	16.249	182.618	5.720
70	0.000	0.000	0.000	0.000	0.000
71	0.000	0.000	0.000	0.000	0.000
72	0.000	0.000	0.000	0.000	0.000
73	0.000	0.000	0.000	0.000	0.000
74	0.000	9.047	14.840	0.000	0.000
75	0.000	0.000	0.000	0.000	0.939
76	0.000	0.000	0.000	0.000	0.000
77	0.000	19.902	14.551	152.092	9.555
78	0.000	20.549	15.764	103.019	5.586

79	0.000	0.000	0.000	0.000	0.000
80	28.804	1.684	2.033	21.988	0.223
mean	2.497	8.076	10.782	108.811	7.627

SUMMARY OF INPUT SLACKS:

firm input:	1	2	3
1	12.052	0.000	0.000
2	88.540	0.000	0.000
3	0.000	0.000	0.000
4	0.000	0.000	0.000
5	0.000	0.000	0.000
6	0.000	51.223	0.000
7	0.000	0.000	0.000
8	87.107	0.000	0.000
9	0.000	0.000	334.003
10	0.000	0.000	0.000
11	0.000	0.000	0.000
12	0.000	0.000	0.000
13	25.791	0.000	0.000
14	0.000	0.000	0.000
15	0.000	0.000	83.026
16	0.000	0.000	4 733.574
17	1 096.184	250.326	0.000
18	0.000	0.000	0.000
19	0.000	0.000	16.546
20	96.462	0.000	425.806
21	344.084	0.000	0.000
22	0.000	0.000	0.000
23	0.000	0.000	0.000

24	0.000	0.000	0.000
25	127.271	0.000	4 321.682
26	631.085	0.000	1 069.768
27	0.000	0.000	0.000
28	0.000	66.210	0.000
29	0.000	0.000	0.000
30	0.000	217.154	0.000
31	56.866	0.000	0.000
32	0.000	0.000	0.000
33	0.000	7.008	0.000
34	0.000	0.000	0.000
35	0.000	0.000	0.000
36	741.697	0.000	6 105.477
37	0.000	0.000	0.000
38	0.000	0.000	0.000
39	0.000	0.000	0.000
40	785.892	0.000	0.000
41	0.000	38.431	0.000
42	2.400	0.000	0.000
43	0.000	0.000	38.059
44	0.000	0.000	0.000
45	0.000	0.000	0.000
46	0.000	0.000	0.000
47	0.000	0.000	271.820
48	0.000	11.437	0.000
49	0.000	0.000	0.000
50	0.000	0.000	0.000
51	0.000	0.000	0.000
52	0.000	0.000	0.000
53	0.000	0.000	0.000
54	0.000	0.000	0.000
55	0.000	0.000	0.000

56	0.000	0.000	0.000
57	0.000	0.000	0.000
58	0.000	24.782	0.000
59	0.000	0.000	0.000
60	0.000	62.311	0.000
61	0.000	0.000	0.000
62	0.000	28.855	0.000
63	0.000	0.000	0.000
64	0.000	0.000	0.000
65	0.000	0.000	0.000
66	0.000	0.000	0.000
67	0.000	0.000	0.000
68	0.000	0.000	0.000
69	0.000	0.000	0.000
70	0.000	0.000	0.000
71	0.000	0.000	0.000
72	0.000	0.000	0.000
73	0.000	0.000	0.000
74	0.000	0.000	0.000
75	336.042	0.000	0.000
76	0.000	0.000	0.000
77	0.000	0.000	0.000
78	0.000	0.000	0.000
79	0.000	0.000	0.000
80	509.709	0.000	0.000
mean	61.765	9.472	217.497

SUMMARY OF PEERS:

firm peers:

1	4	44	71		
2	71	4	79		
3	4	61	71	64	
4	4				
5	5				
6	12	61	71		
7	7				
8	66	12	4	44	
9	61	5	27	4	
10	61	4	64	71	
11	11				
12	12				
13	44	71	4		
14	71	5	4	79	
15	5	64			
16	4	71	5	79	
17	66	71			
18	18				
19	4	5	64		
20	5	52	71		
21	79	5	71	52	
22	71	12	44	4	
23	4	12	71	11	44
24	79	5	52	71	
25	52	5	79		
26	71	64	7	4	
27	27				
28	61	71	12		
29	4	71	64	61	
30	71	12	44		
31	71	44			
32	61	4	64	71	

33	12	71	66	11	61
34	71	5	61	27	
35	61	71	64	4	
36	4	79			
37	4	61	64	71	
38	12	4	44	71	
39	5	71	79	4	
40	71	4	79	5	
41	12	61	71		
42	71	79	4		
43	5	64	4		
44	44				
45	45				
46	4	71	61	64	
47	64	4	61		
48	71	64			
49	12	44	71	4	
50	4	71	5	64	
51	4	71	5	64	
52	52				
53	61	63	66	68	70
54	4	71	70	61	27
55	4	61	70	27	71
56	71	61	64	4	
57	71	66	61	4	70
58	12	71	61		
59	44	12	4	71	
60	71	44			
61	61				
62	71	64			
63	63				
64	64				

65	71	12	44	4		
66	66					
67	4	61	64	71		
68	68					
69	5	64	71	4		
70	70					
71	71					
72	72					
73	73					
74	4	12	61	64	5	71
75	4	71	12	44	11	64
76	76					
77	71	12	44	4		
78	71	76	61	4		
79	79					
80	52	71				

SUMMARY OF PEER WEIGHTS:

(in same order as above)

firm	peer weights:
1	0.021 0.296 0.684
2	0.612 0.291 0.097
3	0.046 0.080 0.321 0.552
4	1.000
5	1.000
6	0.024 0.193 0.784
7	1.000
8	0.542 0.013 0.015 0.430
9	0.081 0.714 0.200 0.005
10	0.004 0.029 0.102 0.864

11	1.000
12	1.000
13	0.050 0.725 0.225
14	0.381 0.386 0.032 0.201
15	0.069 0.931
16	0.031 0.213 0.723 0.033
17	0.490 0.510
18	1.000
19	0.050 0.637 0.313
20	0.016 0.809 0.176
21	0.105 0.096 0.656 0.144
22	0.298 0.012 0.638 0.053
23	0.031 0.008 0.837 0.053 0.071
24	0.068 0.201 0.239 0.493
25	0.136 0.207 0.658
26	0.074 0.747 0.146 0.033
27	1.000
28	0.048 0.923 0.029
29	0.049 0.377 0.416 0.158
30	0.767 0.032 0.201
31	0.795 0.205
32	0.095 0.008 0.242 0.655
33	0.002 0.139 0.524 0.198 0.137
34	0.695 0.142 0.059 0.104
35	0.022 0.741 0.202 0.036
36	0.100 0.900
37	0.165 0.174 0.458 0.203
38	0.010 0.087 0.265 0.638
39	0.163 0.592 0.155 0.090
40	0.394 0.010 0.552 0.043
41	0.013 0.272 0.714
42	0.587 0.330 0.084

43 0.671 0.265 0.064

44 1.000

45 1.000

46 0.015 0.450 0.161 0.373

47 0.310 0.175 0.515

48 0.380 0.620

49 0.001 0.437 0.553 0.009

50 0.010 0.676 0.261 0.052

51 0.028 0.094 0.738 0.140

52 1.000

53 0.481 0.104 0.074 0.031 0.310

54 0.022 0.321 0.217 0.024 0.415

55 0.080 0.207 0.237 0.258 0.218

56 0.824 0.021 0.077 0.078

57 0.639 0.185 0.029 0.043 0.105

58 0.001 0.723 0.275

59 0.071 0.008 0.065 0.856

60 0.753 0.247

61 1.000

62 0.982 0.018

63 1.000

64 1.000

65 0.334 0.027 0.326 0.314

66 1.000

67 0.108 0.084 0.662 0.146

68 1.000

69 0.096 0.077 0.756 0.070

70 1.000

71 1.000

72 1.000

73 1.000

74 0.164 0.002 0.135 0.444 0.179 0.075

75	0.002 0.666 0.000 0.030 0.074 0.229
76	1.000
77	0.770 0.000 0.179 0.051
78	0.694 0.126 0.131 0.050
79	1.000
80	0.516 0.484

PEER COUNT SUMMARY:

(i.e., no. times each firm is a peer for another)

firm	peer count:
1	0
2	0
3	0
4	40
5	17
6	0
7	1
8	0
9	0
10	0
11	3
12	16
13	0
14	0
15	0
16	0
17	0
18	0
19	0
20	0

21	0
22	0
23	0
24	0
25	0
26	0
27	4
28	0
29	0
30	0
31	0
32	0
33	0
34	0
35	0
36	0
37	0
38	0
39	0
40	0
41	0
42	0
43	0
44	14
45	0
46	0
47	0
48	0
49	0
50	0
51	0
52	5

53	0
54	0
55	0
56	0
57	0
58	0
59	0
60	0
61	23
62	0
63	1
64	21
65	0
66	5
67	0
68	1
69	0
70	4
71	50
72	0
73	0
74	0
75	0
76	1
77	0
78	0
79	10
80	0

SUMMARY OF OUTPUT TARGETS:

firm	output: 1	2	3	4	5
1	115.070	21.945	22.629	160.950	10.205
2	611.390	19.335	16.356	151.159	12.236
3	139.600	17.929	22.760	270.171	20.983
4	1 908.000	4.230	2.370	56.180	2.810
5	80.630	22.050	9.650	686.340	8.080
6	212.000	30.106	18.600	203.446	11.693
7	53.410	47.620	23.750	272.730	3.400
8	258.600	24.690	12.664	192.461	4.480
9	82.400	28.090	8.369	577.915	7.165
10	115.000	25.854	22.519	199.981	14.653
11	59.640	31.820	12.200	694.920	1.850
12	5 957.000	18.320	6.670	23.810	0.010
13	480.000	21.968	18.206	154.675	10.511
14	151.960	20.969	16.110	378.698	14.999
15	42.806	10.832	26.100	357.707	27.621
16	136.000	22.376	12.500	544.706	9.889
17	127.810	33.330	13.683	228.623	9.537
18	215.000	26.460	22.830	625.000	23.980
19	160.000	17.386	14.806	544.250	14.375
20	44.871	7.690	7.152	70.410	10.678
21	73.000	21.939	18.270	215.050	14.508
22	258.960	14.160	22.159	125.909	6.283
23	170.000	26.326	21.495	204.080	11.629
24	68.550	19.621	15.253	252.013	12.896
25	137.350	9.857	14.458	277.780	24.970
26	105.000	16.670	25.640	304.705	23.297
27	29.810	46.080	6.010	322.580	4.390
28	235.500	28.605	21.322	188.616	12.656
29	150.440	21.158	20.579	257.753	18.271

30	263.590	24.036	22.426	166.374	10.943
31	72.580	24.276	22.951	171.361	11.334
32	76.060	24.709	21.843	231.903	16.432
33	149.000	35.710	8.264	344.830	5.973
34	64.588	29.940	17.989	278.934	11.278
35	125.040	24.055	22.502	215.241	16.017
36	348.460	7.137	16.599	185.617	30.278
37	365.000	17.738	18.084	249.969	17.580
38	296.000	20.863	21.081	153.097	9.677
39	249.000	21.957	18.060	259.753	14.655
40	144.540	16.317	19.443	215.050	24.065
41	155.100	31.010	17.216	212.871	11.260
42	254.100	19.484	19.528	181.328	19.076
43	186.500	17.713	13.876	552.392	13.316
44	110.910	8.240	23.810	104.170	3.360
45	160.100	33.430	3.270	628.930	3.980
46	90.200	22.795	20.989	256.243	17.920
47	402.090	23.655	10.575	260.425	12.720
48	48.621	16.992	25.577	278.394	23.115
49	108.400	19.365	23.002	150.333	8.893
50	85.000	25.545	19.341	324.973	12.708
51	124.000	20.461	13.155	572.579	11.378
52	40.300	2.910	3.720	32.680	10.140
53	116.449	41.320	8.831	259.070	8.011
54	98.770	39.060	14.565	259.799	9.292
55	220.400	37.040	12.424	250.254	8.786
56	205.000	25.339	21.086	191.595	13.620
57	172.000	31.250	17.729	208.600	11.294
58	84.100	31.160	17.354	215.139	11.401
59	234.840	25.326	21.356	172.714	11.880
60	74.617	23.424	22.997	167.790	10.911
61	110.000	38.460	3.270	285.710	6.230

62	62.292	28.079	22.812	191.280	13.672
63	169.030	47.850	1.420	133.330	2.210
64	40.000	10.000	27.320	333.330	29.070
65	814.560	13.981	16.266	115.170	6.445
66	195.700	38.460	4.250	270.270	5.520
67	250.520	14.471	21.929	278.323	22.021
68	45.250	33.330	6.070	200.400	5.290
69	192.000	24.679	20.399	238.488	13.350
70	97.000	45.050	21.320	263.160	13.590
71	62.700	28.410	22.730	188.680	13.390
72	327.060	50.050	16.760	138.890	23.420
73	210.000	53.190	2.610	238.100	3.740
74	375.990	16.477	16.420	333.330	16.670
75	64.420	23.810	22.990	256.410	15.799
76	532.870	1.280	1.290	80.040	2.740
77	166.000	23.572	21.891	166.802	11.055
78	220.270	25.099	16.474	181.049	10.586
79	175.160	7.460	18.180	200.000	33.330
80	51.144	15.254	12.923	108.198	11.713

SUMMARY OF INPUT TARGETS:

firm	input: 1	2	3
1	208.091	45.370	427.968
2	186.725	106.121	2 961.271
3	61.505	60.822	1 274.562
4	295.060	293.830	8 929.440
5	64.520	27.630	1 299.760
6	127.250	171.500	740.685
7	441.080	59.020	12 391.120
8	472.499	147.216	661.899

9	76.343	59.896	1 685.700
10	98.197	37.322	672.715
11	486.180	36.980	800.510
12	1 787.100	4 169.900	11 020.450
13	161.791	89.906	2 247.652
14	153.991	37.612	1 245.421
15	26.416	30.953	1 206.889
16	90.588	36.109	1 337.613
17	278.543	69.014	488.331
18	900.600	146.200	4 235.500
19	63.342	42.158	1 652.990
20	167.013	21.807	904.174
21	140.987	27.557	657.760
22	353.388	115.327	740.055
23	165.608	72.972	682.769
24	133.745	26.551	777.104
25	304.379	30.353	1 490.207
26	99.259	43.678	3 026.701
27	131.250	87.940	3 085.340
28	146.025	159.301	675.759
29	66.962	79.065	1 239.439
30	225.527	170.494	621.575
31	172.315	36.303	273.541
32	76.839	53.014	683.797
33	360.906	113.048	727.446
34	94.596	48.001	800.747
35	90.510	43.397	827.646
36	393.663	59.337	2 374.861
37	85.220	113.891	2 290.763
38	227.338	103.943	1 115.463
39	159.240	52.797	1 463.059
40	268.961	33.718	1 185.714

41	104.309	147.387	696.895
42	217.072	52.103	1 480.760
43	68.371	45.572	1 760.343
44	450.380	67.660	69.870
45	685.930	99.260	1 031.040
46	63.582	70.920	918.336
47	74.551	195.271	2 527.559
48	52.852	30.068	868.084
49	257.707	53.776	304.509
50	89.173	30.925	713.652
51	68.571	35.580	1 406.257
52	183.430	20.300	1 021.970
53	179.133	194.225	1 469.097
54	170.119	72.079	2 069.948
55	168.603	121.339	2 322.418
56	108.291	54.026	1 077.820
57	200.200	65.424	969.641
58	83.755	98.071	570.220
59	152.255	82.925	953.614
60	187.093	37.969	262.717
61	30.540	260.700	1 158.300
62	99.255	28.274	341.747
63	167.680	373.550	1 800.140
64	23.590	31.200	1 200.000
65	320.593	234.855	3 227.069
66	464.040	111.550	657.550
67	64.679	78.457	1 901.787
68	136.860	70.140	724.910
69	104.829	47.009	1 090.355
70	349.720	63.050	2 108.780
71	100.640	28.220	326.040
72	554.010	156.990	9 998.220

73	758.590	476.700	3 150.000
74	85.608	112.558	2 431.275
75	122.981	32.950	572.774
76	125.370	447.610	2 275.350
77	173.555	49.731	717.303
78	104.320	124.622	1 109.969
79	404.620	33.280	1 646.500
80	143.352	24.134	685.075

FIRM BY FIRM RESULTS:

Results for firm: 1

Technical efficiency = 0.222

Scale efficiency = 0.921 (irs)

PROJECTION SUMMARY:

variable		original value	radial movement	slack movement	projected value
output	1	115.070	0.000	0.000	115.070
output	2	12.990	0.000	8.955	21.945
output	3	0.750	0.000	21.879	22.629
output	4	90.910	0.000	70.040	160.950
output	5	2.860	0.000	7.345	10.205
input	1	993.820	−773.677	−12.052	208.091
input	2	204.820	−159.450	0.000	45.370
input	3	1 932.030	−1 504.062	0.000	427.968

LISTING OF PEERS:

peer	lambda weight
4	0.021
44	0.296
71	0.684

Results for firm: 2

Technical efficiency = 0.165

Scale efficiency = 0.959 (irs)

PROJECTION SUMMARY:

variable		original value	radial movement	slack movement	projected value
output	1	611.390	0.000	0.000	611.390
output	2	1.890	0.000	17.445	19.335
output	3	0.390	0.000	15.966	16.356
output	4	70.690	0.000	80.469	151.159
output	5	0.090	0.000	12.146	12.236
input	1	1 665.170	−1 389.905	−88.540	186.725
input	2	641.960	−535.839	0.000	106.121
input	3	17 913.730	−14 952.459	0.000	2 961.271

LISTING OF PEERS:

peer	lambda weight
71	0.612
4	0.291
79	0.097

Results for firm: 3

Technical efficiency = 0.386

Scale efficiency = 0.636 (irs)

PROJECTION SUMMARY:

variable		original value	radial movement	slack movement	projected value
output	1	139.600	0.000	0.000	139.600
output	2	8.330	0.000	9.599	17.929
output	3	2.040	0.000	20.720	22.760
output	4	20.000	0.000	250.171	270.171
output	5	1.560	0.000	19.423	20.983

input	1	159.520	−98.015	0.000	61.505
input	2	157.750	−96.928	0.000	60.822
input	3	3 305.730	−2 031.168	0.000	1 274.562

LISTING OF PEERS:

peer	lambda weight
4	0.046
61	0.080
71	0.321
64	0.552

Results for firm: 4

Technical efficiency = 1.000

Scale efficiency = 1.000 (crs)

PROJECTION SUMMARY:

variable		original value	radial movement	slack movement	projected value
output	1	1 908.000	0.000	0.000	1 908.000
output	2	4.230	0.000	0.000	4.230
output	3	2.370	0.000	0.000	2.370
output	4	56.180	0.000	0.000	56.180
output	5	2.810	0.000	0.000	2.810
input	1	295.060	0.000	0.000	295.060
input	2	293.830	0.000	0.000	293.830
input	3	8 929.440	0.000	0.000	8 929.440

LISTING OF PEERS:

peer	lambda weight
4	1.000

Results for firm: 5

Technical efficiency = 1.000

Scale efficiency = 1.000 (crs)

PROJECTION SUMMARY:

variable		original value	radial movement	slack movement	projected value
output	1	80.630	0.000	0.000	80.630
output	2	22.050	0.000	0.000	22.050
output	3	9.650	0.000	0.000	9.650
output	4	686.340	0.000	0.000	686.340
output	5	8.080	0.000	0.000	8.080
input	1	64.520	0.000	0.000	64.520
input	2	27.630	0.000	0.000	27.630
input	3	1 299.760	0.000	0.000	1 299.760

LISTING OF PEERS:

peer	lambda weight
5	1.000

Results for firm: 6

Technical efficiency = 0.244

Scale efficiency = 0.807 (irs)

PROJECTION SUMMARY:

variable		original value	radial movement	slack movement	projected value
output	1	212.000	0.000	0.000	212.000
output	2	18.380	0.000	11.726	30.106
output	3	0.180	0.000	18.420	18.600
output	4	20.880	0.000	182.566	203.446
output	5	0.180	0.000	11.513	11.693
input	1	520.830	−393.580	0.000	127.250

input	2	911.600	−688.877	−51.223	171.500
input	3	3 031.600	−2 290.915	0.000	740.685

LISTING OF PEERS:

peer	lambda weight
12	0.024
61	0.193
71	0.784

Results for firm: 7

Technical efficiency = 1.000

Scale efficiency = 0.801 (drs)

PROJECTION SUMMARY:

variable		original value	radial movement	slack movement	projected value
output	1	53.410	0.000	0.000	53.410
output	2	47.620	0.000	0.000	47.620
output	3	23.750	0.000	0.000	23.750
output	4	272.730	0.000	0.000	272.730
output	5	3.400	0.000	0.000	3.400
input	1	441.080	0.000	0.000	441.080
input	2	59.020	0.000	0.000	59.020
input	3	12 391.120	0.000	0.000	12 391.120

LISTING OF PEERS:

peer	lambda weight
7	1.000

Results for firm: 8

Technical efficiency = 0.448

Scale efficiency = 0.922 (drs)

PROJECTION SUMMARY:

variable		original value	radial movement	slack movement	projected value
output	1	258.600	0.000	0.000	258.600
output	2	24.690	0.000	0.000	24.690
output	3	0.750	0.000	11.914	12.664
output	4	166.670	0.000	25.791	192.461
output	5	0.560	0.000	3.920	4.480
input	1	1 248.410	−688.803	−87.107	472.500
input	2	328.420	−181.204	0.000	147.216
input	3	1 476.610	−814.711	0.000	661.899

LISTING OF PEERS:

peer	lambda weight
66	0.542
12	0.013
4	0.015
44	0.430

Results for firm: 9

Technical efficiency = 0.192

Scale efficiency = 0.963 (drs)

PROJECTION SUMMARY:

variable		original value	radial movement	slack movement	projected value
output	1	82.400	0.000	0.000	82.400
output	2	28.090	0.000	0.000	28.090
output	3	0.300	0.000	8.069	8.369
output	4	166.670	0.000	411.245	577.915
output	5	0.280	0.000	6.885	7.165
input	1	398.050	−321.707	0.000	76.343
input	2	312.300	−252.404	0.000	59.896

input	3	10 530.720	−8 511.017	−334.003	1 685.700

LISTING OF PEERS:

peer	lambda weight
61	0.081
5	0.714
27	0.200
4	0.005

Results for firm: 10

Technical efficiency = 0.040

Scale efficiency = 0.830 (irs)

PROJECTION SUMMARY:

variable		original value	radial movement	slack movement	projected value
output	1	115.000	0.000	0.000	115.000
output	2	1.150	0.000	24.704	25.854
output	3	0.470	0.000	22.049	22.519
output	4	133.330	0.000	66.651	199.981
output	5	0.010	0.000	14.643	14.653
input	1	2 452.980	−2 354.783	0.000	98.197
input	2	932.310	−894.988	0.000	37.322
input	3	16 804.600	−16 131.885	0.000	672.715

LISTING OF PEERS:

peer	lambda weight
61	0.004
4	0.029
64	0.102
71	0.864

Results for firm: 11

Technical efficiency = 1.000

Scale efficiency = 1.000 (crs)

PROJECTION SUMMARY:

variable		original value	radial movement	slack movement	projected value
output	1	59.640	0.000	0.000	59.640
output	2	31.820	0.000	0.000	31.820
output	3	12.200	0.000	0.000	12.200
output	4	694.920	0.000	0.000	694.920
output	5	1.850	0.000	0.000	1.850
input	1	486.180	0.000	0.000	486.180
input	2	36.980	0.000	0.000	36.980
input	3	800.510	0.000	0.000	800.510

LISTING OF PEERS:

peer	lambda weight
11	1.000

Results for firm: 12

Technical efficiency = 1.000

Scale efficiency = 1.000 (crs)

PROJECTION SUMMARY:

variable		original value	radial movement	slack movement	projected value
output	1	5 957.000	0.000	0.000	5 957.000
output	2	18.320	0.000	0.000	18.320
output	3	6.670	0.000	0.000	6.670
output	4	23.810	0.000	0.000	23.810
output	5	0.010	0.000	0.000	0.010
input	1	1 787.100	0.000	0.000	1 787.100
input	2	4 169.900	0.000	0.000	4 169.900
input	3	11 020.450	0.000	0.000	11 020.450

LISTING OF PEERS:

peer	lambda weight
12	1.000

Results for firm: 13

Technical efficiency = 0.156

Scale efficiency = 0.953 (irs)

PROJECTION SUMMARY:

variable		original value	radial movement	slack movement	projected value
output	1	480.000	0.000	0.000	480.000
output	2	1.130	0.000	20.838	21.968
output	3	0.430	0.000	17.776	18.206
output	4	13.870	0.000	140.805	154.675
output	5	0.350	0.000	10.161	10.511
input	1	1 201.780	–1 014.198	–25.791	161.791
input	2	576.000	–486.094	0.000	89.906
input	3	14 400.000	–12 152.348	0.000	2 247.652

LISTING OF PEERS:

peer	lambda weight
44	0.050
71	0.725
4	0.225

Results for firm: 14

Technical efficiency = 0.328

Scale efficiency = 0.745 (irs)

PROJECTION SUMMARY:

variable		original value	radial movement	slack movement	projected value
output	1	151.960	0.000	0.000	151.960
output	2	3.460	0.000	17.509	20.969
output	3	7.870	0.000	8.240	16.110

output	4	14.970	0.000	363.728	378.698
output	5	2.580	0.000	12.419	14.999
input	1	469.730	−315.739	0.000	153.991
input	2	114.730	−77.118	0.000	37.612
input	3	3 799.000	−2 553.579	0.000	1 245.421

LISTING OF PEERS:

peer	lambda weight
71	0.381
5	0.386
4	0.032
79	0.201

Results for firm: 15

Technical efficiency = 0.192

Scale efficiency = 0.534 (irs)

PROJECTION SUMMARY:

variable		original value	radial movement	slack movement	projected value
output	1	31.700	0.000	11.106	42.806
output	2	5.150	0.000	5.682	10.832
output	3	0.910	0.000	25.190	26.100
output	4	31.250	0.000	326.457	357.707
output	5	1.010	0.000	26.611	27.621
input	1	137.700	−111.284	0.000	26.416
input	2	161.350	−130.397	0.000	30.953
input	3	6 723.890	−5 433.975	−83.026	1 206.889

LISTING OF PEERS:

peer	lambda weight
5	0.069
64	0.931

Results for firm: 16

Technical efficiency = 0.354

Scale efficiency = 0.855 (irs)

PROJECTION SUMMARY:

variable		original value	radial movement	slack movement	projected value
output	1	136.000	0.000	0.000	136.000
output	2	7.140	0.000	15.236	22.376
output	3	12.500	0.000	0.000	12.500
output	4	50.000	0.000	494.706	544.706
output	5	0.010	0.000	9.879	9.889
input	1	255.890	−165.302	0.000	90.588
input	2	102.000	−65.891	0.000	36.109
input	3	17 149.600	−11 078.413	−4 733.574	1 337.613

LISTING OF PEERS:

peer	lambda weight
4	0.031
71	0.213
5	0.723
79	0.033

Results for firm: 17

Technical efficiency = 0.970

Scale efficiency = 0.684 (drs)

PROJECTION SUMMARY:

variable		original value	radial movement	slack movement	projected value
output	1	124.000	0.000	3.810	127.810
output	2	33.330	0.000	0.000	33.330
output	3	2.470	0.000	11.213	13.683
output	4	200.000	0.000	28.623	228.623
output	5	4.140	0.000	5.397	9.537

input	1	1 417.260	−42.533	−1 096.184	278.543
input	2	329.220	−9.880	−250.326	69.014
input	3	503.440	−15.109	0.000	488.331

LISTING OF PEERS:

peer	lambda weight
66	0.490
71	0.510

Results for firm: 18

Technical efficiency = 1.000

Scale efficiency = 0.414 (drs)

PROJECTION SUMMARY:

variable		original value	radial movement	slack movement	projected value
output	1	215.000	0.000	0.000	215.000
output	2	26.460	0.000	0.000	26.460
output	3	22.830	0.000	0.000	22.830
output	4	625.000	0.000	0.000	625.000
output	5	23.980	0.000	0.000	23.980
input	1	900.600	0.000	0.000	900.600
input	2	146.200	0.000	0.000	146.200
input	3	4 235.500	0.000	0.000	4 235.500

LISTING OF PEERS:

peer	lambda weight
18	1.000

Results for firm: 19

Technical efficiency = 0.244

Scale efficiency = 0.667 (irs)

PROJECTION SUMMARY:

variable		original value	radial movement	slack movement	projected value
output	1	160.000	0.000	0.000	160.000
output	2	5.460	0.000	11.926	17.386
output	3	1.600	0.000	13.206	14.806
output	4	108.700	0.000	435.550	544.250
output	5	0.930	0.000	13.445	14.375
input	1	259.630	–196.288	0.000	63.342
input	2	172.800	–130.642	0.000	42.158
input	3	6 843.200	–5 173.664	–16.546	1 652.990

LISTING OF PEERS:

peer	lambda weight
4	0.050
5	0.637
64	0.313

Results for firm: 20

Technical efficiency = 0.357

Scale efficiency = 0.471 (irs)

PROJECTION SUMMARY:

variable		original value	radial movement	slack movement	projected value
output	1	33.550	0.000	11.321	44.871
output	2	7.690	0.000	0.000	7.690
output	3	6.670	0.000	0.482	7.152
output	4	70.410	0.000	0.000	70.410
output	5	0.670	0.000	10.008	10.678
input	1	737.750	–474.275	–96.462	167.013
input	2	61.060	–39.253	0.000	21.807
input	3	3 724.050	–2 394.070	–425.806	904.174

LISTING OF PEERS:

peer	lambda weight
5	0.016
52	0.809
71	0.176

Results for firm: 21

Technical efficiency = 0.604

Scale efficiency = 0.801 (irs)

PROJECTION SUMMARY:

variable		original value	radial movement	slack movement	projected value
output	1	73.000	0.000	0.000	73.000
output	2	16.030	0.000	5.909	21.939
output	3	2.670	0.000	15.600	18.270
output	4	215.050	0.000	0.000	215.050
output	5	6.500	0.000	8.008	14.508
input	1	803.210	–318.139	–344.084	140.987
input	2	45.630	–18.073	0.000	27.557
input	3	1 089.160	–431.400	0.000	657.760

LISTING OF PEERS:

peer	lambda weight
79	0.105
5	0.096
71	0.656
52	0.144

Results for firm: 22

Technical efficiency = 0.086

Scale efficiency = 0.966 (irs)

PROJECTION SUMMARY:

variable		original value	radial movement	slack movement	projected value
output	1	258.960	0.000	0.000	258.960
output	2	2.270	0.000	11.890	14.160
output	3	0.270	0.000	21.889	22.159
output	4	13.930	0.000	111.979	125.909
output	5	0.210	0.000	6.073	6.283
input	1	4 110.380	−3 756.992	0.000	353.388
input	2	1 341.410	−1 226.083	0.000	115.327
input	3	8 607.830	−7 867.775	0.000	740.055

LISTING OF PEERS:

peer	lambda weight
71	0.298
12	0.012
44	0.638
4	0.053

Results for firm: 23

Technical efficiency = 0.115

Scale efficiency = 0.987 (drs)

PROJECTION SUMMARY:

variable		original value	radial movement	slack movement	projected value
output	1	170.000	0.000	0.000	170.000
output	2	6.670	0.000	19.656	26.326
output	3	0.790	0.000	20.705	21.495
output	4	204.080	0.000	0.000	204.080
output	5	0.510	0.000	11.119	11.629
input	1	1 439.070	−1 273.462	0.000	165.608
input	2	634.100	−561.128	0.000	72.972

input	3	5 933.000	–5 250.231	0.000	682.769

LISTING OF PEERS:

peer	lambda weight
4	0.031
12	0.008
71	0.837
11	0.053
44	0.071

Results for firm: 24

Technical efficiency = 0.472

Scale efficiency = 0.545 (irs)

PROJECTION SUMMARY:

variable		original value	radial movement	slack movement	projected value
output	1	68.550	0.000	0.000	68.550
output	2	5.900	0.000	13.721	19.621
output	3	4.060	0.000	11.193	15.253
output	4	57.470	0.000	194.543	252.013
output	5	5.340	0.000	7.556	12.896
input	1	283.150	–149.405	0.000	133.745
input	2	56.210	–29.659	0.000	26.551
input	3	1 645.200	–868.096	0.000	777.104

LISTING OF PEERS:

peer	lambda weight
79	0.068
5	0.201
52	0.239
71	0.493

Results for firm: 25

Technical efficiency = 0.539

Scale efficiency = 0.904 (irs)

PROJECTION SUMMARY:

variable		original value	radial movement	slack movement	projected value
output	1	137.350	0.000	0.000	137.350
output	2	8.260	0.000	1.597	9.857
output	3	5.520	0.000	8.938	14.458
output	4	277.780	0.000	0.000	277.780
output	5	4.720	0.000	20.250	24.970
input	1	800.780	–369.130	–127.271	304.379
input	2	56.310	–25.957	0.000	30.353
input	3	10 781.980	–4 970.092	–4 321.682	1 490.206

LISTING OF PEERS:

peer	lambda weight
52	0.136
5	0.207
79	0.658

Results for firm: 26

Technical efficiency = 0.630

Scale efficiency = 0.796 (drs)

PROJECTION SUMMARY:

variable		original value	radial movement	slack movement	projected value
output	1	105.000	0.000	0.000	105.000
output	2	16.670	0.000	0.000	16.670
output	3	25.640	0.000	0.000	25.640
output	4	82.640	0.000	222.065	304.705
output	5	6.490	0.000	16.807	23.297

input	1	1 158.770	–428.427	–631.085	99.258
input	2	69.300	–25.622	0.000	43.678
input	3	6 499.500	–2 403.031	–1 069.768	3 026.701

LISTING OF PEERS:

peer	lambda weight
71	0.074
64	0.747
7	0.146
4	0.033

Results for firm: 27

Technical efficiency = 1.000

Scale efficiency = 0.951 (drs)

PROJECTION SUMMARY:

variable		original value	radial movement	slack movement	projected value
output	1	29.810	0.000	0.000	29.810
output	2	46.080	0.000	0.000	46.080
output	3	6.010	0.000	0.000	6.010
output	4	322.580	0.000	0.000	322.580
output	5	4.390	0.000	0.000	4.390
input	1	131.250	0.000	0.000	131.250
input	2	87.940	0.000	0.000	87.940
input	3	3 085.340	0.000	0.000	3 085.340

LISTING OF PEERS:

peer	lambda weight
27	1.000

Results for firm: 28

Technical efficiency = 0.330

Scale efficiency = 0.886 (irs)

PROJECTION SUMMARY:

variable		original value	radial movement	slack movement	projected value
output	1	235.500	0.000	0.000	235.500
output	2	21.460	0.000	7.145	28.605
output	3	0.530	0.000	20.792	21.322
output	4	100.000	0.000	88.616	188.616
output	5	0.010	0.000	12.646	12.656
input	1	442.230	–296.205	0.000	146.025
input	2	682.950	–457.438	–66.210	159.302
input	3	2 046.500	–1 370.741	0.000	675.759

LISTING OF PEERS:

peer	lambda weight
61	0.048
71	0.923
12	0.029

Results for firm: 29

Technical efficiency = 0.124

Scale efficiency = 0.612 (irs)

PROJECTION SUMMARY:

variable		original value	radial movement	slack movement	projected value
output	1	150.440	0.000	0.000	150.440
output	2	8.620	0.000	12.538	21.158
output	3	1.000	0.000	19.579	20.579
output	4	31.250	0.000	226.503	257.753
output	5	1.590	0.000	16.681	18.271
input	1	538.960	–471.998	0.000	66.962
input	2	636.370	–557.305	0.000	79.065

input	3	9 975.870	–8 736.431	0.000	1 239.439

LISTING OF PEERS:

peer	lambda weight
4	0.049
71	0.377
64	0.416
61	0.158

Results for firm: 30

Technical efficiency = 0.254

Scale efficiency = 0.943 (irs)

PROJECTION SUMMARY:

variable		original value	radial movement	slack movement	projected value
output	1	263.590	0.000	0.000	263.590
output	2	11.010	0.000	13.026	24.036
output	3	0.280	0.000	22.146	22.426
output	4	135.140	0.000	31.234	166.374
output	5	0.220	0.000	10.723	10.943
input	1	889.440	–663.913	0.000	225.527
input	2	1 528.820	–1 141.172	–217.154	170.494
input	3	2 451.390	–1 829.815	0.000	621.575

LISTING OF PEERS:

peer	lambda weight
71	0.767
12	0.032
44	0.201

Results for firm: 31

Technical efficiency = 0.487

Scale efficiency = 0.706 (irs)

PROJECTION SUMMARY:

variable		original value	radial movement	slack movement	projected value
output	1	51.780	0.000	20.800	72.580
output	2	16.670	0.000	7.606	24.276
output	3	9.090	0.000	13.861	22.951
output	4	76.920	0.000	94.441	171.361
output	5	7.620	0.000	3.714	11.334
input	1	470.700	−241.520	−56.866	172.314
input	2	74.560	−38.257	0.000	36.303
input	3	561.810	−288.269	0.000	273.541

LISTING OF PEERS:

peer	lambda weight
71	0.795
44	0.205

Results for firm: 32

Technical efficiency = 0.639

Scale efficiency = 0.662 (irs)

PROJECTION SUMMARY:

variable		original value	radial movement	slack movement	projected value
output	1	76.060	0.000	0.000	76.060
output	2	8.620	0.000	16.089	24.709
output	3	1.970	0.000	19.873	21.843
output	4	38.460	0.000	193.443	231.903
output	5	9.260	0.000	7.172	16.432
input	1	120.170	−43.331	0.000	76.839
input	2	82.910	−29.896	0.000	53.014
input	3	1 069.400	−385.603	0.000	683.797

LISTING OF PEERS:

peer	lambda weight
61	0.095
4	0.008
64	0.242
71	0.655

Results for firm: 33

Technical efficiency = 0.597

Scale efficiency = 0.814 (drs)

PROJECTION SUMMARY:

variable		original value	radial movement	slack movement	projected value
output	1	149.000	0.000	0.000	149.000
output	2	35.710	0.000	0.000	35.710
output	3	1.330	0.000	6.934	8.264
output	4	344.830	0.000	0.000	344.830
output	5	2.240	0.000	3.733	5.973
input	1	604.690	−243.784	0.000	360.906
input	2	201.150	−81.095	−7.008	113.047
input	3	1 218.820	−491.374	0.000	727.446

LISTING OF PEERS:

peer	lambda weight
12	0.002
71	0.139
66	0.524
11	0.198
61	0.137

Results for firm: 34

Technical efficiency = 0.622

Scale efficiency = 0.989 (drs)

PROJECTION SUMMARY:

variable		original value	radial movement	slack movement	projected value
output	1	33.700	0.000	30.888	64.588
output	2	29.940	0.000	0.000	29.940
output	3	14.790	0.000	3.199	17.989
output	4	153.850	0.000	125.084	278.934
output	5	6.570	0.000	4.708	11.278
input	1	152.080	–57.484	0.000	94.596
input	2	77.170	–29.169	0.000	48.001
input	3	1 287.340	–486.593	0.000	800.747

LISTING OF PEERS:

peer	lambda weight
71	0.695
5	0.142
61	0.059
27	0.104

Results for firm: 35

Technical efficiency = 0.354

Scale efficiency = 0.718 (irs)

PROJECTION SUMMARY:

variable		original value	radial movement	slack movement	projected value
output	1	125.040	0.000	0.000	125.040
output	2	13.330	0.000	10.725	24.055
output	3	4.410	0.000	18.092	22.502
output	4	100.000	0.000	115.241	215.241

output	5	1.430	0.000	14.587	16.017
input	1	255.570	−165.060	0.000	90.510
input	2	122.540	−79.143	0.000	43.397
input	3	2 337.000	−1 509.354	0.000	827.646

LISTING OF PEERS:

peer	lambda weight
61	0.022
71	0.741
64	0.202
4	0.036

Results for firm: 36

Technical efficiency = 0.448

Scale efficiency = 0.962 (irs)

PROJECTION SUMMARY:

variable		original value	radial movement	slack movement	projected value
output	1	348.460	0.000	0.000	348.460
output	2	3.450	0.000	3.687	7.137
output	3	10.190	0.000	6.409	16.599
output	4	33.330	0.000	152.287	185.617
output	5	6.310	0.000	23.968	30.278
input	1	2 533.720	−1 398.360	−741.697	393.663
input	2	132.420	−73.083	0.000	59.337
input	3	18 925.100	−10 444.762	−6 105.477	2 374.861

LISTING OF PEERS:

peer	lambda weight
4	0.100
79	0.900

Results for firm: 37

Technical efficiency = 0.355

Scale efficiency = 0.734 (irs)

PROJECTION SUMMARY:

variable		original value	radial movement	slack movement	projected value
output	1	365.000	0.000	0.000	365.000
output	2	1.970	0.000	15.768	17.738
output	3	2.090	0.000	15.994	18.084
output	4	16.030	0.000	233.939	249.969
output	5	1.560	0.000	16.020	17.580
input	1	240.340	−155.120	0.000	85.220
input	2	321.200	−207.309	0.000	113.891
input	3	6 460.500	−4 169.737	0.000	2 290.763

LISTING OF PEERS:

peer	lambda weight
4	0.165
61	0.174
64	0.458
71	0.203

Results for firm: 38

Technical efficiency = 0.123

Scale efficiency = 0.964 (irs)

PROJECTION SUMMARY:

variable		original value	radial movement	slack movement	projected value
output	1	296.000	0.000	0.000	296.000
output	2	10.720	0.000	10.143	20.863
output	3	0.540	0.000	20.541	21.081
output	4	76.920	0.000	76.177	153.097

output	5	0.710	0.000	8.967	9.677
input	1	1 855.040	−1 627.702	0.000	227.338
input	2	848.160	−744.217	0.000	103.943
input	3	9 102.000	−7 986.537	0.000	1 115.463

LISTING OF PEERS:

peer	lambda weight
12	0.010
4	0.087
44	0.265
71	0.638

Results for firm: 39

Technical efficiency = 0.255

Scale efficiency = 0.791 (irs)

PROJECTION SUMMARY:

variable		original value	radial movement	slack movement	projected value
output	1	249.000	0.000	0.000	249.000
output	2	3.700	0.000	18.257	21.957
output	3	0.520	0.000	17.540	18.060
output	4	31.250	0.000	228.503	259.753
output	5	0.350	0.000	14.305	14.655
input	1	623.330	−464.090	0.000	159.240
input	2	206.670	−153.873	0.000	52.797
input	3	5 727.000	−4 263.941	0.000	1 463.059

LISTING OF PEERS:

peer	lambda weight
5	0.163
71	0.592
79	0.155
4	0.090

Results for firm: 40

Technical efficiency = 0.655

Scale efficiency = 0.835 (irs)

PROJECTION SUMMARY:

variable		original value	radial movement	slack movement	projected value
output	1	144.540	0.000	0.000	144.540
output	2	8.770	0.000	7.547	16.317
output	3	3.330	0.000	16.113	19.443
output	4	215.050	0.000	0.000	215.050
output	5	5.560	0.000	18.505	24.065
input	1	1 609.920	–555.067	–785.892	268.961
input	2	51.460	–17.742	0.000	33.718
input	3	1 809.640	–623.926	0.000	1 185.714

LISTING OF PEERS:

peer	lambda weight
71	0.394
4	0.010
79	0.552
5	0.043

Results for firm: 41

Technical efficiency = 0.208

Scale efficiency = 0.687 (irs)

PROJECTION SUMMARY:

variable		original value	radial movement	slack movement	projected value
output	1	155.100	0.000	0.000	155.100
output	2	2.150	0.000	28.860	31.010
output	3	0.200	0.000	17.016	17.216
output	4	100.000	0.000	112.871	212.871

output	5	6.790	0.000	4.470	11.260
input	1	502.370	–398.061	0.000	104.309
input	2	894.930	–709.112	–38.431	147.387
input	3	3 356.360	–2 659.465	0.000	696.895

LISTING OF PEERS:

peer	lambda weight
12	0.013
61	0.272
71	0.714

Results for firm: 42

Technical efficiency = 0.183

Scale efficiency = 0.794 (irs)

PROJECTION SUMMARY:

variable		original value	radial movement	slack movement	projected value
output	1	254.100	0.000	0.000	254.100
output	2	1.670	0.000	17.814	19.484
output	3	0.950	0.000	18.578	19.528
output	4	16.260	0.000	165.068	181.328
output	5	0.820	0.000	18.256	19.076
input	1	1 198.770	–979.298	–2.400	217.072
input	2	284.590	–232.487	0.000	52.103
input	3	8 088.000	–6 607.240	0.000	1 480.760

LISTING OF PEERS:

peer	lambda weight
71	0.587
79	0.330
4	0.084

Results for firm: 43

Technical efficiency = 0.094

Scale efficiency = 0.677 (irs)

PROJECTION SUMMARY:

variable		original value	radial movement	slack movement	projected value
output	1	186.500	0.000	0.000	186.500
output	2	3.670	0.000	14.043	17.713
output	3	0.670	0.000	13.206	13.876
output	4	12.390	0.000	540.002	552.392
output	5	0.950	0.000	12.366	13.316
input	1	730.300	–661.929	0.000	68.371
input	2	486.770	–441.198	0.000	45.572
input	3	19 209.500	–17 411.098	–38.059	1 760.343

LISTING OF PEERS:

peer	lambda weight
5	0.671
64	0.265
4	0.064

Results for firm: 44

Technical efficiency = 1.000

Scale efficiency = 1.000 (crs)

PROJECTION SUMMARY:

variable		original value	radial movement	slack movement	projected value
output	1	110.910	0.000	0.000	110.910
output	2	8.240	0.000	0.000	8.240
output	3	23.810	0.000	0.000	23.810
output	4	104.170	0.000	0.000	104.170
output	5	3.360	0.000	0.000	3.360

input	1	450.380	0.000	0.000	450.380
input	2	67.660	0.000	0.000	67.660
input	3	69.870	0.000	0.000	69.870

LISTING OF PEERS:

peer	lambda weight
44	1.000

Results for firm: 45

Technical efficiency = 1.000

Scale efficiency = 0.836 (drs)

PROJECTION SUMMARY:

variable		original value	radial movement	slack movement	projected value
output	1	160.100	0.000	0.000	160.100
output	2	33.430	0.000	0.000	33.430
output	3	3.270	0.000	0.000	3.270
output	4	628.930	0.000	0.000	628.930
output	5	3.980	0.000	0.000	3.980
input	1	685.930	0.000	0.000	685.930
input	2	99.260	0.000	0.000	99.260
input	3	1 031.040	0.000	0.000	1 031.040

LISTING OF PEERS:

peer	lambda weight
45	1.000

Results for firm: 46

Technical efficiency = 0.504

Scale efficiency = 0.497 (irs)

PROJECTION SUMMARY:

variable		original value	radial movement	slack movement	projected value
output	1	90.200	0.000	0.000	90.200
output	2	5.420	0.000	17.375	22.795
output	3	0.800	0.000	20.189	20.989
output	4	98.040	0.000	158.203	256.243
output	5	0.960	0.000	16.960	17.920
input	1	126.150	–62.568	0.000	63.582
input	2	140.710	–69.790	0.000	70.920
input	3	1 822.040	–903.704	0.000	918.336

LISTING OF PEERS:

peer	lambda weight
4	0.015
71	0.450
61	0.161
64	0.373

Results for firm: 47

Technical efficiency = 0.741

Scale efficiency = 0.868 (irs)

PROJECTION SUMMARY:

variable		original value	radial movement	slack movement	projected value
output	1	402.090	0.000	0.000	402.090
output	2	5.910	0.000	17.745	23.655
output	3	2.310	0.000	8.265	10.575
output	4	41.320	0.000	219.105	260.425
output	5	1.290	0.000	11.430	12.720
input	1	100.550	–25.999	0.000	74.551
input	2	263.370	–68.099	0.000	195.271
input	3	3 775.640	–976.261	–271.820	2 527.559

LISTING OF PEERS:

peer	lambda weight
64	0.310
4	0.175
61	0.515

Results for firm: 48

Technical efficiency = 0.525

Scale efficiency = 0.415 (irs)

PROJECTION SUMMARY:

variable		original value	radial movement	slack movement	projected value
output	1	45.150	0.000	3.471	48.621
output	2	6.190	0.000	10.802	16.992
output	3	0.750	0.000	24.827	25.577
output	4	88.500	0.000	189.894	278.394
output	5	4.330	0.000	18.785	23.115
input	1	100.610	–47.758	0.000	52.852
input	2	79.010	–37.505	–11.437	30.068
input	3	1 652.490	–784.406	0.000	868.084

LISTING OF PEERS:

peer	lambda weight
71	0.380
64	0.620

Results for firm: 49

Technical efficiency = 0.611

Scale efficiency = 0.905 (irs)

PROJECTION SUMMARY:

variable		original value	radial movement	slack movement	projected value
output	1	108.400	0.000	0.000	108.400
output	2	8.500	0.000	10.865	19.365
output	3	4.240	0.000	18.762	23.002
output	4	43.480	0.000	106.853	150.333
output	5	1.920	0.000	6.973	8.893
input	1	422.000	−164.293	0.000	257.707
input	2	88.060	−34.284	0.000	53.776
input	3	498.640	−194.131	0.000	304.509

LISTING OF PEERS:

peer	lambda weight
12	0.001
44	0.437
71	0.553
4	0.009

Results for firm: 50

Technical efficiency = 0.892

Scale efficiency = 0.788 (irs)

PROJECTION SUMMARY:

variable		original value	radial movement	slack movement	projected value
output	1	85.000	0.000	0.000	85.000
output	2	17.360	0.000	8.185	25.545
output	3	0.880	0.000	18.461	19.341
output	4	28.900	0.000	296.073	324.973
output	5	5.880	0.000	6.828	12.708
input	1	100.000	−10.827	0.000	89.173
input	2	34.680	−3.755	0.000	30.925
input	3	800.300	−86.648	0.000	713.652

LISTING OF PEERS:

peer	lambda weight
4	0.010
71	0.676
5	0.261
64	0.052

Results for firm: 51

Technical efficiency = 0.342

Scale efficiency = 0.780 (irs)

PROJECTION SUMMARY:

variable		original value	radial movement	slack movement	projected value
output	1	124.000	0.000	0.000	124.000
output	2	7.970	0.000	12.491	20.461
output	3	3.990	0.000	9.165	13.155
output	4	153.610	0.000	418.969	572.579
output	5	9.340	0.000	2.038	11.378
input	1	200.740	−132.169	0.000	68.571
input	2	104.160	−68.580	0.000	35.580
input	3	4 116.800	−2 710.543	0.000	1 406.257

LISTING OF PEERS:

peer	lambda weight
4	0.028
71	0.094
5	0.738
64	0.140

Results for firm: 52

Technical efficiency = 1.000

Scale efficiency = 0.518 (irs)

PROJECTION SUMMARY:

variable		original value	radial movement	slack movement	projected value
output	1	40.300	0.000	0.000	40.300
output	2	2.910	0.000	0.000	2.910
output	3	3.720	0.000	0.000	3.720
output	4	32.680	0.000	0.000	32.680
output	5	10.140	0.000	0.000	10.140
input	1	183.430	0.000	0.000	183.430
input	2	20.300	0.000	0.000	20.300
input	3	1 021.970	0.000	0.000	1 021.970

LISTING OF PEERS:

peer	lambda weight
52	1.000

Results for firm: 53

Technical efficiency = 0.845

Scale efficiency = 0.605 (drs)

PROJECTION SUMMARY:

variable		original value	radial movement	slack movement	projected value
output	1	53.300	0.000	63.149	116.449
output	2	41.320	0.000	0.000	41.320
output	3	2.820	0.000	6.011	8.831
output	4	259.070	0.000	0.000	259.070
output	5	1.240	0.000	6.771	8.011
input	1	211.870	–32.737	0.000	179.133
input	2	229.720	–35.495	0.000	194.225
input	3	1 737.580	–268.483	0.000	1 469.097

LISTING OF PEERS:

peer	lambda weight
61	0.481

63	0.104
66	0.074
68	0.031
70	0.310

Results for firm: 54

Technical efficiency = 0.760

Scale efficiency = 0.716 (drs)

PROJECTION SUMMARY:

variable		original value	radial movement	slack movement	projected value
output	1	98.770	0.000	0.000	98.770
output	2	39.060	0.000	0.000	39.060
output	3	1.590	0.000	12.975	14.565
output	4	37.740	0.000	222.059	259.799
output	5	7.570	0.000	1.722	9.292
input	1	223.790	−53.671	0.000	170.119
input	2	94.820	−22.741	0.000	72.079
input	3	2 723.000	−653.052	0.000	2 069.948

LISTING OF PEERS:

peer	lambda weight
4	0.022
71	0.321
70	0.217
61	0.024
27	0.415

Results for firm: 55

Technical efficiency = 0.592

Scale efficiency = 0.739 (drs)

PROJECTION SUMMARY:

variable		original value	radial movement	slack movement	projected value
output	1	220.400	0.000	0.000	220.400
output	2	37.040	0.000	0.000	37.040
output	3	1.720	0.000	10.704	12.424
output	4	217.390	0.000	32.864	250.254
output	5	1.750	0.000	7.036	8.786
input	1	284.810	−116.207	0.000	168.603
input	2	204.970	−83.631	0.000	121.339
input	3	3 923.120	−1 600.702	0.000	2 322.418

LISTING OF PEERS:

peer	lambda weight
4	0.080
61	0.207
70	0.237
27	0.258
71	0.218

Results for firm: 56

Technical efficiency = 0.146

Scale efficiency = 0.861 (irs)

PROJECTION SUMMARY:

variable		original value	radial movement	slack movement	projected value
output	1	205.000	0.000	0.000	205.000
output	2	5.150	0.000	20.189	25.339
output	3	4.700	0.000	16.386	21.086
output	4	90.910	0.000	100.685	191.595
output	5	2.860	0.000	10.760	13.620
input	1	741.690	−633.399	0.000	108.291

input	2	370.030	–316.004	0.000	54.026
input	3	7 382.050	–6 304.230	0.000	1 077.820

LISTING OF PEERS:

peer	lambda weight
71	0.824
61	0.021
64	0.077
4	0.078

Results for firm: 57

Technical efficiency = 0.418

Scale efficiency = 0.812 (drs)

PROJECTION SUMMARY:

variable		original value	radial movement	slack movement	projected value
output	1	172.000	0.000	0.000	172.000
output	2	31.250	0.000	0.000	31.250
output	3	4.330	0.000	13.399	17.729
output	4	185.190	0.000	23.410	208.600
output	5	3.870	0.000	7.424	11.294
input	1	479.420	–279.220	0.000	200.200
input	2	156.670	–91.246	0.000	65.424
input	3	2 322.000	–1 352.359	0.000	969.641

LISTING OF PEERS:

peer	lambda weight
71	0.639
66	0.185
61	0.029
4	0.043
70	0.105

Results for firm: 58

Technical efficiency = 0.582

Scale efficiency = 0.674 (irs)

PROJECTION SUMMARY:

variable		original value	radial movement	slack movement	projected value
output	1	84.100	0.000	0.000	84.100
output	2	5.000	0.000	26.160	31.160
output	3	1.070	0.000	16.284	17.354
output	4	156.250	0.000	58.889	215.139
output	5	1.520	0.000	9.881	11.401
input	1	143.910	–60.155	0.000	83.755
input	2	211.090	–88.237	–24.782	98.071
input	3	979.770	–409.550	0.000	570.220

LISTING OF PEERS:

peer	lambda weight
12	0.001
71	0.723
61	0.275

Results for firm: 59

Technical efficiency = 0.431

Scale efficiency = 0.934 (irs)

PROJECTION SUMMARY:

variable		original value	radial movement	slack movement	projected value
output	1	234.840	0.000	0.000	234.840
output	2	10.000	0.000	15.326	25.326
output	3	1.960	0.000	19.396	21.356
output	4	70.810	0.000	101.904	172.714
output	5	3.660	0.000	8.220	11.880

input	1	353.570	−201.315	0.000	152.255
input	2	192.570	−109.645	0.000	82.925
input	3	2 214.510	−1 260.896	0.000	953.614

LISTING OF PEERS:

peer	lambda weight
44	0.071
12	0.008
4	0.065
71	0.856

Results for firm: 60

Technical efficiency = 0.365

Scale efficiency = 0.545 (irs)

PROJECTION SUMMARY:

variable		original value	radial movement	slack movement	projected value
output	1	54.470	0.000	20.147	74.617
output	2	5.070	0.000	18.354	23.424
output	3	0.680	0.000	22.317	22.997
output	4	71.430	0.000	96.360	167.790
output	5	0.300	0.000	10.611	10.911
input	1	513.200	−326.107	0.000	187.093
input	2	275.070	−174.790	−62.311	37.969
input	3	720.640	−457.923	0.000	262.717

LISTING OF PEERS:

peer	lambda weight
71	0.753
44	0.247

Results for firm: 61

Technical efficiency = 1.000

Scale efficiency = 1.000 (crs)

PROJECTION SUMMARY:

variable		original value	radial movement	slack movement	projected value
output	1	110.000	0.000	0.000	110.000
output	2	38.460	0.000	0.000	38.460
output	3	3.270	0.000	0.000	3.270
output	4	285.710	0.000	0.000	285.710
output	5	6.230	0.000	0.000	6.230
input	1	30.540	0.000	0.000	30.540
input	2	260.700	0.000	0.000	260.700
input	3	1 158.300	0.000	0.000	1 158.300

LISTING OF PEERS:

peer	lambda weight
61	1.000

Results for firm: 62

Technical efficiency = 0.114

Scale efficiency = 0.491 (irs)

PROJECTION SUMMARY:

variable		original value	radial movement	slack movement	projected value
output	1	56.000	0.000	6.292	62.292
output	2	2.020	0.000	26.059	28.079
output	3	0.530	0.000	22.282	22.812
output	4	31.450	0.000	159.830	191.280
output	5	1.070	0.000	12.602	13.672
input	1	866.890	−767.635	0.000	99.255

input	2	498.960	–441.831	–28.855	28.274
input	3	2 984.800	–2 643.053	0.000	341.747

LISTING OF PEERS:

peer	lambda weight
71	0.982
64	0.018

Results for firm: 63

Technical efficiency = 1.000

Scale efficiency = 0.638 (drs)

PROJECTION SUMMARY:

variable		original value	radial movement	slack movement	projected value
output	1	169.030	0.000	0.000	169.030
output	2	47.850	0.000	0.000	47.850
output	3	1.420	0.000	0.000	1.420
output	4	133.330	0.000	0.000	133.330
output	5	2.210	0.000	0.000	2.210
input	1	167.680	0.000	0.000	167.680
input	2	373.550	0.000	0.000	373.550
input	3	1 800.140	0.000	0.000	1 800.140

LISTING OF PEERS:

peer	lambda weight
63	1.000

Results for firm: 64

Technical efficiency = 1.000

Scale efficiency = 1.000 (crs)

PROJECTION SUMMARY:

variable		original value	radial movement	slack movement	projected value
output	1	40.000	0.000	0.000	40.000
output	2	10.000	0.000	0.000	10.000
output	3	27.320	0.000	0.000	27.320
output	4	333.330	0.000	0.000	333.330
output	5	29.070	0.000	0.000	29.070
input	1	23.590	0.000	0.000	23.590
input	2	31.200	0.000	0.000	31.200
input	3	1 200.000	0.000	0.000	1 200.000

LISTING OF PEERS:

peer	lambda weight
64	1.000

Results for firm: 65

Technical efficiency = 0.356

Scale efficiency = 0.999 (crs)

PROJECTION SUMMARY:

variable		original value	radial movement	slack movement	projected value
output	1	814.560	0.000	0.000	814.560
output	2	13.250	0.000	0.731	13.981
output	3	0.480	0.000	15.786	16.266
output	4	50.250	0.000	64.920	115.170
output	5	0.360	0.000	6.085	6.445
input	1	900.670	–580.077	0.000	320.593
input	2	659.800	–424.945	0.000	234.855
input	3	9 066.100	–5 839.031	0.000	3 227.069

LISTING OF PEERS:

peer	lambda weight
71	0.334
12	0.027
44	0.326
4	0.314

Results for firm: 66

Technical efficiency = 1.000

Scale efficiency = 0.893 (drs)

PROJECTION SUMMARY:

variable		original value	radial movement	slack movement	projected value
output	1	195.700	0.000	0.000	195.700
output	2	38.460	0.000	0.000	38.460
output	3	4.250	0.000	0.000	4.250
output	4	270.270	0.000	0.000	270.270
output	5	5.520	0.000	0.000	5.520
input	1	464.040	0.000	0.000	464.040
input	2	111.550	0.000	0.000	111.550
input	3	657.550	0.000	0.000	657.550

LISTING OF PEERS:

peer	lambda weight
66	1.000

Results for firm: 67

Technical efficiency = 0.251

Scale efficiency = 0.674 (irs)

PROJECTION SUMMARY:

variable		original value	radial movement	slack movement	projected value
output	1	250.520	0.000	0.000	250.520

output	2	2.330	0.000	12.141	14.471
output	3	1.310	0.000	20.619	21.929
output	4	71.940	0.000	206.383	278.323
output	5	2.460	0.000	19.561	22.021
input	1	258.160	−193.481	0.000	64.679
input	2	313.150	−234.693	0.000	78.457
input	3	7 590.760	−5 688.973	0.000	1 901.787

LISTING OF PEERS:

peer	lambda weight
4	0.108
61	0.084
64	0.662
71	0.146

Results for firm: 68

Technical efficiency = 1.000

Scale efficiency = 0.779 (drs)

PROJECTION SUMMARY:

variable		original value	radial movement	slack movement	projected value
output	1	45.250	0.000	0.000	45.250
output	2	33.330	0.000	0.000	33.330
output	3	6.070	0.000	0.000	6.070
output	4	200.400	0.000	0.000	200.400
output	5	5.290	0.000	0.000	5.290
input	1	136.860	0.000	0.000	136.860
input	2	70.140	0.000	0.000	70.140
input	3	724.910	0.000	0.000	724.910

LISTING OF PEERS:

peer	lambda weight
68	1.000

Results for firm: 69

Technical efficiency = 0.340

Scale efficiency = 0.844 (irs)

PROJECTION SUMMARY:

variable		original value	radial movement	slack movement	projected value
output	1	192.000	0.000	0.000	192.000
output	2	5.830	0.000	18.849	24.679
output	3	4.150	0.000	16.249	20.399
output	4	55.870	0.000	182.618	238.488
output	5	7.630	0.000	5.720	13.350
input	1	308.270	−203.441	0.000	104.829
input	2	138.240	−91.231	0.000	47.009
input	3	3 206.400	−2 116.045	0.000	1 090.355

LISTING OF PEERS:

peer	lambda weight
5	0.096
64	0.077
71	0.756
4	0.070

Results for firm: 70

Technical efficiency = 1.000

Scale efficiency = 0.710 (drs)

PROJECTION SUMMARY:

variable		original value	radial movement	slack movement	projected value
output	1	97.000	0.000	0.000	97.000
output	2	45.050	0.000	0.000	45.050
output	3	21.320	0.000	0.000	21.320
output	4	263.160	0.000	0.000	263.160

output	5	13.590	0.000	0.000	13.590
input	1	349.720	0.000	0.000	349.720
input	2	63.050	0.000	0.000	63.050
input	3	2 108.780	0.000	0.000	2 108.780

LISTING OF PEERS:

peer	lambda weight
70	1.000

Results for firm: 71

Technical efficiency = 1.000

Scale efficiency = 1.000 (crs)

PROJECTION SUMMARY:

variable		original value	radial movement	slack movement	projected value
output	1	62.700	0.000	0.000	62.700
output	2	28.410	0.000	0.000	28.410
output	3	22.730	0.000	0.000	22.730
output	4	188.680	0.000	0.000	188.680
output	5	13.390	0.000	0.000	13.390
input	1	100.640	0.000	0.000	100.640
input	2	28.220	0.000	0.000	28.220
input	3	326.040	0.000	0.000	326.040

LISTING OF PEERS:

peer	lambda weight
71	1.000

Results for firm: 72

Technical efficiency = 1.000

Scale efficiency = 0.527 (drs)

PROJECTION SUMMARY:

variable		original value	radial movement	slack movement	projected value
output	1	327.060	0.000	0.000	327.060
output	2	50.050	0.000	0.000	50.050
output	3	16.760	0.000	0.000	16.760
output	4	138.890	0.000	0.000	138.890
output	5	23.420	0.000	0.000	23.420
input	1	554.010	0.000	0.000	554.010
input	2	156.990	0.000	0.000	156.990
input	3	9 998.220	0.000	0.000	9 998.220

LISTING OF PEERS:

peer	lambda weight
72	1.000

Results for firm: 73

Technical efficiency = 1.000

Scale efficiency = 0.271 (drs)

PROJECTION SUMMARY:

variable		original value	radial movement	slack movement	projected value
output	1	210.000	0.000	0.000	210.000
output	2	53.190	0.000	0.000	53.190
output	3	2.610	0.000	0.000	2.610
output	4	238.100	0.000	0.000	238.100
output	5	3.740	0.000	0.000	3.740
input	1	758.590	0.000	0.000	758.590
input	2	476.700	0.000	0.000	476.700
input	3	3 150.000	0.000	0.000	3 150.000

LISTING OF PEERS:

peer	lambda weight
73	1.000

Results for firm: 74

Technical efficiency = 0.374

Scale efficiency = 0.978 (irs)

PROJECTION SUMMARY:

variable		original value	radial movement	slack movement	projected value
output	1	375.990	0.000	0.000	375.990
output	2	7.430	0.000	9.047	16.477
output	3	1.580	0.000	14.840	16.420
output	4	333.330	0.000	0.000	333.330
output	5	16.670	0.000	0.000	16.670
input	1	228.770	−143.162	0.000	85.608
input	2	300.790	−188.232	0.000	112.558
input	3	6 497.110	−4 065.835	0.000	2 431.275

LISTING OF PEERS:

peer	lambda weight
4	0.164
12	0.002
61	0.135
64	0.444
5	0.179
71	0.075

Results for firm: 75

Technical efficiency = 0.478

Scale efficiency = 0.901 (drs)

PROJECTION SUMMARY:

variable		original value	radial movement	slack movement	projected value
output	1	64.420	0.000	0.000	64.420
output	2	23.810	0.000	0.000	23.810

output	3	22.990	0.000	0.000	22.990
output	4	256.410	0.000	0.000	256.410
output	5	14.860	0.000	0.939	15.799
input	1	960.250	–501.227	–336.042	122.981
input	2	68.930	–35.980	0.000	32.950
input	3	1 198.210	–625.436	0.000	572.774

LISTING OF PEERS:

peer	lambda weight
4	0.002
71	0.666
12	0.000
44	0.030
11	0.074
64	0.229

Results for firm: 76

Technical efficiency = 1.000

Scale efficiency = 0.915 (irs)

PROJECTION SUMMARY:

variable		original value	radial movement	slack movement	projected value
output	1	532.870	0.000	0.000	532.870
output	2	1.280	0.000	0.000	1.280
output	3	1.290	0.000	0.000	1.290
output	4	80.040	0.000	0.000	80.040
output	5	2.740	0.000	0.000	2.740
input	1	125.370	0.000	0.000	125.370
input	2	447.610	0.000	0.000	447.610
input	3	2 275.350	0.000	0.000	2 275.350

LISTING OF PEERS:

peer	lambda weight
76	1.000

Results for firm: 77

Technical efficiency = 0.508

Scale efficiency = 0.883 (irs)

PROJECTION SUMMARY:

variable		original value	radial movement	slack movement	projected value
output	1	166.000	0.000	0.000	166.000
output	2	3.670	0.000	19.902	23.572
output	3	7.340	0.000	14.551	21.891
output	4	14.710	0.000	152.092	166.802
output	5	1.500	0.000	9.555	11.055
input	1	341.800	−168.245	0.000	173.555
input	2	97.940	−48.209	0.000	49.731
input	3	1 412.660	−695.357	0.000	717.303

LISTING OF PEERS:

peer	lambda weight
71	0.770
12	0.000
44	0.179
4	0.051

Results for firm: 78

Technical efficiency = 0.252

Scale efficiency = 0.732 (irs)

PROJECTION SUMMARY:

variable		original value	radial movement	slack movement	projected value
output	1	220.270	0.000	0.000	220.270
output	2	4.550	0.000	20.549	25.099
output	3	0.710	0.000	15.764	16.474
output	4	78.030	0.000	103.019	181.049

output	5	5.000	0.000	5.586	10.586
input	1	413.210	–308.890	0.000	104.320
input	2	493.630	–369.008	0.000	124.622
input	3	4 396.590	–3 286.621	0.000	1 109.969

LISTING OF PEERS:

peer	lambda weight
71	0.694
76	0.126
61	0.131
4	0.050

Results for firm: 79

Technical efficiency = 1.000

Scale efficiency = 1.000 (crs)

PROJECTION SUMMARY:

variable		original value	radial movement	slack movement	projected value
output	1	175.160	0.000	0.000	175.160
output	2	7.460	0.000	0.000	7.460
output	3	18.180	0.000	0.000	18.180
output	4	200.000	0.000	0.000	200.000
output	5	33.330	0.000	0.000	33.330
input	1	404.620	0.000	0.000	404.620
input	2	33.280	0.000	0.000	33.280
input	3	1 646.500	0.000	0.000	1 646.500

LISTING OF PEERS:

peer	lambda weight
79	1.000

Results for firm: 80

Technical efficiency = 0.725

Scale efficiency = 0.742 (irs)

PROJECTION SUMMARY:

variable		original value	radial movement	slack movement	projected value
output	1	22.340	0.000	28.804	51.144
output	2	13.570	0.000	1.684	15.254
output	3	10.890	0.000	2.033	12.923
output	4	86.210	0.000	21.988	108.198
output	5	11.490	0.000	0.223	11.713
input	1	900.820	−247.759	−509.709	143.352
input	2	33.290	−9.156	0.000	24.134
input	3	944.980	−259.905	0.000	685.075

LISTING OF PEERS:

peer	lambda weight
52	0.516
71	0.484

附录 7　循环化改造试点园区的 MPI 指数运算结果

Results from DEAP Version 2.1

Instruction file = MPIins.txt

Data file = MPI.txt

Input orientated Malmquist DEA

DISTANCES SUMMARY

year = 1

firm no.	crs te rel to tech in yr ************************* t–1	t	t+1	vrs te
1	0.000	0.204	0.156	0.222
2	0.000	0.158	0.111	0.165
3	0.000	0.245	0.235	0.386
4	0.000	1.000	0.710	1.000
5	0.000	1.000	2.425	1.000
6	0.000	0.197	0.156	0.244
7	0.000	0.801	0.732	1.000
8	0.000	0.413	0.314	0.448
9	0.000	0.185	0.221	0.192

10	0.000	0.033	0.032	0.040
11	0.000	1.000	2.213	1.000
12	0.000	1.000	0.679	1.000
13	0.000	0.149	0.100	0.156
14	0.000	0.244	0.187	0.328
15	0.000	0.102	0.106	0.192
16	0.000	0.303	0.245	0.354
17	0.000	0.664	0.518	0.970
18	0.000	0.414	0.497	1.000
19	0.000	0.163	0.149	0.244
20	0.000	0.168	0.160	0.357
21	0.000	0.484	0.555	0.604
22	0.000	0.083	0.057	0.086
23	0.000	0.114	0.104	0.115
24	0.000	0.258	0.221	0.472
25	0.000	0.487	0.597	0.539
26	0.000	0.502	0.450	0.630
27	0.000	0.951	1.179	1.000
28	0.000	0.292	0.234	0.330
29	0.000	0.076	0.070	0.124
30	0.000	0.239	0.173	0.254
31	0.000	0.344	0.332	0.487
32	0.000	0.423	0.767	0.639
33	0.000	0.486	0.477	0.597
34	0.000	0.615	0.834	0.622
35	0.000	0.254	0.273	0.354
36	0.000	0.431	0.328	0.448
37	0.000	0.260	0.197	0.355
38	0.000	0.118	0.083	0.123
39	0.000	0.202	0.143	0.255
40	0.000	0.547	0.598	0.655
41	0.000	0.143	0.181	0.208

42	0.000	0.145	0.100	0.183
43	0.000	0.063	0.048	0.094
44	0.000	1.000	2.100	1.000
45	0.000	0.836	0.987	1.000
46	0.000	0.250	0.247	0.504
47	0.000	0.643	0.500	0.741
48	0.000	0.218	0.402	0.525
49	0.000	0.553	0.413	0.611
50	0.000	0.703	0.854	0.892
51	0.000	0.267	0.427	0.342
52	0.000	0.518	0.677	1.000
53	0.000	0.511	0.651	0.845
54	0.000	0.544	0.735	0.760
55	0.000	0.438	0.515	0.592
56	0.000	0.126	0.097	0.146
57	0.000	0.339	0.349	0.418
58	0.000	0.392	0.426	0.582
59	0.000	0.402	0.285	0.431
60	0.000	0.199	0.158	0.365
61	0.000	1.000	2.649	1.000
62	0.000	0.056	0.042	0.114
63	0.000	0.638	0.656	1.000
64	0.000	1.000	7.924	1.000
65	0.000	0.356	0.243	0.356
66	0.000	0.893	0.747	1.000
67	0.000	0.169	0.158	0.251
68	0.000	0.779	1.071	1.000
69	0.000	0.287	0.292	0.340
70	0.000	0.710	0.705	1.000
71	0.000	1.000	1.603	1.000
72	0.000	0.527	0.530	1.000
73	0.000	0.271	0.307	1.000

74	0.000	0.366	0.606	0.374
75	0.000	0.431	0.487	0.478
76	0.000	0.915	0.706	1.000
77	0.000	0.448	0.323	0.508
78	0.000	0.185	0.183	0.252
79	0.000	1.000	1.335	1.000
80	0.000	0.538	0.572	0.725
mean	0.000	0.443	0.611	0.558

year = 2

firm no.	crs te rel to tech in yr ************************ t−1	t	t+1	vrs te
1	0.236	0.173	0.000	0.189
2	0.190	0.138	0.000	0.155
3	0.300	0.224	0.000	0.382
4	1.502	1.000	0.000	1.000
5	0.707	1.000	0.000	1.000
6	0.438	0.378	0.000	0.531
7	0.320	0.265	0.000	1.000
8	0.533	0.385	0.000	0.420
9	0.142	0.158	0.000	0.161
10	0.350	0.236	0.000	0.244
11	0.691	0.564	0.000	0.836
12	1.754	1.000	0.000	1.000
13	0.199	0.133	0.000	0.140
14	0.262	0.195	0.000	0.245
15	0.088	0.088	0.000	0.224
16	0.407	0.343	0.000	0.544

17	1.534	1.000	0.000	1.000
18	0.704	1.000	0.000	1.000
19	0.183	0.157	0.000	0.263
20	0.124	0.132	0.000	0.175
21	0.518	0.440	0.000	0.564
22	0.110	0.075	0.000	0.079
23	0.184	0.130	0.000	0.131
24	0.355	0.259	0.000	0.396
25	0.645	0.833	0.000	0.918
26	0.362	0.283	0.000	0.298
27	0.483	0.620	0.000	1.000
28	0.325	0.250	0.000	0.287
29	0.090	0.068	0.000	0.137
30	0.917	0.718	0.000	0.747
31	0.382	0.306	0.000	0.425
32	0.465	0.844	0.000	1.000
33	1.210	1.000	0.000	1.000
34	0.399	0.543	0.000	0.549
35	0.331	0.241	0.000	0.277
36	0.876	0.775	0.000	1.000
37	0.310	0.225	0.000	0.341
38	0.142	0.098	0.000	0.112
39	0.329	0.225	0.000	0.304
40	0.588	0.500	0.000	0.531
41	0.199	0.157	0.000	0.230
42	0.177	0.119	0.000	0.142
43	0.095	0.079	0.000	0.142
44	1.515	1.000	0.000	1.000
45	1.051	1.000	0.000	1.000
46	0.304	0.281	0.000	0.686
47	0.551	0.374	0.000	0.437
48	0.402	0.425	0.000	0.456

49	0.781	0.743	0.000	0.839
50	0.666	0.774	0.000	1.000
51	0.271	0.292	0.000	0.344
52	0.500	0.529	0.000	1.000
53	0.185	0.188	0.000	0.313
54	0.703	0.898	0.000	1.000
55	0.719	0.652	0.000	0.707
56	0.147	0.100	0.000	0.103
57	0.467	0.598	0.000	1.000
58	0.337	0.257	0.000	0.794
59	0.763	0.576	0.000	0.578
60	0.418	0.315	0.000	0.661
61	1.583	1.000	0.000	1.000
62	0.089	0.064	0.000	0.139
63	0.341	0.260	0.000	0.267
64	1.268	1.000	0.000	1.000
65	0.471	0.323	0.000	0.334
66	0.958	0.795	0.000	0.939
67	0.212	0.171	0.000	0.220
68	0.332	0.308	0.000	0.568
69	0.429	0.408	0.000	0.457
70	0.769	0.741	0.000	1.000
71	1.173	1.000	0.000	1.000
72	0.545	0.469	0.000	1.000
73	0.364	0.389	0.000	1.000
74	0.412	0.454	0.000	0.454
75	0.441	0.360	0.000	0.397
76	1.069	0.793	0.000	1.000
77	0.538	0.390	0.000	0.462
78	0.247	0.206	0.000	0.315
79	1.291	1.000	0.000	1.000
80	0.331	0.349	0.000	0.464

mean	0.535	0.461	0.000	0.576

[Note that t–1 in year 1 and t+1 in the final year are not defined]

MALMQUIST INDEX SUMMARY

year = 2

firm	effch	techch	pech	sech	tfpch
1	0.848	1.335	0.854	0.993	1.132
2	0.869	1.403	0.937	0.927	1.219
3	0.913	1.181	0.992	0.921	1.079
4	1.000	1.454	1.000	1.000	1.454
5	1.000	0.540	1.000	1.000	0.540
6	1.920	1.210	2.175	0.883	2.324
7	0.331	1.149	1.000	0.331	0.380
8	0.932	1.351	0.936	0.996	1.259
9	0.855	0.866	0.839	1.019	0.741
10	1.096	1.243	1.102	1.163	2.824
11	0.564	0.744	0.836	0.675	0.419
12	1.000	1.607	1.000	1.000	1.607
13	0.897	1.490	0.895	1.001	1.336
14	0.799	1.326	0.747	1.069	1.059
15	0.863	0.982	1.167	0.739	0.847
16	1.133	1.212	1.537	0.737	1.374
17	1.506	1.402	1.031	1.461	2.112
18	2.416	0.766	1.000	2.416	1.850
19	0.966	1.129	1.078	0.896	1.091
20	0.786	0.992	0.490	1.606	0.780

21	0.908	1.014	0.935	0.972	0.921
22	0.902	1.466	0.923	0.977	1.322
23	1.146	1.244	1.142	1.003	1.426
24	1.007	1.261	0.838	1.201	1.271
25	1.709	0.795	1.703	1.004	1.359
26	0.563	1.195	0.473	1.192	0.673
27	0.652	0.793	1.000	0.652	0.517
28	0.855	1.274	0.868	0.985	1.089
29	0.894	1.195	1.105	0.809	1.068
30	2.002	1.328	1.947	1.019	2.187
31	0.891	1.137	0.873	1.020	1.013
32	1.994	0.551	1.564	1.275	1.099
33	2.058	1.110	1.675	1.228	2.285
34	0.883	0.736	0.882	1.001	0.650
35	0.949	1.131	0.781	1.215	1.073
36	1.797	1.220	2.232	0.805	2.193
37	0.863	1.349	0.962	0.897	1.163
38	0.829	1.435	0.912	0.908	1.189
39	1.115	1.439	1.189	0.938	1.604
40	0.915	1.037	0.810	1.129	0.949
41	1.104	0.998	1.109	0.996	1.102
42	0.822	1.464	0.778	1.056	1.203
43	1.253	1.252	1.512	0.829	1.569
44	1.000	0.849	1.000	1.000	0.849
45	1.196	0.944	1.000	1.196	1.128
46	1.123	1.047	1.361	0.825	1.175
47	0.581	1.377	0.589	0.987	0.800
48	1.950	0.716	0.868	2.245	1.396
49	1.343	1.186	1.374	0.978	1.593
50	1.102	0.841	1.121	0.983	0.927
51	1.094	0.761	1.007	1.087	0.833
52	1.021	0.851	1.000	1.021	0.869

53	0.367	0.881	0.370	0.992	0.323
54	1.649	0.762	1.315	1.254	1.256
55	1.489	0.969	1.195	1.246	1.443
56	0.797	1.376	0.704	1.132	1.097
57	1.763	0.871	2.395	0.736	1.535
58	0.656	1.097	1.365	0.481	0.720
59	1.431	1.367	1.342	1.067	1.956
60	1.585	1.293	1.812	0.875	2.049
61	1.000	0.773	1.000	1.000	0.773
62	1.137	1.365	1.210	0.939	1.551
63	0.408	1.128	0.267	1.525	0.460
64	1.000	0.400	1.000	1.000	0.400
65	0.907	1.461	0.938	0.967	1.326
66	0.890	1.201	0.939	0.948	1.069
67	1.011	1.151	0.880	1.150	1.164
68	0.395	0.886	0.568	0.695	0.350
69	1.424	1.015	1.344	1.059	1.445
70	1.044	1.022	1.000	1.044	1.067
71	1.000	0.855	1.000	1.000	0.855
72	0.890	1.075	1.000	0.890	0.957
73	1.436	0.908	1.000	1.436	1.305
74	1.239	0.741	1.212	1.022	0.918
75	0.837	1.041	0.831	1.008	0.871
76	0.867	1.322	1.000	0.867	1.145
77	0.870	1.383	0.910	0.956	1.204
78	1.112	1.101	1.248	0.891	1.224
79	1.000	0.983	1.000	1.000	0.983
80	0.650	0.943	0.640	1.015	0.613
mean	1.032	1.063	1.035	0.997	1.097

MALMQUIST INDEX SUMMARY OF ANNUAL MEANS

year	effch	techch	pech	sech	tfpch
2	1.032	1.063	1.035	0.997	1.097
mean	1.032	1.063	1.035	0.997	1.097

MALMQUIST INDEX SUMMARY OF FIRM MEANS

firm	effch	techch	pech	sech	tfpch
1	0.848	1.335	0.854	0.993	1.132
2	0.869	1.403	0.937	0.927	1.219
3	0.913	1.181	0.992	0.921	1.079
4	1.000	1.454	1.000	1.000	1.454
5	1.000	0.540	1.000	1.000	0.540
6	1.920	1.210	2.175	0.883	2.324
7	0.331	1.149	1.000	0.331	0.380
8	0.932	1.351	0.936	0.996	1.259
9	0.855	0.866	0.839	1.019	0.741
10	1.096	1.243	1.102	1.163	2.824
11	0.564	0.744	0.836	0.675	0.419
12	1.000	1.607	1.000	1.000	1.607
13	0.897	1.490	0.895	1.001	1.336
14	0.799	1.326	0.747	1.069	1.059
15	0.863	0.982	1.167	0.739	0.847
16	1.133	1.212	1.537	0.737	1.374
17	1.506	1.402	1.031	1.461	2.112
18	2.416	0.766	1.000	2.416	1.850
19	0.966	1.129	1.078	0.896	1.091
20	0.786	0.992	0.490	1.606	0.780

21	0.908	1.014	0.935	0.972	0.921
22	0.902	1.466	0.923	0.977	1.322
23	1.146	1.244	1.142	1.003	1.426
24	1.007	1.261	0.838	1.201	1.271
25	1.709	0.795	1.703	1.004	1.359
26	0.563	1.195	0.473	1.192	0.673
27	0.652	0.793	1.000	0.652	0.517
28	0.855	1.274	0.868	0.985	1.089
29	0.894	1.195	1.105	0.809	1.068
30	2.002	1.328	1.947	1.019	2.187
31	0.891	1.137	0.873	1.020	1.013
32	1.994	0.551	1.564	1.275	1.099
33	2.058	1.110	1.675	1.228	2.285
34	0.883	0.736	0.882	1.001	0.650
35	0.949	1.131	0.781	1.215	1.073
36	1.797	1.220	2.232	0.805	2.193
37	0.863	1.349	0.962	0.897	1.163
38	0.829	1.435	0.912	0.908	1.189
39	1.115	1.439	1.189	0.938	1.604
40	0.915	1.037	0.810	1.129	0.949
41	1.104	0.998	1.109	0.996	1.102
42	0.822	1.464	0.778	1.056	1.203
43	1.253	1.252	1.512	0.829	1.569
44	1.000	0.849	1.000	1.000	0.849
45	1.196	0.944	1.000	1.196	1.128
46	1.123	1.047	1.361	0.825	1.175
47	0.581	1.377	0.589	0.987	0.800
48	1.950	0.716	0.868	2.245	1.396
49	1.343	1.186	1.374	0.978	1.593
50	1.102	0.841	1.121	0.983	0.927
51	1.094	0.761	1.007	1.087	0.833
52	1.021	0.851	1.000	1.021	0.869

53	0.367	0.881	0.370	0.992	0.323
54	1.649	0.762	1.315	1.254	1.256
55	1.489	0.969	1.195	1.246	1.443
56	0.797	1.376	0.704	1.132	1.097
57	1.763	0.871	2.395	0.736	1.535
58	0.656	1.097	1.365	0.481	0.720
59	1.431	1.367	1.342	1.067	1.956
60	1.585	1.293	1.812	0.875	2.049
61	1.000	0.773	1.000	1.000	0.773
62	1.137	1.365	1.210	0.939	1.551
63	0.408	1.128	0.267	1.525	0.460
64	1.000	0.400	1.000	1.000	0.400
65	0.907	1.461	0.938	0.967	1.326
66	0.890	1.201	0.939	0.948	1.069
67	1.011	1.151	0.880	1.150	1.164
68	0.395	0.886	0.568	0.695	0.350
69	1.424	1.015	1.344	1.059	1.445
70	1.044	1.022	1.000	1.044	1.067
71	1.000	0.855	1.000	1.000	0.855
72	0.890	1.075	1.000	0.890	0.957
73	1.436	0.908	1.000	1.436	1.305
74	1.239	0.741	1.212	1.022	0.918
75	0.837	1.041	0.831	1.008	0.871
76	0.867	1.322	1.000	0.867	1.145
77	0.870	1.383	0.910	0.956	1.204
78	1.112	1.101	1.248	0.891	1.224
79	1.000	0.983	1.000	1.000	0.983
80	0.650	0.943	0.640	1.015	0.613
mean	1.032	1.063	1.035	0.997	1.097

[Note that all Malmquist index averages are geometric means]